JN300488

国債累積時代の
金融政策

斉藤美彦
須藤時仁

日本経済評論社

はしがき

　本書は近年の中央銀行の金融政策の変貌と国債累積（国債発行・流通市場の変貌）との関連を考察したものである。

　その構成は，まず〈第Ⅰ部　金融政策の変貌〉においては，金融自由化の進展によりかつての規制金利の中心に公定歩合があるといった体制から金融政策が大きく変貌してきたこと（第1章），その中で準備預金制度が準備率操作により中央銀行の引締め・緩和スタンスを表す（かつてにおいても量的調節は意図されていなかったが）ものから短期金利調節のための枠組みへと変化してきたことを示している。

　〈第Ⅱ部　国債と金融政策〉においては，まず国債の大量発行が中央銀行（日本銀行）のバランスシート構造をどのように変化させたか，さらにそれにより中央銀行のオペレーションの対象商品として何が望ましいかの通説に変化が生じたかについて考察した（第3章）。そして長期国債の買切りオペの増額が強いられた「量的緩和」政策期における買入れ国債の特徴を分析し，さらに中央銀行のオペレーションがイールドカーブに影響を与えるか否かの実証分析（第4・5章）を行った。

　〈第Ⅲ部　中央銀行の独立性〉においては，1990年代以降，マネーと物価との関係が不安定化したために導入されたインフレーション・ターゲティングがしばしば中央銀行の独立性と関連して論じられることが多いが，そもそも中央銀行の独立性はなぜ必要かを論じた（第6章）。また，それとの関連で物価連動国債と固定利付国債の利回りの差（BEI）が期待インフレ率の指標として有効であるか否かそれと金融政策との関連はどうか，中央銀行の独立性を確保するための制度的措置は，金融政策を表す政策反応関数に反映されているか（第7・8章）を検討している。

　このような著書（共著）を上梓することとなった経緯を説明すると，著者2

人は斉藤が日本証券経済研究所に勤務していた1990年代中頃に須藤（当時勧角総合研究所勤務）が同研究所のロンドン資本市場研究会に参加したことにより知り合うこととなった。その後，斉藤がイギリスのオックスフォード大学（セント・アントニーズ・カレッジ）のシニア・アソシエート・メンバーとなった時期に須藤がウォーリック大学大学院に留学し，現地でも交流した。その後，須藤は日本証券経済研究所に転職したが，斉藤は大学に移って以降も同研究所の研究会に参加し，また客員研究員ともなっており，日常的に金融・経済の諸問題について意見交換を行ってきた。

　しかしながら著者2人のアカデミック・バックグラウンドおよび研究手法はかなり異なっている。斉藤は大学時代は宇野理論の原論のゼミに所属し，卒業後はポストケインジアンやいわゆる伝統的日銀理論といった議論にも親和性を感じながら研究してきたが，その手法は基本的に記述的方法である。一方，須藤は大学時代は主としてミクロ経済学を勉強し，イギリスの大学院においては経済成長論を中心に研究した。その手法は基本的に近代経済学に基礎を置く理論・計量的手法である。また，斉藤は金融政策を従来から研究の中心テーマのひとつとしており，須藤は日本証券経済研究所に入所後は国債管理政策を中心に研究してきた。

　このようにアカデミック・バックグラウンド等において異なる2人ではあるが，本書の内容に関わる論点については討論を行い基本的な点での認識は一致している。その基本となる点は現実の中央銀行，市中銀行等の市場参加者の行動に即して議論を構成しようということである。例えば中央銀行は通常時は短期金利のコントロールを行うことにより金融政策を遂行しているのであり，実際にベースマネー・コントロールなどは行ってはいない。このような議論を2人で行っているうちに自然に共著を出版しようという話となっていったのである。

　正統的な金融政策論と国債管理政策論という異なった視点を統合して現実に即した議論を展開しているというのが本書のメリットであると著者の2人は考えているが，この他，斉藤の議論を須藤の実証的な方法による分析が基礎づけ

たり，また場合によっては行きすぎをチェックしているという点でユニークであり，従来の金融政策・国債市場関連の研究書にはないものとなっているのではないかと自負している。

　経済学の世界では同じ学派内の同じような方法論による議論しか認めないような風潮が一般的であるように思われる。しかし分析対象としている事象をどう捉えるかという点において学派を超える議論は可能なはずであると著者の2人は考えている。この観点は著者2人の職場の先輩である奥村宏氏の「実学」（『会社学入門：実学のすすめ』七つ森書館，2007年）という考えにも通じるのではないか。奥村氏による「実学」とは「実業に役立つ学問」あるいは「実利につながる学問」という意味ではなく，現実に立った学問という意味であるとのことであるが，現実の事象を分析するにあたって，現実よりも抽象的な理論の方が大事ということはないはずである。現実が理論と合わないということは，すべての場合とはいわないにしても多くの場合，理論を再検討した方がよいのではないだろうか。

　このような観点が本書の立場であり，この立場を拡張することが閉塞状況にあり「知の欺瞞」が蔓延している経済学の可能性を開くものではないかといえばあまりに大風呂敷を広げすぎということになるかもしれないが，とりあえずはこれ位の成果は挙げられるということだけは主張しておきたい。そして日本証券経済研究所という「場」の存在が，本書のようなタイプの共同研究を可能としたと著者2人は考えており，同研究所の関係者の皆様に深く感謝したい。

　最後になるが，斉藤も須藤もこれまで日本経済評論社から2冊の単著を出版している。このたびも専門書の出版事情が苦しい中で，本書の出版を快くお引受けくださった同社の栗原哲也社長および編集担当の谷口京延氏に心からのお礼を申し上げたい。また，本書の第5章の研究については財団法人日本証券奨学財団からの助成を受けている。ここに記して感謝の気持ちを表すこととしたい。

　2009年8月　鬼怒川にて　　　　　　　　　　　　　斉藤美彦・須藤時仁

目　次

はしがき　i

第Ⅰ部　金融政策の変貌

第1章　金融自由化時代の日本の金融政策……3

　Ⅰ．はじめに　3
　Ⅱ．自由化以前の金融政策　4
　Ⅲ．金利自由化の進展と金融政策　8
　Ⅳ．バブルの形成・崩壊と金融政策　12
　Ⅴ．ゼロ金利政策・「量的緩和」政策を経ての
　　　金融調節方式　16
　Ⅵ．金融政策の最終目標と操作目標　20
　Ⅶ．おわりに　22

第2章　準備預金制度の変貌……25

　Ⅰ．はじめに　25
　Ⅱ．日本における準備預金制度の導入　26
　Ⅲ．金融調節の手段としての準備率操作の特徴　29
　Ⅳ．準備率操作の実際　31
　Ⅴ．諸外国の準備預金制度　34
　Ⅵ．おわりに　37

第Ⅱ部　国債と金融政策

第3章　国債累積と金融システム……43

　Ⅰ．「量的緩和」政策と国債価格支持政策　43

Ⅱ．国債累積と銀行・中央銀行　49
　Ⅲ．正統的金融政策と国債　61
　Ⅳ．おわりに　66

第4章　金融政策と国債市場──量的緩和期における
　　　日本銀行の買入国債の特徴──……………………………71

　Ⅰ．はじめに　71
　Ⅱ．日米における長期オペの概要　75
　　1．日本　75
　　2．アメリカ　77
　Ⅲ．中央銀行の国債保有構造（ストック分析）　80
　　1．分析の視点とデータ　80
　　2．保有額の発行残高比　81
　　3．年限別保有構成比　82
　　4．年限別の保有額発行残高比　85
　Ⅳ．買入国債の特徴（フロー分析）　88
　　1．分析の視点　88
　　2．買入国債の年限別構成比　89
　　3．買入国債の残存期間　90
　Ⅴ．おわりに　95

第5章　金融調節オペレーションは金利の期間構造に
　　　影響を与えるか──英米比較──………………………101

　Ⅰ．はじめに　101
　Ⅱ．モデル　104
　　1．英米におけるオペレーションの概要　104
　　2．モデルの導出　106
　Ⅲ．データの検証　110

1．データ　110
　　　2．単位根検定　112
　　Ⅳ．推定結果　113
　　　1．推定上の問題点　113
　　　2．分析結果　115
　　Ⅴ．おわりに　122

第Ⅲ部　中央銀行の独立性

第6章　中央銀行の独立性強化とアカウンタビリティ
　　　　　──イギリスと日本を中心に── ……………………… 135

　　Ⅰ．はじめに　135
　　Ⅱ．イギリス（イングランド銀行）　136
　　Ⅲ．日本（日本銀行）　149
　　Ⅳ．おわりに　156

第7章　物価連動国債の機能と金融政策 ……………………… 159

　　Ⅰ．はじめに　159
　　Ⅱ．物価連動国債の特徴と日米英の市場比較　160
　　　1．物価連動国債とは　160
　　　2．国際比較　164
　　　3．保有構造　166
　　Ⅲ．物価連動国債と金融政策 ……………………………………… 169
　　　1．ブレーク・イーブン・インフレ率とは　169
　　　2．BEIの特性　169
　　　3．BEIは金融政策の指標となりえるか　171
　　Ⅳ．おわりに　174

第8章　期待インフレ率指標と金融政策
　　　——英米比較——……………………………………177

　Ⅰ．はじめに　177
　Ⅱ．モデル　179
　　1．基本モデル　179
　　2．推定モデル　183
　Ⅲ．データの検証　185
　　1．データ　185
　　2．単位根検定　189
　Ⅳ．モデルの実証結果　191
　　1．推定上の問題と対処　191
　　2．仮説の検証結果　192
　Ⅴ．おわりに　202
　補論：インフレ率ギャップにかかる係数と中央銀行の
　　　　独立性との関係　204

第Ⅰ部　金融政策の変貌

第1章　金融自由化時代の日本の金融政策

I．はじめに

　日本銀行は，2006年3月に約5年間にわたって継続した「量的緩和」政策を取りやめ政策目標を無担保コールレートのオーバーナイト物に変更し，その誘導水準をゼロパーセントとすることとした。これはいわゆるゼロ金利政策への復帰ではあるが，その後，政策目標金利は2006年7月に0.25％に引き上げられ，このゼロ金利政策にも終止符が打たれた。さらに2007年2月には政策金利は0.5％にまで引き上げられたが，その際に公定歩合について注目されることはほとんどなくなってしまった。事実，公定歩合という呼称（それはかつては日本銀行による割当によるものの利率であった）は2001年1月以降は基準割引率・基準貸付利率とされた。これは，市中銀行が必要とする際に利用できる有担保の貸出ファシリティの利率であり，政策金利よりも高く設定されることから，事実上短期金利の上限を画するものとの位置づけとなっている。このような調節方式は，日本だけでなくアメリカ，ユーロ圏およびイギリスでも同様なものとなってきている。

　このような金融政策の実際の運営は，金融自由化に対応したものであるが，本章ではそれがかつての自由化以前の状況とどう異なり，その変化の結果および実際の政策運営により何が明らかになったのかを以下で追うこととしたい。

II．自由化以前の金融政策

　戦後日本の金融システムは極めて規制色の強いものであり，規制の3本柱として①金利規制，②業務分野規制，③内外分断規制があった。日本銀行の金融政策は，そのうちの金利規制の中核に位置し，その決定する公定歩合は規制金利体系の下において預金金利等の各種金利へと強制的に波及させられていった。
　1955年頃から始まる高度成長期においては証券市場の未発達という事情もあり，企業の資金需要は銀行とりわけ都市銀行への貸出需要へと直結した。そしてこの時期の企業の資金需要は極めて旺盛であった。一方，経済政策は成長促進が前面に出ており，金融政策には低金利の維持が要請されていた。その結果として採られたのが人為的低金利政策であった。
　この時期においては日本銀行の政府からの独立性は十分とはいい難く，金融引締め政策への転換への圧力はしばしば存在した。経済成長が第一の政策目標とされていたため，インフレはマイルドである限りは容認されていたとみなすことができよう。ただし1960年代までは金融緩和が景気拡大へと結びつくと輸入が拡大して外貨準備が減少した。この「国際収支の天井」が金融引締めへの転換への理屈としては有効であった。
　高度成長期における企業の資金需要は極めて旺盛であり，それは前述のとおり都市銀行への資金需要と結び付いた。このため都市銀行のバランスシートは預金よりも貸出金の方が大きくなるオーバーローンと呼ばれる状況となった。このため都市銀行はインターバンク市場において恒常的な資金の取り手となり，それでも足りない部分は日本銀行による貸出に依存していた。日本銀行はマクロ的な資金不足には基本的には応じていたが，都市銀行による過剰な信用拡張を抑制する手段として金利面においてはインターバンク市場金利の高目放置，量的側面においては窓口指導という都市銀行の貸出増加額を直接的にコントロールするという手法を用いていた。
　当時の都市銀行のバランスシートの構造は，外生的貨幣供給説の立場からは，

すなわち銀行を単純な金融仲介機関としか捉えない発想からは，極めて不正常な事態と捉えられた。銀行業務の出発点をまずは預金を集める（それがどのように発生しているかにこの種の議論は関心を持たない）ことから発想し，それ以上に貸し出すこととは何事かという単純な発想である。

しかしながら，内生的貨幣供給説の立場というよりはこれが銀行実務の実際であるが，銀行とは貸出によりまず預金を創造する。というのは決済性預金（当座預金・普通預金）を有する銀行の貸出とは金庫にある現金を手交することにより行われるわけではなく，顧客の預金口座に預金を設定するという行為により行われるからである。この段階において銀行のバランスシートは資産に貸出増があり負債に預金増がある。まさに無から有が発生しているのである。

もちろん顧客は必要があって借入れを行っているわけであるから貸出により創造された預金は通常は流出する。幸運にも借入顧客の支払先が同じ銀行の顧客である場合は当該銀行に預金として還流するわけであるが，そのようなケースは多くはないであろう。したがって流出した預金を回復するために銀行は資金調達をしなければならない。他の銀行で創造された預金を自行の預金として還流させるように努めることとなる。これが銀行における預金集めの意味であるのだが，貸出を積極的に行う銀行は一般的にいって流出する預金をすべて還流させることは難しい。したがってインターバンク市場において他行から資金を調達することとならざるをえない。

ところでインターバンク市場というのは準備預金（中央銀行当座預金）を市中銀行間でやりとりする場であり，基本的にゼロサムゲームの場である。インターバンク市場に資金を放出する銀行の準備預金は減少し，取り手の銀行の準備預金が増加するわけであるから準備預金としてのマクロ的なプラスマイナスはゼロである。しかしながら銀行券の発行超過や財政資金が揚げ超の場合にはマクロ的に準備預金は減少（資金不足となる）することになってしまう。

財政の揚げ超（租税の徴収により民間部門の預金が日本銀行の政府預金口座に移る。この際市中銀行の準備預金は減少する）の場合はわかりやすいであろうが，銀行券発行超についてはしばしば誤解が生じることもあるので説明する

こととしたい。すでに発行されている銀行券をやり取りするという行為がマクロ的な銀行券残高に影響しないということは誰もが理解できるであろう。銀行券を右手から左手に移したところで銀行券発行残高が増加するわけではないのは明らかであるからである。

　マクロ的に銀行券が増加するというのは結局銀行の顧客が銀行預金をおろして銀行券に換えることにより発生する。銀行は保有中央銀行券（日銀券）を必要最小限に抑える努力を常日頃から行っており（資産側に無利息資産を多く抱えることは収益上マイナスとなるわけであるから），このような場合は自らの日本銀行にある預金をおろすことにより日銀券を調達する。このため準備預金はマクロ的にも減少し，このことが短期金融市場におけるマクロ的資金不足と表現されるのである。

　このマクロ的資金不足を充足する手段をインターバンク市場は有していない。前述のとおりそこはゼロサムゲームの世界だからである。準備預金とは中央銀行券と同じく中央銀行の負債であり，中央銀行しかその最終的供給者はいない。換言すれば中央銀行は中央銀行通貨（中央銀行券・準備預金）の独占的供給者であるということである。

　こうした観点に立てば日本の金融の宿痾ともいうべき特質とされたオーバーローン問題も違った相貌でみえてくることとなろう。すなわち都市銀行が貸出により創造した預金を取引先の構造や店舗規制があったことにより還流させることができないことがこの時期のバランスシートの構造の理由であり，それは当然のこととなる[1]。ただしこの時期の都市銀行の行動がサウンド・バンキングの原則から逸脱している場面があったことは事実であった。このこともあり一般的にはオーバーローンは極めて不正常な状態と認識され，それが日本銀行からの借入れにより支えられていることも問題点として指摘されることが多かった。それは公定歩合がペナルティレートではなく最も低コストの資金であったことにもよっていた。すなわちそれは都市銀行に対する補助金ではないかというものであった。

　それはともかくとしてこれを日本銀行のバランスシートの側からみると銀行

券の対応資産の中心が市中銀行に対する貸出債権であり，それがその供給ルートの中心であった。このことがオーバーローン問題における問題点であり，そうであればマクロ的な資金不足を充足するためには日本銀行の市中銀行への貸出以外になにがあるのかが問題とされざるをえなくなる。このような状況下においていわゆる「成長通貨供給論」が議論されるようになった。すなわち中央銀行が経済規模の拡大によって増大する銀行券需要にどのように対応するのがよいのかという点が注目されるようになったのである。『日本銀行百年史』によれば，日本銀行内においては1950年代の初めからこのような観点からの検討が行われ，この問題意識が1962年11月の新金融調節方式の採用へとつながっていったという。

　この新金融調節方式は，「成長通貨の供給」を日銀貸出によらずオペを中心とするという変更であった。公定歩合による貸出は個別銀行に対する貸出であるのに対し，オペの場合はマーケットとの取引により資金が供給されることからより好ましいとの評価が一般的であった。さらにこの「成長通貨供給論」は日本が戦後とってきた国債不発行主義（均衡財政）を維持することができなくなった1965年度以降，すなわち長期国債の発行開始後さらに一般化していくこととなった。

　日本の国債の発行方式は世界的にも珍しい国債引受シンジケート団（メンバーは銀行・証券会社・生命保険会社等）による引受という形式により始まった。しかし，これを窓口販売できたのは引受額の少ない証券会社のみであり，銀行等はその窓口販売のみならず流通市場での売却も事実上禁止されていた。そして銀行等の引き受けた国債は発行後1年経過後であれば日本銀行による買いオペにより吸収されたため，第一次オイルショック後の国債大量発行期の前の時期においては銀行等の引受負担は実質上はなかった。この時期以降，日本銀行の資産において長期国債の割合は増加していくこととなり，その買入れは「成長通貨」の供給のための中心的なものとなっていった。

　注目すべきはこの構造において長期金利（長期国債応募者利回り）は政府が事実上決定していたということである。国債引受シンジケート団にはこの問題

についての発言力はなかったのである。政府の希望は長期金利はできるだけ低い方が望ましいというものであったが，国債流通市場の不在は，発行金利を低位安定化させるために重要であった。流通市場で自由に価格（金利）決定されれば，それは発行金利に跳ね返らざるをえない。政府（大蔵省）が恐れたのはこの事態であった。日本銀行による国債オペの金利は理論価格により行われ，国債価格はここにおいても支持されていた。

　金融自由化が進展する以前の金融政策は，金利体系の中心に公定歩合が位置し，長期国債発行開始後は長期金利については政府が事実上決定するという構造が加わった。その水準は人為的低金利政策と呼ばれたように成長促進的なものであった。そして銀行行動の過熱を抑えるために非正統的な金融調節手段である「窓口指導」（都市銀行の貸出増加額の直接的規制）が行われるというのが，この時期の金融政策の姿であった。

Ⅲ．金利自由化の進展と金融政策

　1970年代に入るとこの戦後金融システムはそのままでは維持することができなくなり，それに応じて金融政策も変化せざるをえなくなっていった。その最も大きな要因となったのは国債の大量発行の開始であった。1971年のニクソン・ショックによる為替調整および1973年の第一次オイルショックは日本経済への大きな負担となり，財政出動による支えを不可避とした。しかしながら大量の国債発行はその引受機構への負担を大きくした。その大きな理由はもはや銀行等が大量に引き受けざるをえなかった国債の大部分を日本銀行が買い取ることは不可能であったことにある。結局，大蔵省は1977年には銀行に保有国債の流動化を認めざるをえなかった。その結果として国債の流通市場が成立した。さすがの大蔵省も流通市場における国債の売買価格（金利）を直接的にコントロールすることはできずにそこは自由金利市場となった。そうするとこの本格的な国債流通市場の成立は新規国債の発行条件にも跳ね返ることとなった。新規発行国債の発行条件（応募者利回り）は流通市場金利を勘案して決定せざる

をえない状況となっていった。

　国債の大量発行は，その条件付売買市場である現先市場の拡大という金融革新にもつながることとなった。それは短期の自由金利市場であり，規制金利の銀行預金（法人預金）が現先市場へと流出するという事態が発生した。この日本版ディスインターメディエーションの発現こそが1979年の自由金利預金としての譲渡性預金（CD）登場の大きな要因であり，これ以後預金金利の自由化は段階的に進展していったのであった。アメリカからの金融市場の自由化圧力は，この金利自由化を促進させる方向に作用した。金融グローバル化傾向は従来の日本の規制体系の変革を促したのである[2]。

　高度成長の過程で，日本の国際収支（経常収支）は1960年代末以降黒字傾向が定着した。このため外貨準備の枯渇の心配が金融政策へと影響するということはなくなった。また，国際収支不安の払拭および内外資金移動の活発化は結局1980年の外国為替管理法の改正へと帰着した。これはそれ以前の外為取引の「原則禁止，例外自由」というものを「原則自由，例外禁止」とするもので，これにより金融における戦後規制の3本柱のうちの一つの自由化が達成された。

　その一方，金利規制，内外分断規制と並ぶ業務分野規制については，1980年代においては国債関連業務における自由化が進展したぐらいで，その本格的な自由化は1990年代にずれ込むこととなった。専門金融機関制度すなわち長短分離，信託分離さらには証券取引法第65条を根拠とした銀証分離の撤廃にはそれにより恩恵を受けている業態，すなわち長期信用銀行，信託銀行，証券会社が猛反対し，これに対する監督官庁としての大蔵省も漸進主義的発想から抜け出すことができなかったために不徹底で速度の遅いものとなった。

　それはともかくとして，このように金融自由化が進展する過程において日本銀行の金融政策もまたそれ以前のあり方とは異なったものとならざるをえなくなっていった。しかしながらこの過程で戦時中の立法であった統制色の強い日本銀行法の改正は行われなかった。それは法改正に際して日本銀行の独立性をどの程度のものとするかについてのコンセンサスがえられなかったからであった。当然のことながら日本銀行は独立性を強く要求し，政府はその独立性に一

定の枠をはめたいと思っていた。

　1970年代前半の日本銀行の金融政策には大きな失敗があった。それは第一次オイルショック時の狂乱物価と呼ばれるハイパーインフレーションを抑制できなかったことである。これはニクソン・ショック後に大幅に円が切り上げられ，それによる景気後退が懸念されたことへの対応が行き過ぎ，その後の金融引締めへの転換が遅れたことが大きな理由であった。そしてこの時期の田中内閣による超積極財政がインフレ期待に拍車をかけた後に第一次オイルショックが起き，それがハイパーインフレーションへと帰結した。日本銀行は，公定歩合の引上げ，預金準備率の引上げ，窓口規制の強化等の金融引締め措置をとったもののインフレーションを抑制することはできなかった（図表1-1）。

　この時期の日本銀行の金融政策には，ベースマネー・コントロール的な発想から，準備（ベースマネー）の供給をもっと抑制すべきであったとの非難がアカデミズムの世界から浴びせられた。これに対して日本銀行のエコノミストは，先に民間銀行による貸出増（これは預金設定により行われるから同時に預金増となる）があり，その預金増に対応して準備預金の増額が必要となった場合には日本銀行は受身でこれに対応しなければならない。また，その過程で銀行券が発行増となった場合は，これも民間銀行の準備預金が減少するわけであるから，その補充を日本銀行は受身で行わざるをえないと反論した。要するに準備増は預金増の原因ではなく結果であるというのである[3]。ここには1990年代前半に行われたマネーサプライ論争とほぼ同様の論点が提示されている。結論的には日本銀行エコノミストの議論が正しいわけではあるが，それは日本銀行の金融政策が正しかったことを意味しない。1970年代初頭の民間銀行の貸出の急増にストップをかけられなかったことこそが金融政策の失敗であり，それがインフレーションの大きな原因となったのである。

　この狂乱物価の経験の後，日本銀行の金融政策において物価の安定が一層重視されるようになった。事実，これ以後日本の一般物価の水準は非常に安定しているといってよいものである。1979年には第二次オイルショックが発生したが，この際には日本銀行は強力な金融引締め措置を早期に採用し，原油価格の

第1章 金融自由化時代の日本の金融政策　11

図表 1-1　消費者物価指数と企業物価指数の推移（前年同月比）

―― 企業物価指数　　―― 消費者物価指数

（％）

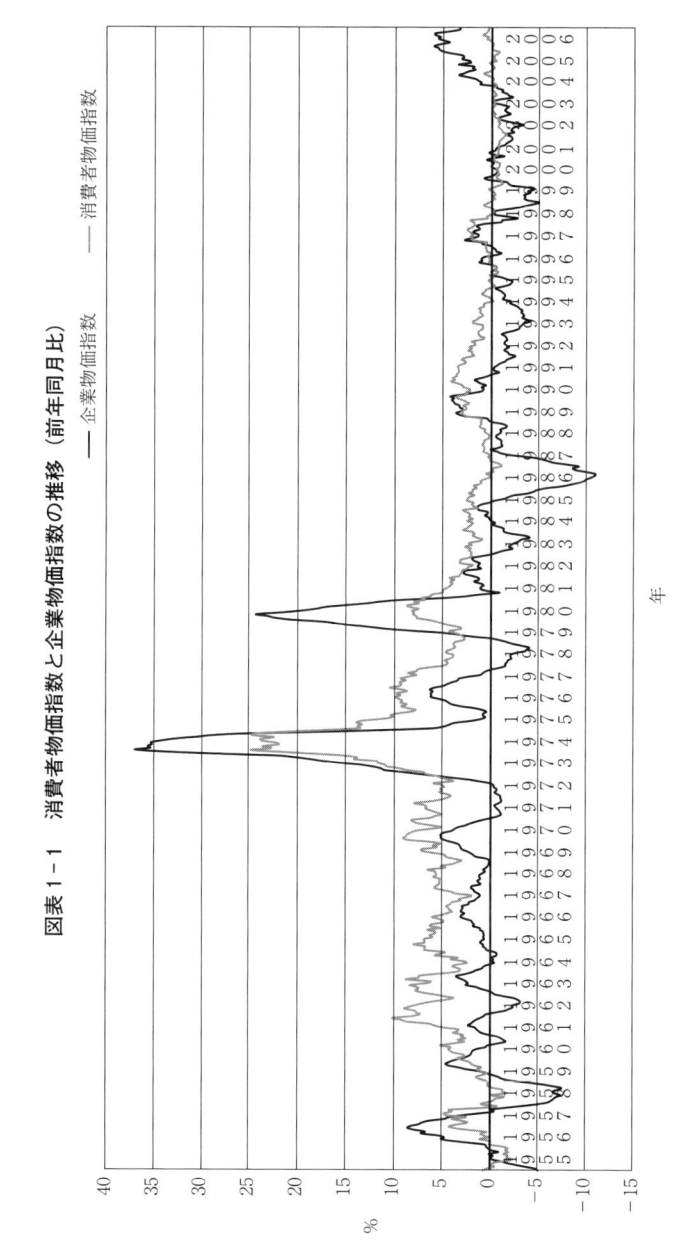

年

出所）日本銀行ホームページに掲載の統計により作成。

上昇が消費者物価全般へと波及することは防がれた。これは狂乱物価の記憶がまだ色褪せてはいない状況で，中央銀行が政治からの圧力を跳ね返しやすかったということもあるであろう。

なお，1970年代は世界的にマネーサプライ重視の傾向が現れたが，日本銀行においてもこの時期にはマネーサプライの取扱いについて検討され，1978年以降はマネーサプライの前年比伸び率の公表が行われるようになった。しかしながら日本銀行は公式にマネーサプライ・ターゲティング政策は採用しなかった。もちろんその動向には注意が払われ，その適切なコントロールのためにも金利機能の活用および短期金融市場の整備が必要と認識されていた。

Ⅳ．バブルの形成・崩壊と金融政策

1980年代には金利自由化が進展したが，これは第二次オイルショック時の厳しい金融引締め政策を緩和する過程で進展した。規制金利預金から自由金利預金への変化は銀行にとってコストアップ要因であったが，全般的な金利低下と段階的金利自由化はその影響を緩和した。また，1981年には銀行法が改正され，銀行に国債関連の新規業務が認可されることとなった。この他，1980年代は外国為替管理の自由化やアメリカにおけるボルカー・ショックの影響で日米金利差が拡大したこと等が影響して内外資金移動が急拡大した。そしてアメリカのレーガン政権の「強いアメリカ，強いドル」政策は，為替相場を円安方向に誘導したが，これは日米間の不均衡を増大させることとなった（図表1-2）。

この日米間の不均衡および米欧間の不均衡はアメリカの経済政策の失敗に起因していたが，1985年のプラザ合意により日本およびヨーロッパ諸国は不均衡是正のための為替調整を受け入れざるをえなくなった。

円相場上昇の結果として生じることが予想された景気後退を日本政府は強く懸念した。この懸念自体は金融政策の運営主体である日本銀行も共有していた。1980年代後半に生じたバブルは円相場上昇への強い危機感から金融緩和が行き過ぎ，さらにこの環境下で金融機関の行動が無秩序化したという1970年代前半

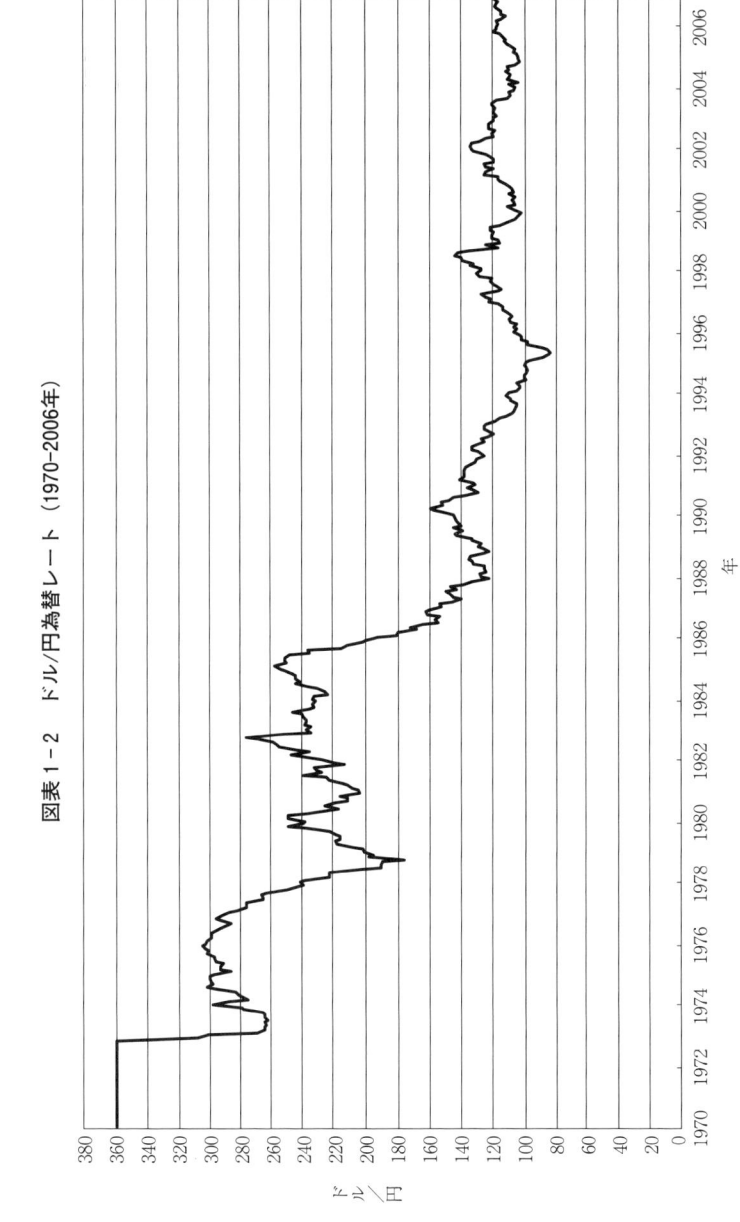

第1章　金融自由化時代の日本の金融政策　13

図表1-2　ドル/円為替レート（1970-2006年）

出所）図表1-1に同じ。

と同様の過程で発生した。地価に関しては，東京が本格的な国際金融センターとなるとの予想から外国金融機関の進出が相次いだことが東京の一部地区のオフィス需要，住宅需要へとつながり，そこにおける地価上昇へとむすびついた。そしてこの地価上昇は東京のその他の地域，さらには他の地方へと波及していった。また，地価上昇は企業の保有する土地の含み益が増大すると考えられたこと等から株価上昇にもつながった。

この1980年代後半の時期と1970年代前半との大きな違いは，前者においては一般物価が安定していたことであった。資産価格バブルに金融政策がどう対応すべきかは近年のサブプライムローン問題でもわかるとおり非常に難しい問題であるが，現実問題としてそれに中央銀行が無関心であることは許されないだろう。サブプライムローン問題に端を発する世界金融危機の深化は資産価格バブルに対する金融政策のかかわりについて新しい観点が一般的となる可能性を期待したいところである。

それはともかくとしてこの時期の日本銀行はバブルを問題視し金融引締めへの転換の時期を狙っていたが，金利引上げには日米金利差の維持を望むアメリカからの圧力があった。そしてこのことを懸念する日本政府も日本銀行に金利引上げを行わないように圧力をかけた。それでも日本銀行は1987年秋には短期金利の高め誘導を行ったが，その時にちょうどブラックマンデーが発生した。両者の因果関係は明らかではなかったが，日本発の世界恐慌を恐れた日本銀行は低金利政策を継続せざるをえなくなり，バブルは一層膨らむこととなった。

日本銀行がようやく公定歩合を引き上げることができたのは1989年5月であるが，それから計5次，3.5％の引上げを行い，1990年8月にはその水準は6％となった。そしてこの6％の公定歩合は約1年間にわたり維持された。この金融引締め政策と，政府による不動産関連融資，不動産関連業者に対する融資の直接規制により膨らんだバブルは崩壊した。

それ以後の日本銀行の金融政策は基本的に金融緩和の連続であるといってよいが，政治家や主流派（新古典派）経済学者からはその速度が遅いとか不十分であるとかの非難が浴びせられた。1990年代はマネーサプライと物価との関係

が希薄化し，経済学の世界においてマネタリズムが退潮した時期ではあるが，1992年頃においてマネーサプライの前年同月比の伸びがマイナスとなった時期に，新古典派経済学者から日本銀行はベースマネーを供給しマネーサプライを増加させるべきとの非難が寄せられた。これに対する日本銀行エコノミストの反論は，ベースマネーのうちの銀行券については日本銀行はコントロールできず，準備預金についても現行の後積み制度の準備預金制度においては預金量が準備量を決定しているのであり，日本銀行はこれにアコモデーティブに対応するしかないと反論した[4]。

　新古典派経済学は，ベースマネー供給を金融関係の始点に置き，貨幣（信用）乗数を安定的と勝手に規定し，ベースマネーを供給しさえすればマネーサプライは増加すると確信している。また，インフレもデフレも貨幣的現象であるとの確信が中央銀行の金融政策に対する批判の基本にある。しかしながら現実の中央銀行はベースマネー・コントロールなどは行わないし，行ってこなかった。さらに現実の世界は，少なくとも短期においては，インフレもデフレも貨幣的現象であると割り切れるほど単純なものではない。この論争は，それ自体としては日銀エコノミストの主張の方が筋が通っているが，主流派経済学者の批判は政治からの批判と結びつきやすいのも事実である。このような圧力は結果として日本の金融政策を歪めることとなった。

　1990年代を通じて公定歩合は引き下げられたが，この過程で預金金利の段階的自由化も進展し，1994年10月にはその完全自由化が達成された。ここにおいて規制金利体系の中核に位置する公定歩合という構図は崩れさることとなった。1995年7月に日本銀行は原則としてオペレーション中心の金融調節を行うと宣言し，新規の公定歩合による貸出は行われなくなった。また，金融調節における操作目標として浮上してきた無担保コールのオーバーナイト物金利はこれと同時期に公定歩合よりも低位に誘導されるようになり，以後その状況が続くこととなった。公定歩合は最低金利ではなくなったのである。

　1997年秋の金融危機から約半年後の1998年4月に新日銀法が施行された。この新日銀法はその独立性を強め，金融政策運営の透明性を高める方向に改正さ

れた。この法律においては政策委員会が日本銀行の最高意思決定機関であることを明確にした。それ以前においても政策委員会はあったが,「スリーピング・ボード」と揶揄されるようにほとんど機能せず,実際の政策運営は総裁・副総裁・理事からなる役員集会において決定されていた。

　これ以後は,政策委員会の金融政策決定会合の議決により金融政策の運営方針が最終決定されることになったが,それは基本的に無担保コールのオーバーナイト物の金利をどう誘導するかというアナウンスメントであった。その実際は「無担保コールのオーバーナイト物の金利を公定歩合を下回る水準に誘導する」というものであった。そして1999年9月には初めてその誘導水準を0.25％とすると具体的な数値が示された。なお,当時の公定歩合は0.5％であった。

V. ゼロ金利政策・「量的緩和」政策を経ての金融調節方式

　日本経済はバブル崩壊後に長期の低迷に苦しむこととなったが,1990年代の半ばには回復への兆しが見えてきていた。しかしここで日本政府（橋本政権）の経済政策は決定的な誤りをおかした。ここで財政構造改革路線を採ることが表明され,消費税率の引上げ等の国民負担を増加させる施策が採られた。この影響から個人消費は落ち込み,日本経済の状況は悪化した。この間,金融機関の不良債権処理はあまり進捗せず,金融機関経営への不安感は増加していった。その結果が1997年秋の金融危機となって現れることとなった。これに対して政府は預金保険機構を強化し,大手銀行への公的資金の注入を行いパニックを抑制しようとした。しかしながら翌1998年には長期信用銀行3行のうちの2行が破綻し,両行はその直前に成立した「金融再生法」により処理された。これ以後,大手金融機関の再編は一挙に進展し,結局,日本の金融システムは三大メガバンクへと向かっていった。

　このような日本経済の低迷および金融危機の進展は日本銀行に対しての追加的緩和措置の要求という圧力を強化することとなった。しかしながら政策金利である無担保コールのオーバーナイト物の金利は0.25％とほぼゼロ近傍となっ

ており，金利に非負制約がある以上，これ以上の金利面での緩和措置には限界が感じられていた。

　結局，1999年2月に日本銀行は無担保コールのオーバーナイト物の金利を限度一杯まで引き下げる決定を行い，同年4月にはデフレ懸念が払拭できるまではこの政策を継続するとの方針を発表した。これがゼロ金利政策であり，日本銀行は準備預金を所要準備（当時4兆円）よりも1兆円多く供給することにより政策金利をゼロ近傍に誘導した。また，このゼロ金利の長期継続のアナウンスメントは長期金利を抑制する方向へと作用した[5]（図表1-3）。

　しかしながらこのゼロ金利政策は，歴史的にも国際的にも異例の政策でありオーソドックスなものではない。それによる悪影響としては短期金融市場の機能不全が挙げられていた。このゼロ金利政策期においては，銀行等の準備預金制度適用金融機関はあまり超過準備は保有せず，そのほとんどは短資会社等の準備預金制度非適用金融機関の日本銀行当座預金口座に滞留していた。これは非正常といえる状況であるが，異例な政策をとった結果が短資会社，短期金融市場への負担となって現れたものと解釈できる。また，日本銀行は1997年秋の金融危機の時期以降，長期国債買切りオペの金額を月4000億円に増額していたが，この時期にそのさらなる増額を行うことはしなかった。まだ国債の直接引受に近いとみなされるような措置の採用には慎重だったのである。

　この極めて異例な金融政策の早期解除には政策委員の多数派，特に当時の速水総裁は積極的であった。しかしながら日米政府および主流派経済学者達は早期解除に反対し追加緩和措置を望んでいた。結局，日本銀行は2000年8月にゼロ金利政策を解除したが，運悪くその直後にITバブルの崩壊があり，ゼロ金利政策の解除に対する非難が高まることとなった。日本銀行は2001年3月にはゼロ金利政策に実質復帰せざるをえなくなった。ただしそれは単純な復帰ではなく，金融市場の調節目標を無担保コールのオーバーナイト物金利から日本銀行当座預金残高へ変更するというものであった。まず当座預金の残高目標はゼロ金利政策期における実際の残高と同額の5兆円（所要準備対比1兆円のプラス）とされた。これが「量的緩和」政策であるが，その実施当初においてはそ

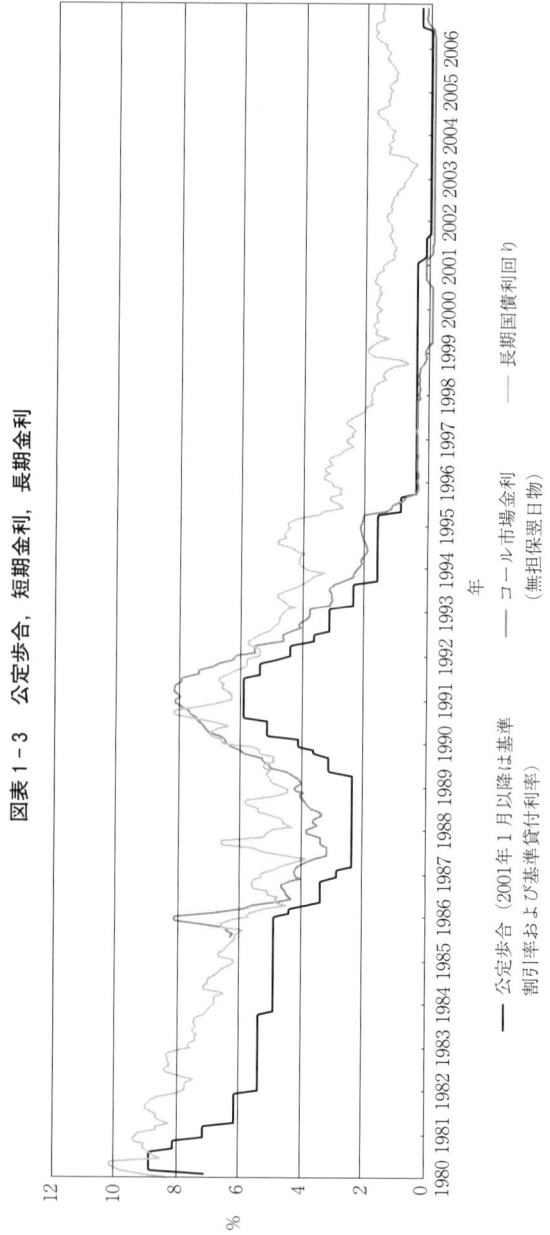

図表1-3 公定歩合, 短期金利, 長期金利

―― 公定歩合（2001年1月以降は基準割引率および基準貸付利率）　―― コール市場金利（無担保翌日物）　―― 長期国債利回り

出所）図表1-1に同じ。

れはゼロ金利政策への復帰とさして変わりのないものであった。

　ただしその採用の際に，日本銀行はこの政策を消費者物価指数の前年同月比が安定的にゼロパーセント以上になるまで継続すると約束した。また，資金供給のために長期国債の買切りオペの増額も約束せざるをえなかった。せめてもの抵抗は，長期国債の保有額を日本銀行券の発行残高を上限とするという日銀券ルールを自ら設定したことであった。長期国債の買切りオペは流通市場からの買入れであり，新規発行国債の直接引受とは異なるとはいえ，「量的緩和」政策期間中に月中の長期国債買入額は1兆2000億円まで拡大し，それは国債直接引受とほとんど同じではないかとの非難も一部からは生じることとなった。

　日銀当座預金残高目標は8次にわたり引き上げられ，2004年1月以降は30-35兆円とされた。この政策はベースマネー・コントロールではなく超過準備ターゲティングであるが，結局のところさしたる効果もなく日本経済の自律回復とともに2006年3月に解除された。主流派経済学者が主張していたポートフォリオ・リバランス効果（超過準備を供給すれば銀行のポートフォリオが変わり経済にポジティブな効果を及ぼす）なるものは発現しなかった。それでも超過準備の供給が可能であったのは，基本的には金融システムの危機的状況が継続し将来不安が拭い去れなかったことおよび金融機関自身の規律の喪失もあった。その結果は短期金融市場の機能不全となって現れた。

　この「量的緩和」政策に緩和効果がなかったことは，その解除後の動向が証明している。その解除は日本銀行当座預金残高目標を徐々に引き下げた後になされたのではなく，金融市場の調節目標を日本銀行当座預金残高から無担保コールのオーバーナイト物金利からへ変更し，その水準をゼロ近傍とするということにより行われた。政策変更後，現実の日本銀行当座預金残高は徐々に減少していったが，それについて引締めとは誰もいわなかった。あれほど量的緩和を主張していたなら，それが金融緩和であると主張していたならば，そこには強い金融引締め効果が存在することを主張すべきであった。そうしなかったということは論者自身が当座預金残高目標の拡大は決して金融緩和などではなかったと認めたことになるのではないだろうか。「量的緩和」政策が実証したこ

とは，超過準備ターゲティング政策というのは無効であるということであった。日本銀行のバランスシート上の数字にしか過ぎない準備預金残高の量を増やしたからといって，換言すれば日本銀行の無利子負債をただ増やしたからといって，そこに何かポジティブな効果があると信じることがそもそもの誤りだったのである。

「量的緩和」政策解除後のゼロ金利政策は，2006年7月に解除されようやく日本の金融政策はオーソドックスな姿に戻ることができた。そしてその金融調節の姿とは超短期の金利をコントロールし日本銀行による貸出（スタンディング・ファシリティ）はその上限を画するものとするという枠組みである。この枠組みのもとで日本銀行は「公定歩合」の呼称をやめることとし，これに代えて「基準割引率および基準貸付利率」という呼称を用いるようになった。さらに準備預金制度は，次章で詳しくみるようにその準備率を上下させることは通常は行わず，短期金利をコントロールするための枠組みとして存在するという姿となった。

VI. 金融政策の最終目標と操作目標

日本銀行法は1997年に改正されたが，改正以前の同法は第二次世界大戦中の1942年に制定されたこともあり，その独立性が十分なものとはいえなかった。改正日銀法は金融政策運営の理念を「物価の安定を通じて，国民経済の健全な発展を図る」ことにあるものとしている。金融政策の目標は基本的には物価の安定にあるといってよい。この最終目標を達成するために，日本銀行は市中銀行と市場取引を行い，その条件を変化させる。これが実際の金融調節であり，それは他の経済政策（例えば租税政策）と異なり権力の発動ではない。

この日本銀行の金融政策の推移をみるならば，戦後の混乱期を脱して以降1960年代までは，物価の安定は目標としてはあったものの実際上は成長促進が大きな目標でもあった。1970年代以降は，変動相場制への移行により為替が変動し，その影響もあり金利がそれ以前よりもボラタイルになった。この環境の

中で金融自由化は不可避なものとなった。金融自由化時代の金融政策とは金利機能を活用することにより行われるものであることはいうまでもない。窓口指導のような金利機能の活用からは離れた政策手段はその重要度を低めざるをえない。そして金利機能を活用して物価の安定を図るためには短期金融市場の整備が不可欠となってくるのである。

1970年代以降の日本銀行の金融政策には2度の大きな失敗があった。1970年代前半の狂乱物価と1980年代後半のバブルを防げなかったことである。両者とも急激な円相場の上昇が不況に結びつくことを過度に恐れたための金融緩和の行き過ぎが大きな原因であった。ただし前者においては一般物価が急上昇したのに対し、後者においてはそれは安定していたという違いはある。

日本銀行が物価重視姿勢をより明確化してくる中で、1980年代にはマネーサプライへの注目度が高まったが、1990年代に物価とマネーサプライの関係が希薄化するとともにそれへの注目度は低下した。ただし日本銀行は今日に至るまでインフレーション・ターゲティングは採用していない。その一つの理由はバブル崩壊だけでなくグローバル化の影響もあり1990年代半ば以降に一般物価（消費者物価指数）の下落傾向が生じていることがある。「量的緩和」政策はそれへの対応策として採られたものではあったが、結局さしたる効果をあげることはできなかった。

そして日本銀行の金融政策において操作目標は短期金融市場金利（期間1日）であるというオーソドックスな姿へと現時点では回帰したわけである。繰り返しになるがかつての公定歩合はスタンディング・ファシリティへと転化し、短期金利の上限を画するものへと変化してきている。また、準備率操作は通常行われず、それは短期金利をコントロールするための枠組みとしての意義を有するものとなっている。

このような金融調節の枠組みにおいて、マクロ的な資金過不足の調整は基本的にオペレーションにより行われているが、長期国債の買切りオペ等においては政府の長期国債価格支持政策（長期金利抑制政策）に抗し切れていない印象がある。その意味では日本銀行の独立性に対しては疑問符がつけられるかもし

れない（この点については本書の第4章で実証的な分析が行われている）。ただし金融政策の運営主体（日本銀行）としても長期金利の急上昇（国債価格の急落）を望んでいるわけではないということがあるのは事実である。

Ⅶ．おわりに

　以上で金融自由化に対応した金融政策とは何かについて考察してきたわけであるが，結局のところそれは金利機能の活用ということとなる。金利が市場で自由に形成される環境下で，中央銀行としての日本銀行は短期金融市場のオーバーナイト物金利を準備預金制度を利用して誘導し，その将来の金利予想に働きかけつつイールド・カーブの形状にも目を配るという金融調節を行っている。そしてマネーサプライの動向，雇用情勢等の経済指標にも配慮しつつ最終目標である「物価の安定」を達成すべく活動している。

　1980年代以降，金融自由化の進展する過程で日本の一般物価（消費者物価指数）は安定している。それどころか1990年代の中葉以降はデフレーションが問題とされる時期が多くなってきている。金融政策は一般的には引締めにおいて有効ではあっても緩和においてはその効果が現れるかどうかは不確定である。にもかかわらず近年は，財政政策の有効性を否定し，経済政策において金融政策の役割を重視する議論が優勢になってきている。しかし日本の経験は金融政策の有効性には限界があるということを示している。「量的緩和」政策の失敗は，そのことと超過準備ターゲティングの無効性を明らかにしたはずである。

　世界各国の中央銀行の金融調節においてベースマネー・コントロールは採用されてはこなかった。しかしながら金融論の教科書においてはなぜかそれが一般的なものとなっていた。それでも近年の金融論の一般的な傾向はマネタリーな変数を含まずに金融政策を分析するように変化してきている。これは日本だけでなく世界的な中央銀行の実際の金融調節を反映したものである。2006年5月にイングランド銀行は，金融調節方式の変更を行った。イギリスにおいては，それ以前は通常の意味での準備預金制度は存在しなかったが，今回の変更にお

いては準備預金制度が新たに設けられ，それには付利されることとなった。したがってこの準備預金制度はレギュラトリィ・タックスではない。また，準備額については対象金融機関が任意で設定できるようになっており，準備率操作という概念はここには存在しない。それはマクロ的な資金過不足の予測をイングランド銀行が行いやすくするための枠組みなのである。その目的とはいうまでもなく短期金利のコントロールである。なお，最後に付け加えておけば中国人民銀行は近年度重なる預金準備率の引上げを行ってきている。いうまでもなくこれは準備増をマネーサプライ増へと結び付けようとの政策ではない。経常収支の黒字等を原因とする準備増に対応して超過準備の所要準備化を図っているわけであり，それは引締め政策である。ここでもベースマネー・コントロールが意図されているわけではないのである。

　本章における最後の付け加えとしてアメリカのサブプライムローン問題に端を発する世界金融危機の金融政策，経済学等に与える影響について若干ではあるが述べることとしたい。財政政策の無効性についての議論が後退しつつあることは置いておくにしても，金融政策については危機対応と称して各国中央銀行は政策金利の低め誘導ばかりでなく，従来と異なる形での流動性の供給を行ってきた。ただし例えばアメリカの連邦準備制度理事会（FRB）は異例の資金供給を行う一方で保有国債の売りオペレーションを行い資金吸収を行ってきた。そのため中央銀行のバランスシートは必ずしも膨らんではこなかったが，これも2008年9月のリーマン・ショック以降は一変した。各国中央銀行のバランスシートは大きく膨らんできているのである。これにはアメリカの場合，準備預金への付利が開始されたことが大きく影響している。

　また日本においても政策金利の引下げだけではなく，2008年11月以降，補完当座預金制度が導入され超過準備に付利されることとなった。それ以降，政策金利は0.1％とかなり低くはあるもののゼロではないという状況において超過準備が積み上がっている。超過準備への付利は預金ファシリティとしての役割により政策金利の下限を画するという意味も持っている。この準備預金制度の役割変化等については次章において詳しく分析することとしたい。

注

1) このことを明確に主張したのが三井銀行社長であり全国銀行協会連合会会長も務めた板倉譲治であった（板倉［1995］）。なお本章のオーバーローンに関する考え方については吉田［2002］に大きな影響を受けている。
2) 日本における金融自由化の進展過程について詳しくは斉藤［2006］第5章を参照されたい。
3) この論争は小宮隆太郎（東京大学教授：当時）と日本銀行の外山茂の間で行われた。両者の見解について詳しくは小宮［1988］および外山［1980］を参照されたい。
4) このいわゆるマネーサプライ論争の主たる参加者は岩田規久男（上智大学教授：当時）および翁邦雄（日本銀行：当時）であった。両者の見解について詳しくは岩田［1993］および翁［1993］を参照されたい。なお斉藤［2006］第1・3章はこの論争を紹介したうえで翁説が正しいとの見解を示している。
5) 金利の期間構造についての通説である期待理論（純粋期待仮説）においては現在の長期金利は現在から将来までの期待短期金利の平均により決定される。したがって将来の短期金利へのコミットメントは現在の長期金利への影響力を持つことになる。これはその後の「量的緩和」政策時においても意識され時間軸効果と呼ばれた。

第2章　準備預金制度の変貌

I．はじめに

　近年の経済政策についての議論の大勢は財政政策の有効性を否定する一方で金融政策の有効性を主張するものであるように思われる。金融政策については裁量的な政策ではなくルールに基づいた透明な政策の有効性が主張されているといった方がより正確かもしれないが。ルールとしてはたとえばテイラー・ルール（短期金利のルールに基づく誘導）やマッカラム・ルール（ベースマネーの増加率についてのルール）といったものが有名である。ただし一般的に世界各国の中央銀行の金融調節は基本的に短期金利の調節により行われている。

　日本においては2001年3月から約5年間にわたり「量的緩和」政策という日本銀行当座預金残高を金融調節の目標とするという政策がとられたが，それはさしたる効果を発揮せずに終了した。そしてその後は短期金融市場金利（無担保コールレートのオーバーナイト物）が政策目標金利とされてきている。そして「量的緩和」政策終了後の日米欧の中央銀行の実際の金融政策の姿はかなり似通ったものとなってきている[1]。

　その姿はかつての金融論の教科書にあった，①公定歩合操作，②公開市場操作，③準備率操作といったものとは異なっている。このなかでまだ存在するといってよいのは，②の公開市場操作だけであり，公定歩合は金融調節におけるその位置づけを大きく後退させており，短期金利の上限を画するスタンディング・ファシリティ（貸出ファシリティ）となってきている。また，準備率はこれらの諸国においてはその変更は基本的には行われなくなってきているし，準

備額を金融機関の側が自由に決定できるような国（イギリス：この場合そもそも準備率操作という概念が存在しない）も出てきている。

現在では準備預金制度は，短期金利の調節・誘導のための枠組みとして存在するようになってきている。実際，日本銀行の量的緩和政策は準備預金残高の引上げであり，それが準備率の引上げという形でなされたならば，それは金融引締め政策である。現に中国人民銀行は2006年7月以降に度重なる預金準備率の引上げを行っているが，それは金融引締め政策である（その目的は経常収支の黒字による余剰資金を超過準備でなく所要準備とするためのものであるが）。それは別にベースマネーを増加させることによりマネーサプライを増加させようとする政策ではないのである。

このような事態を踏まえ，本章においては以下で準備預金制度とは何であるかについて，日本におけるその導入の経緯，そこにおける論議，実際の操作等を中心として考察することとしたい。

II．日本における準備預金制度の導入

準備預金制度のルーツとしていわれることが多いのはアメリカの1863年国法銀行法による規定である。これは預金者保護の観点から国法銀行に対し預金の一定割合の準備保有を義務づけたものであり，今日の準備預金制度とは異なるものである[2]。アメリカではその後1913年の連邦準備法に準備預金（支払準備）制度の規定が設けられ，1935年に連邦準備制度理事会（FRB）に準備率変更の恒久的権限が与えられた。これ以降は，準備預金制度（準備率操作）は明確に金融調節の手段として位置づけられるようになった。

この準備預金制度はその後他の国にも波及していくことになったが，日本においても戦後においてその導入が議論されることとなった。まず終戦まもない1945年10月に発足した日本銀行制度改正準備委員会は同年12月に大蔵大臣に対し答申した「日本銀行法改正要綱」においては，預金準備制度の導入の検討が明記されていた。また，大蔵省が同年12月に設置した金融制度調査会において

は，日本銀行制度改正準備委員会答申をもとに審議が進められ，1946年1月に「日本銀行制度改正要綱」が答申され，そこにおいては準備預金制度の創設が明言され，同制度導入への動きは加速したかにみえた。しかしながら，その後1948-51年の「金融業法案」および「新銀行法案」作成の過程での準備預金制度の導入論議は預金者保護の制度として導入するか金融調節のための制度として導入するかの間で揺れ動くこととなった。しかしながら結局両法案とも国会に提出されることはなく，準備預金制度導入論議は立ち消えとなった。

しかしながら1949年の「日本銀行法の一部を改正する法律」により設けられた政策委員会の権限の一つとして，日本銀行と契約関係を有する金融機関の日本銀行預け金の割合を変更する規定が設けられたのであった。もちろんこれによりただちに準備預金制度が導入されたわけではないが，同規定が置かれたことの意味は大きかった。ただし実際に同制度を導入し，日本銀行が準備率操作を行うにあたっては大きな問題があると当時においては考えられていた。当時の議論としては中央銀行たる日本銀行は私法人であり，私法人に政府の認可なしに法的強制力を持つ行為をさせることが憲法上許されるかということがあったのである。当時の議論は日本銀行を民間に近いものとみていたという点が注目されるところである。結局，このようなこともあり日本における準備預金制度の導入のためには特別の立法が必要とされたのであった。

準備預金制度の検討は1956年に施行された「金融制度調査会設置法」に基づき設置された「金融制度調査会」において同制度が検討されたことにより本格化した。同調査会においては資本蓄積の乏しい日本の現状を考えるならば，その導入は産業界に及ぼす影響が大きく時期尚早であるとの意見もあったが，委員の多数はその導入に積極的であった。この段階で同制度は預金者保護の制度ではなく金融調節のための制度であるとの合意は形成されていたが，その具体的な検討に入ると一つの大きな問題が浮上することとなった。

それは前記の準備預金制度の運用主体をどうするかということであった。ここにおいて大蔵省は，同制度が強制力を伴う行政的色彩の強い政策手段であることから，その運用を日本銀行政策委員会に無条件に認めることには強く反対

した。すなわちそれは行政（権）に属することから，準備預金制度の運用には少なくとも政府の認可が必要であるとの見解であった。これからかなり後になる1990年代後半の日本銀行法の改正論議においては，政府は日本銀行について「立法でも司法でもないものは行政に属する」といった議論を持ち出し，その独立性強化に反対するわけであるが，この段階においては日本銀行を行政組織の一部ではなく私法人とし，それに行政（権）に基づく強制的行為を行わせることに反対したわけである。これに対して日本銀行の側は当然に政府に認可権を与えることには反対した。また金融制度調査会の委員の中には法律ではなく契約に基づく準備預金制度の創設を考えるべきであるとの意見も出された。この問題は中央銀行の性格，その政府からの独立性にもかかわるものであった。

　金融制度調査会では，日本銀行制度の基本にかかわる問題については先送りにすることとし，1957年2月に大蔵大臣に「準備預金制度に関する答申」を提出した。そこにおいては，①準備預金制度の運用については，公定歩合政策，公開市場操作とともに，日本銀行において行うことが適当であること，および②これを法制化するにあたっては，暫定的に大蔵大臣に消極的性格を有する権限を与えることが考えられるが，制度の立法化および運用にあたっては，大蔵大臣は中央銀行としての日本銀行の意向を十分に尊重すること，一方，日本銀行の側でも大蔵大臣との間に緊密な連絡を保つことが望ましいとしている。

　この金融制度調査会の答申を受けて政府は，1957年3月に「準備預金制度に関する法律案」を国会に提出し，同年5月に同法は成立・施行された。同法において，準備預金制度の性格は通貨調節手段であることが明記された。また，準備率決定の権限は日本銀行（政策委員会）にあるが，これについては大蔵大臣の認可が必要であることとされた。その他，対象金融機関，法定準備の内容，準備率適用対象債務等が規定され，準備率の最高限度を10％とすること，法定準備額の決定方法として計算の基礎を月中預金平残とすること，これに対応する日本銀行預け金の計算方法も1カ月間の平均残高とするが，その月のどの日からを計算期間とするかは政令で定めること等についても規定された（実際には16日から翌月の15日までとされた）。

法律が施行されてもただちに準備預金制度が導入されたわけではなかった。日本銀行としては日銀貸出の動向やマクロの経済情勢等を慎重に判断する必要があったからであろう。結局，1959年9月に日本銀行が予防的金融引締めを実施することとした際に，準備預金制度の発動が決定され，9月11日から同制度は実施された。その際の準備率は，定期預金0.5％，その他預金1.5％（預金残高200億円超の場合。それ以下の場合はそれぞれ0.25％，0.75％）であった[3]。

Ⅲ．金融調節の手段としての準備率操作の特徴

　準備預金制度の導入後，1962年には新金融調節方式が導入され成長通貨の供給は日銀貸出によらずオペレーションによるという方針が明らかにされた（実際の運用は必ずしもすぐにそのようにはならなかったが）。これにより一応，教科書的な中央銀行による金融調節の姿，すなわち①公定歩合操作，②公開市場操作，③準備率操作という調節が行いうる体制が整えられた。

　ところでこの3つの金融調節手段のうちで③準備率操作にはどのような特徴があるのであろうか。そもそも金融政策は他の経済政策に比べてそれが基本的に市場取引を通じて行われるという特徴がある。これは他の経済政策，典型的には租税政策が国家権力の直接的発動であるのと大きく異なるものである。そしてその遂行主体も政府そのものではなく，それからの独立性が必要とされる中央銀行である。中央銀行は，銀行として銀行業務を行うことにより金融政策を遂行する。ここには国家権力の発動という側面は通常は出てこない。①公定歩合操作は中央銀行の貸出利率の変更であり，これを市中金融機関は受け入れなければならないが，実際に貸出を受けるかどうかは任意である。②公開市場操作にしても市中金融機関にはその取引の相手方になるか否かについては選択権がある。

　これに対して③準備率操作は，市中金融機関（対象金融機関）にはこれを拒否する自由はない。これが日本における準備預金制度の導入論議において問題とされた点であった。さらに日本のように準備預金に付利がされない場合は，

それは対象金融機関にとって無利息資産というコスト要因となり，その引上げはコストアップ要因となり引締め効果を有することとなる。それゆえに準備預金（制度）は預金保険料と同様にレギュラトリィ・タックスとみなされてきたのである。呉［1973］においては準備預金制度について「ある都市銀行の幹部は，この制度は他人のポケットに手を入れてお金をとっていくような制度だといっていた」（154頁）と紹介されているが，このような感覚を持つ銀行関係者も多かったかもしれない。これはこの制度が資産側に無利息資産を持つことを強制する（付利されない場合）制度であることによるし，一般的な説明が「集めた預金の一部を無利息で日本銀行に預けるもの」とのものであることにもよるように思われる。しかしながら実際の運営は後に見るように準備率を引き上げた場合，これによりマクロ的に必要とされる準備額については中央銀行は供給する（その逆に準備率を引き下げた場合は余剰準備を中央銀行は吸収する）。準備率の操作は預金額を上下させるわけではないのである。

それはともかくとして，準備預金制度の性格についての従来の説明は，この制度は強制力を持つものではあるが，それは本来市中金融機関が維持すべき流動性を法律ないしは契約により制度化したものであるというものであった。例えば日銀エコノミストであった西川元彦はその著書『中央銀行』（西川［1984］）において，準備預金制度は権力的強制であるという見方に対して，それは「市場に存在すべき節度の制度化，あるいは市場構造の発展に即した市場性基準の高次化」（162頁）とし，中央銀行の「センター機能が半ば受け身のものから次第に能動的なものになり，その寛厳に政策意図がこめられるようになったことも，非市場的とはいえない」（162-163頁）としている。

このことは中央銀行の性格をどう捉えるかにもかかわってくる。中央銀行を政府の一部として捉える見方は過去においても現在においても有力ではあるが，多くの中央銀行家はそれを市場に近いものと捉えてきた。それが行っていることは明らかに銀行業務であり，その利益もまた銀行業務から発生するものである。発券独占後のいわゆるシニョレッジ（通貨発行益）にしても，それは無利息債務（銀行券）の発行そのものによって利益が生み出されるわけではない。

無利息債務に対応する資産による利益が（したがって利鞘が）シニョレッジの内実である。その意味では市中銀行にも当座預金等の無利息債務はあり，利鞘が存在するのであるから，中央銀行にはシニョレッジがあるとことさらいう必要はないことになる。すなわち銀行業務による収益を上げているといえばよいだけということになる。現に西川［1984］はシニョレッジの存在そのものを否定している。

ただし中央銀行の遂行する金融政策は国家の経済政策の一部であることは間違いのないことである。しかしそれが行っていることは銀行業務であり，それは市場に近い存在である。マルクスが「半官半民の奇妙な混合物」と呼んだように「あいまいな存在」（吉田暁）でもある中央銀行の行動のうちで準備率操作は最も権力的なにおいのするものであることは事実であろう。以下では，日本の準備率操作の実態，自由化の進展する過程での変化をみることとしたい。

Ⅳ．準備率操作の実際

上記のとおり日本の準備預金制度はまずは低率での適用からスタートした。これは制度導入による対象金融機関の負担を考慮したものであり，制度導入前には日本銀行は対象金融機関に対して非公式に同行当座預金残高の積み増しを要請していたという（日本銀行百年史編集委員会［1985］618頁）。このことからも準備預金制度とは「制度がなかったとしても金融機関が本来保有すべき流動性を法制化したにすぎない」との類の議論には疑問符がつけられざるをえないが，それはともかくとしてその率の引上げには確かな金融引締め効果（アナウンスメント効果も含めて）が存在するということである。しかしながら準備率を引き上げた場合には，マクロ的に不足する準備については中央銀行は供給する。それが当時の環境下においては「日銀貸出が増加する」＝「オーバーローンが激化する」ということにつながった。したがって準備預金制度の活用には当時から制約があった。

ただし市中銀行の資金ポジション調整に弾力性が付与されるという副次的効

果が制度導入後に認められるようになった。これは所要準備は16日から翌月の15日までの平均残高で計算されるわけであるから，市中銀行としては準備預金を資金繰りのクッションとして利用できるようになったということである。一方，日本銀行の側からは金融引締めの時期に対市中銀行貸出を制度導入以前より厳しくすることが可能となった。日本銀行百年史編集委員会［1985］は「現にその後の金融引締め期には準備預金の積み方が後ろにずれる傾向がはっきりとうかがわれる」（621頁）としているが，これは「積みの進捗率」を金融調節に使うということを意味している。準備預金制度という枠組みの存在がこのような調節を可能にしたのであった。

制度導入の14年後に出版された呉［1973］では，準備率操作がこれまで行われてきたが「準備率が低いので，変動の幅はきわめてわずかで，たいした効果はあげなかった」（150頁）と評価している。ただし「今後外資の大量流入のような事態が生ずる場合には，準備率操作が有力な金融調節手段となるであろう」（153-154頁）としている。この予言は日本においては的中しなかったものの，近年の中国の事態を言い当てているといえるであろう。

図表2-1は，制度導入後の準備率の変更をみたものであるが，第一次および第二次オイルショックの時期には公定歩合の変更に加えて準備率の引上げが実施されていること，準備率の変更が単独で行われているケースもあること等がわかる。また，準備率の変更は多くの場合積み期間中（16日ではない日）に行われている。これは当該期中における市中銀行の準備需要を大きく変化させるが，この際にも日本銀行が引上げの場合はマクロ的に不足する準備は供給するし，引下げの場合は過剰準備を吸収する。金融論の初級教科書のように準備率が変わることにより預金量が変化するわけではないのである。結局のところ積み期間中の準備率の変更は，「積みの進捗率」に影響を与え，これによる調節が行われたということであろう。

なお，準備率の引上げは1980年4月が最後である。同年の11月以降は引下げしか行われていない。1980年代は金融自由化が本格的に進展し始めた時期であるが，この過程で高率の準備率を課すことは銀行等の預金取扱金融機関にとっ

図表2-1 預金準備率の変更

	変更内容	「その他の預金」の準備率（%）	公定歩合の変更とほぼ同時期	積み期間中の変更
1959.09.11	（制度導入）			
1961.10.01	引上げ ↗	3.00	○	○
1962.11.01	引下げ ↘	1.50	○	○
1963.12.16	引上げ ↗	3.00		
1964.12.16	引下げ ↘	1.50	○	
1965.07.16	引下げ ↘	1.00	○	
1969.09.05	引上げ ↗	1.50	○	○
1973.01.16	引上げ ↗	2.00		
1973.03.16	引上げ ↗	3.00		
1973.06.16	引上げ ↗	3.25		
1973.09.01	引上げ ↗	3.75	○	○
1974.01.01	引上げ ↗	4.25	○	
1975.11.16	引下げ ↘	3.75		
1976.02.01	引下げ ↘	3.00		○
1977.10.01	引下げ ↘	2.50	○	○
1980.03.01	引上げ ↗	3.25	○	○
1980.04.01	引上げ ↗	3.75	○	
1980.11.16	引下げ ↘	3.25		
1981.04.01	引下げ ↘	2.50	○	○
1986.07.01	（超過累進制の導入）	2.50		○
1991.10.16	引下げ ↘	1.30	○	

注）1．金額区分の変更，対象金融機関の増加，非居住者自由円預金に関する準備率の導入・変更等は含まない。
　　2．「その他の預金」の準備率は最高金額区分のもの。
出所）日本銀行『経済統計年報』より作成。

てコストアップ要因となり，金融商品としての預金の競争力に大きな影響を与えることが意識されるようになったからであった。

　また，1986年7月の超過累進制の導入には，この年における預金保険制度の改正により預金保険料が増加することへの補償措置だという噂があった。噂というよりは法案そのものが「預金保険法及び準備預金制度に関する法律の一部を改正する法律案」という名称であり，その目的は「本法律案は，最近における我が国の金融環境の変化に対応し，金融自由化の円滑な進展を図るための環境整備として，預金保険制度を整備し金融政策を効果的に運営するため，所要の改正を行おうとするもの」とされていた。さすがに預金保険料の負担増のバ

ーター措置とはされてはいないものの，これはそのようなものとみなされて当然の立法経緯であり，この点について国会審議の過程で一部野党からは批判の声が上がった。

しかしながらこれには準備預金制度（無利息）も預金保険料もともにレギュラトリィ・タックスとみなされていたということが影響している。さらに金融自由化の進展する過程で，預金準備率はさらに低くてもよいという判断もあったものと想像される。

そして1991年10月の引下げを最後に準備率の変更は行われていない。準備率操作は金融調節のためには使用されなくなったのである。しかしこのことは準備預金制度が無用のものとなったことを意味しない。金融自由化が進展する過程でかつて規制金利体系の中心にあった公定歩合（操作）はその重要度を急速に低下させていった。1990年代半ば以降は政策金利は無担保コールレート（オーバーナイト物）にとって代わられ，公定歩合は2001年に導入された補完貸付制度の適用金利として政策金利の上限を画するものに変化した。そして準備預金制度はその政策金利を誘導するための枠組みとしての存在となっていったのである。

日本銀行が2001年3月から約5年間実施した「量的緩和」政策は，準備率を変えないまま準備預金残高を増加させるという政策（超過準備ターゲティング）であった。これがもし準備率の引上げにより行われたのであれば，それは金融引締め措置である。しかしこの間準備率は変更されなかった。これは準備預金制度が予想していなかった事態であった。そして「量的緩和」政策が解除されて以降，改めて準備預金制度の意義は短期金利調節のための枠組みであることが確認されているのである。

V. 諸外国の準備預金制度

金融自由化の進展する過程で先進国の準備率は低下し，率の変更は日本と同様にあまり行われなくなってきた。そしてそれは政策金利調整のための枠組み

図表2-2　主要国の準備預金制度の概要（2006年時点）

	日本（日本銀行）	アメリカ（FRS）	ユーロエリア（ECB）	イギリス（BOE）	中国（中国人民銀行）
制度の根拠	法令	①法令②契約	法令	契約	法令（通知）
積み期間	1カ月（固定）	2週間（固定）	約1カ月	約1カ月	旬（末残）
積み方式	部分的後積み	完全後積み	完全後積み	完全後積み	完全後積み
付利の有無	なし	①なし②実質的に有り	あり（所要準備額まで）	あり（所要準備額まで）	あり（所要準備と超過準備の利率が違う）
準備不足額に対するペナルティの利率等	基準割引率+3.75%	①Primary Credit Programの貸付金利+1%②金額に応じ、2%または4%	1) Marginal Lending Facilityの貸付金利+5%を上限に定める利率 2) 同金利の2倍を上限に定める利率 3) 準備不足額の3倍を上限に定める金額の無利息預金の預け入れ	政策金利	0.06%/日（毎営業日所要準備以上を積む必要）

出所）中国以外は日本銀行企画局［2006］（一部変更），中国は筆者作成。

として機能するように変化してきている。

　ここでは詳しく説明することはしないが主要国の制度を簡単にみるならば（概要については図表2-2参照），アメリカでは1990年12月以来非個人定期預金およびユーロカレンシー債務については準備率がゼロとされている。また1980年通貨調節法により対象債務については超過累進制により準備率が定められ，その金額区分が毎年変更されている。基本的にはこの金額区分は上方に変更されてきており，金融機関の名目上の負担は軽減されてきている。積みの方式は完全後積み制度である。これとは別にクリアリング・バランス制度という契約に基づく中央銀行当座預金積立制度があり，これには実質的に付利されている（アメリカでは2008年10月以降準備預金に付利されるようになったがこれについては後述する）。

　一方，ユーロ圏の中央銀行である欧州中央銀行（ECB）の準備預金制度は

法令に基づく制度である。銀行等の預金取扱金融機関は域内各国の中央銀行の当座預金として準備預金を保有することが義務づけられている。これも完全後積み方式で所要準備までは付利される制度となっている。そしてここでも1999年1月の制度導入以降，準備率の変更はなされていない。

　注目されるのはイギリスの2006年の制度変更である[4]。従来イギリスには通常の意味での準備預金制度は存在しなかったが，同年5月の制度変更により準備預金制度が制定された。完全後積み制度であり，所要準備には付利される。注目されるのは準備額を対象金融機関が自由に設定できるということである。この制度においては準備率操作という概念は消失しているのである。ただし対象金融機関は積み期間中の準備預金の平均残高を自らが申請したターゲットの上下1％以内（当初の規定）に収めることが求められており，積み不足の場合のみならず超過準備を保有した場合においてもペナルティが課されるという制度設計となっている（サブプライムローン問題に端を発する金融危機が波及したことからイギリスでは上下1％のターゲットレンジを2007年9月以降拡大しているがこれについては後述する）。

　以上みたように日米欧の主要国の準備預金制度は，準備率操作を目的とした制度とはいえなくなってきている。必要とされているのは準備預金制度という枠組みであり，それにより各中央銀行はマクロ的な銀行部門の資金需要の予測を高い精度で行うことができるようになっている。そしてその枠組みを利用して政策金利（短期金利）の決定・誘導を行っているのである。

　これに対して中国人民銀行は2006年7月以降，幾次にもわたりその準備率を引き上げてきている。しかしながらそれは預金量を減らすことを目的とした動きではない。また，ベースマネー・コントロールを狙ったものでもない。輸出超過により外貨の大量の流入があり中国の銀行部門は超過準備を抱えがちである。このような状況においては公開市場操作により余剰資金を吸収することが必要であるが，実際には中国の銀行部門は超過準備を抱えている。このため準備預金に付利をすることが必要であるが，それだけでは銀行の過剰な融資行動が発生する恐れがある。このため超過準備を所要準備化するために中国人民銀

行はその準備率を引き上げてきているのである。それにより短期金利をコントロールする力を維持することも狙いとしている[5]。

Ⅵ. おわりに

　以上，日本の準備預金制度について検討してきたわけであるが，それの導入時の議論には預金者保護的観点もあったが，金融政策を遂行する日本銀行にも制度の対象になる市中金融機関にもその観点はなく，金融調節のための制度として導入された。ただしこの制度には対象金融機関の側にはかなりの負担感があった。これはマクロ的な準備を日本銀行は必ず供給するとはいえ，対象金融機関においては資産側に無利息資産を抱えなければならないことへの負担感であった。また，導入当初から「積みの進捗率」による短期金利のコントロールが意識されていたことは注目される。

　金融論の初級教科書での説明のように，準備率の変化が預金量の変化へというルートは考えられてもいなかったし，実行されもしなかった。日本銀行は，準備率を引き上げた場合にはマクロ的に必要とする準備を供給したし，引き下げた場合には余剰準備を吸収したのである。これはベースマネー・コントロールという発想を通常中央銀行は持つことはないということであろう。

　日本の準備預金制度は，金融自由化以前には金融政策の基調的変化をアナウンスするものとして，また金融機関の負担を増減させることにより，公定歩合操作とともに金融調節手段として機能した。しかしながら金融自由化の進展とともに対象金融機関と証券会社（投資信託）等との競争条件を考慮しなければならなくなり，準備率は引き下げられ，そして操作されることもなくなってきた。この過程は規制金利体系の中心にいた公定歩合が金利自由化の進展とともにその存在意義を失っていった過程とも重なるものである。

　現在では，日本銀行の政策金利は短期金融市場金利（無担保コールレート）であり，旧公定歩合（現在の呼称は基準割引率・基準貸付利率）は政策金利の上限を画するものとしての役割のものに変化してきている。一方，準備預金制

度はその率が低位に据え置かれたまま変化しない存在となったが，その役割は政策金利を誘導するための枠組みといったものに変化してきている。このような変化は欧米主要国の変化とほぼ同様なものであるが，金融自由化の進展を踏まえるのであれば，日本の準備預金制度においても完全後積み制度への移行や準備預金への付利が今後の検討課題となってくるであろう。これは準備預金制度の持つ権力的強制の側面の払拭のためにも重要であろう。

もっとも準備預金への付利は世界金融危機への対応の過程で部分的に実現した。日本銀行は2008年10月31日の政策決定会合において政策金利（無担保コールレートのオーバーナイト物）の誘導水準を0.5%から0.3%へと引き下げることを決定したが，これと同時に補完当座預金制度の導入を決定した。これは超過準備に対して付利を行うというものであり，その水準は政策金利の誘導水準マイナス0.2%とされ，この時点においては0.1%，11月16日からの積み期間から導入するとされた。

これは一種の預金ファシリティであり政策金利の下限を画するという意味を持つものと考えられる。またこの措置によりゼロ金利を通過しなくても超過準備供給が可能ということになった。準備預金への付利はこのような意味を持つのである。これは日本銀行が短期金融市場への悪影響のあるゼロ金利政策をできれば避けたいとの意思表示であると推察される。なお，その後12月19日の金融政策決定会合において政策金利の誘導水準を0.1%に引き下げることが決定されたが，補完当座預金制度の付利水準は変更されず0.1%とされた。これは短期金利のフロアを当面は何としても維持したいとの意向によるものと思われる。

準備預金への付利はアメリカにおいても2008年10月以降に行われるようになった。これは2006年金融サービス規制緩和法（The Financial Services Regulatory Relief Act of 2006）において2011年10月1日から準備預金への付利を行うこととしていたものを，危機対応のために2008年緊急経済安定化法（The Emergency Economic Stabilization Act of 2008）により実施日を2008年10月1日以降に前倒ししたことによる。

米連邦準備制度理事会（FRB）はサブプライムローン問題が拡大・波及する過程で，2007年12月TAF（Term Auction Facility：期間28日の短期ドル貸出制度）の導入や2008年3月PDCF（Primary Dealer Credit Facility：公定歩合による貸出をプライマリー・ディーラーへも開放する），TSLF（Term Security Lending Facility：プライマリー・ディーラーに対する国債と住宅ローン担保証券［MBS］のスワップ制度）等の新規の流動性供給措置を行ってきた。

しかしながら準備預金の付利のないままネットで超過準備を供給するならば，短期金利は目標誘導水準以下に下落してしまう。換言するならば日本の経験から明らかなように準備預金に付利がなされないならばゼロ金利を通過してしか超過準備の供給はできないのである。したがってFRBは流動性供給の一方で国債の売りオペ等の形態での資金吸収を行い，そのバランスシートを膨らませることはしてこなかった。しかし2008年9月のリーマン・ショック以降はこのスタンスを変化させざるをえず，それは準備預金制度の変化を必然とした。

しかしながら2008年10月に準備預金への付利開始（10月8日以降：付利水準は所要準備は政策金利の平均誘導水準マイナス0.1％，超過準備は同下限マイナス0.75％──当初の規定）以来，超過準備供給が行われるようになりFRBのバランスシートは急速に膨らむこととなっている。

一方，2006年5月に準備預金制度を新規導入したイングランド銀行（BOE）は，2007年9月のノーザンロックの流動性危機に対応して同行に流動性の供給を行った。このノーザンロックへの資金供給は結局のところ市場全体への資金供給となってしまう。しかし超過準備を1％以上保有する金融機関はペナルティを課されることから，超過準備を保有させるために2007年9月にターゲットレンジ（付利される幅）をそれまでの上下1％からまず同37.5％に，そしてすぐに同60％にまで拡大した。実際に9-10月の積み期間（07.9.6-10.3）においてはターゲット対比で31.5％多めの資金供給が行われた。10月の積み期間以降においてはターゲットレンジは上下30％とされたが，実際の資金供給（準備預金平残）は2008年8-9月の積み期間までは上下1％の通常時の枠内に収まっ

ている。このため BOE は通常の資金供給手段であった短期レポオペによる資金供給を削減してきていた[6]。

　この状況がイギリスにおいても変化したのが2008年10月以降であった。BOE は準備預金への付利のレンジを拡大するとともに，長期レポオペの頻度および適格担保の拡大，ディスカウント・ウィンドウ・ファシリティ（BOE が金融機関へ幅広い適格証券を担保として国債を貸出す制度）の導入等の措置をとり，超過準備（厳密にいえばターゲットレンジ内であり超過準備とはいえないが）を供給し，そのバランスシートを拡大させている。さらに2009年3月には政策金利の0.5％への引下げ，資産買取スキーム（APS）の拡大の発表にあわせて付利のレンジを廃止し，どのような水準においても付利する（これによりリザーブ・ターゲットそのものもなくなることとなる）と決定した。世界金融危機下で準備預金制度はまた新たな変貌を遂げつつあるのである。

注
1)　近年の主要国の金融調節の枠組みについては日本銀行企画局［2006］を参照されたい。
2)　これ以前においては1837年にバージニア州が銀行に流通銀行券の20％相当額の現金準備を要求しており，これが近代的な必要準備の始まりといわれる場合が多い。なお，その後1860年までの間に12州が同様の措置をとった（高木［2006］）。
3)　本節の叙述は主として日本銀行百年史編纂委員会［1985］に依っている。
4)　イギリスの金融調節方式の変更について詳しくは斉藤［2007］を参照されたい。
5)　本章では紙幅の関係から中国の準備預金制度についての詳細な説明は行わない。これに関連する日本語文献としては王・長井［2007］および宣［2004］がある。
6)　この点について詳しくは斉藤・簗田［2008］を参照されたい。

第Ⅱ部　国債と金融政策

第3章　国債累積と金融システム

I．「量的緩和」政策と国債価格支持政策

　2006年3月，日本銀行は政策委員会・金融政策決定会合において2001年3月以来採用してきた「量的緩和」政策の解除を決定した。金融政策は中央銀行たる日本銀行の専管事項ではあるが，同会合において政府代表委員（議決権はないが参加できる）は，「量的緩和」政策の解除に反対はしなかったものの「長期金利を含めた金利全般に目配りしていく姿勢を明確にするとともに，長期国債の買入れ額については，現状を維持すること」（公表された議事要旨より）を求めたという。

　この政府委員の発言は，日本経済全般への配慮を求めたという側面もあるであろうが，多額の債務を抱えている主体からの国債価格支持政策を求めたものとの側面が強いものであるように思われる。アメリカにおいては1951年に財務省と連邦準備制度理事会（FRB）との間に後者は国債価格支持政策を行わないというアコードが結ばれたことを考慮すると，日本における事態は米アコード以前的といいうるようなものである。債務者としての政府の他の債務者との違いは，その債務の返済にかかわって徴税権という権力を有しているという点と，中央銀行に対する圧力等（政府筋からの中央銀行への圧力は緩和を求めるそれであり，引締めを求められることは基本的にないといってよい）によりインフレーションを起こす可能性を有しており，それにより債務者利得を得る可能性が一応はあるという点にある。このため債務者たる国家（政府）からの中央銀行の独立性は常に問題となるわけであるが，近年はこの問題が以前より注

目を集めるようになってきている。国債累積との関係においては，中央銀行に対する圧力をかける主体として単純に財政当局だけをみていては不十分であろう。真に強い力を持つ財政当局は均衡財政を達成できるであろうが，種々の情勢はそれを許さないというのが現実であり，結果として財政赤字の継続，国債の累積という事態が発生しているのである。

　5年に及んだ異例の非正統的（非伝統的）金融政策としての「量的緩和」政策は，名目金利には通常非負制約があることから，ゼロ金利政策よりもさらに踏み込んだ緩和を求める圧力に対して日本銀行がいやいやながら応じざるをえなかったという側面を持つものである。そして日銀当座預金目標は，その「量」の増加が真に緩和効果を持つかどうかも明らかでないままに増額された。当初，その効果として①ターム物金利・長期金利の低下を通じての短期的な効果，②金融機関のポートフォリオ・リバランス効果（日本銀行が資金供給を増やせば，市中金融機関の超過準備が拡大するため，超過準備を抱える金融機関はいずれ資産構成を変化させ，日本銀行当座預金から，債券，株式，あるいは貸出を増やす可能性がある），③期待インフレ率の上昇で，実質金利を低下させる効果（企業の設備投資が刺激されGDPを押し上げることが期待される），④為替を円安方向に誘導する効果（その理由としては，一部の機関投資家は為替売買に日米のベースマネーの絶対額の比率（いわゆるソロスチャート）を参考としている），⑤株価が上昇することによる資産効果等が期待されるとした向きもあった[1]。しかしながら「量的緩和」政策の効果としては，潤沢な流動性の供給により金融危機を防ぐ効果があったかもしれないという点といわゆる時間軸効果によるイールド・カーブのフラット化という効果ぐらいしかなかったという評価が一般的である。すなわちポートフォリオ・リバランス効果なるもの等は発現しなかった。

　そうすると「量的緩和」政策にはたして「量」の面での緩和効果があったのかということが問題とされざるをえなくなる。ゼロ金利政策を行い，その長期継続というコミットメントをするとともに，危機が発生した際には潤沢な資金供給を行うという約束をすればよかったわけであり，「量的緩和」なる政策を

とる必要などなかったのである。「量」そのものの緩和効果などないにもかかわらず当座預金残高目標の拡大を一段の緩和であるとの日本銀行の説明，とりわけ福井総裁就任後のそれは市場関係者からは「ギミック」，すなわちインチキであるとみなされていたという[2]。これは「量的緩和」政策の解除が当座預金残高目標を漸減させた後にゼロ金利政策，そして通常の短期金利コントロールへという道筋をとらずに，いきなり「金融市場調節の操作目標を日本銀行当座預金残高から無担保コールレート（オーバーナイト物）に変更」し，それをゼロパーセントとするように促すという方式をとったことがその証明ともなっている。操作目標の変更後に日本銀行当座預金残高は減少しているが，それについて金融引締めとは説明されていないからである。そしてこれが金融引締めでない以上，「量的緩和」は緩和ではなかったのである。

　それはともかくとして，「量的緩和」政策期における日本銀行当座預金残高を増額させるための中心的手段は，外部からそれを求められることも多かった長期国債買切りオペの増額であった。長期国債の買切りオペの増額は，外野からの要求が最も激しかったものであり，「量的緩和」政策の実施時において日本銀行が約束せざるをえないものでもあった。月額4000億円であった長期国債の買入額は，2001年8月に6000億円に増額され，同年12月，2002年2月および10月にそれぞれ2000億円ずつ増額され，それ以後月額1.2兆円の長期国債が買い入れられている。もっとも日本銀行が長期国債を買いたいと思ったとしても売り手がいなければこの取引は成立しない。オペへの入札は権力の発動ではなく強制できないからである。それではそれはどうして可能となったのであろうか。実は日本銀行関係者自身が「オペにインプリシットな「補助金」が生まれた可能性」（白川［2002］178頁）を指摘している。このことはオペの落札金額を有利なものにし，それが「札割れ」が生じなかった理由であることを日本銀行が告白していることを意味する。こうして日本銀行のバランスシートの資産側に長期国債が累積していった。

　ただし「量的緩和」政策の採用時に長期国債の買切りオペの増額を約束したものの，日本銀行はその保有上限について銀行券発行残高を上限とするという

「日銀券ルール」の厳守を表明した。これは非正統的（非伝統的）な金融政策をとらざるをえなくなった中央銀行としての最後の規律の表明であったであろうし，米アコード以前的状況下において政治的圧力をかわすための歯止めでもあったであろう。ただしここで強調されるべきは近年の日銀券の発行残高は対GDP比でみてもアメリカとの比較においても非常に大きなものであるということである。それは超低金利で日銀券保有の機会費用が発生しないことおよび金融不安を反映したものであるが，その意味では日本銀行は十分に「お札を刷って」きた。しかしそれでも「日銀券ルール」は，巨額の長期国債の買切りオペの継続によりそのノリシロが2004年夏までは少なくなっていた。その後は若干ノリシロは大きくなってきてはいるが，これは手形オペによる資金供給を増やしたこと（これは「量的緩和」の出口政策を意識したものと思われる）や1999年以降においては日銀保有長期国債の借換を短期国債（TB）により行っていることの影響と思われる（図表3-1）。今後，金利が上昇し信用不安が解消するという状況が発生するとしたらならば日銀券は還流しその残高が急減することも予想される。その際に長期金利の急騰を抑えるためにも長期国債の大量売却をしないとするならば，この「日銀券ルール」は廃棄されることになるかもしれない。それは緩和とはいえなかった「量的緩和」を拡大させ，その後の操作目標の変更に際しても十分な説明を怠った日本銀行への信認のさらなる低下へと結びつくかもしれないのである。

　ところでこの長期国債の買切りオペの増額はそれが「成長通貨の供給」のためではなくなってきたことは明らかである。そもそも近年，日本銀行は長期国債の買切りオペについて「成長通貨の供給」のためという表現は用いていないが，「量的緩和」政策導入前の長期国債買切りオペのルールは「日銀券増発の趨勢の範囲内」というものであった。しかしながら毎月定額の買切りオペを行うということはやはりおかしなことである。加藤・山広［2006］（197頁）も指摘するとおり，ニューヨーク連銀もドル札増発要因に対応するため国債買切りオペを行ってはいるが（FRBの保有する国債の額には銘柄ごとに一律35％の保有上限が定められている），それはドル紙幣の動きなどを見ながら不規則に

第3章　国債累積と金融システム　47

図表3-1　日本銀行の長期国債保有残高と発行銀行券残高の推移

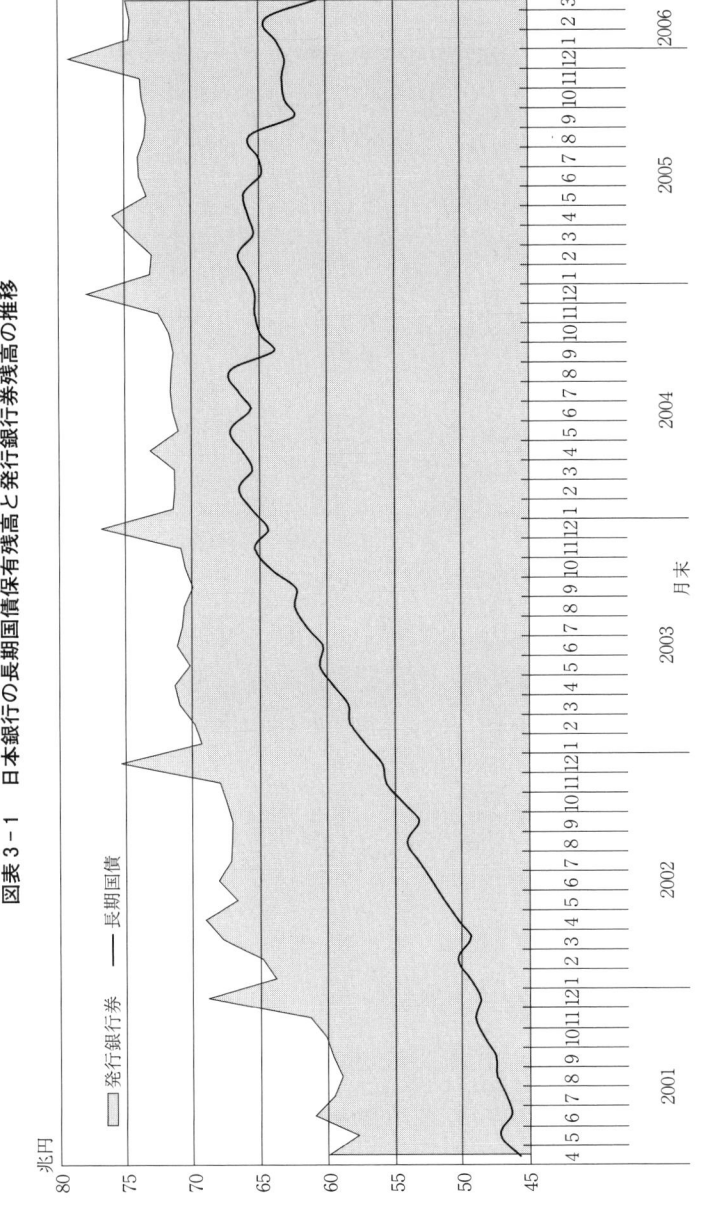

出所）日本銀行『金融経済統計』時系列データより作成。

行われているわけであり，そのほうが自然であるのは当然のことである。ついでにいうならばイングランド銀行はギルト債の買切りオペは従来行ってはこなかった。ただし2006年5月の金融調節方式の変更時にギルト債等の買切りオペを行うことを明らかにし，その後慎重な検討の後に2008年1月以降開始したが，その金額はわずかなものにとどまっている[3]。

それはともかくとして，「量的緩和」期の日本銀行による国債の買入れは，単に「量」の供給を目指したものともいい難いものであった。まず2002年1月には長期国債の買いオペの対象銘柄を「発行後1年以内のものを除く」から「直近発行2銘柄を除く」に変更し，拡大した。これは限りなく国債直接引受に近づいたものとみなせるであろう。そして年間14.4兆円の買入れは既発債であろうが国債消化に日本銀行が大きく協力していることを意味する。それは金融政策と財政政策の区別を曖昧化させる事態といってよい。さらにオーソドックスな金融政策運営と異なり，それは長期金利に直接的な影響を及ぼすことを目的とした政策である可能性は排除できない。

ところで日本銀行は長期国債の保有増に対応して会計上の処理についても変更した。すなわち2004年度から長期国債の評価方法を満期保有を前提として従来の低価法から償却原価法に変更したのである。これにより長期金利の上昇により国債価格が低下しても評価損は発生せず，したがって自己資本が毀損されることもない。その評価は難しいがそれを必ずしも会計処理上のごまかしと評価するのは適切ではないであろう。

なお，日本銀行は長期国債の評価方法の変更に先立って「新現先方式によるレポオペ」を2002年11月に開始し，「国債の補完供給制度」を2004年5月に導入した。前者は1999年3月に有価証券取引税が廃止されたことにより，従前の「現金担保の貸借形式によるレポ市場」から「売買形式による国際標準のレポ市場」の創設が可能となったことにより，2001年4月に旧現先が再編され新現先が創設されたことから可能となったものである。後者は国債の特定銘柄の需給を緩和させることにより，国債相場の安定と国債流動性の向上を目指したものである。これらの措置は「量的緩和」の解除も睨みつつ金融調節の中心を新

現先方式のレポオペとしていくことを明らかにし，そのための市場整備を行ったということにはなろう（「量的緩和」の拡大はそのことをみえにくくさせたが）。しかし「量的緩和」政策の採用後の日本銀行は国債管理政策により深くかかわらざるをえなくなったことによるやむをえざる措置とみなすことも可能であろう[4]。

ところで日本銀行の負債の大部分は日本銀行券であり，資産の大部分は国債である。そして現在においては銀行券供給のため中央銀行が取得する資産としては長期国債が適しているとの見方が一般的である[5]。それは銀行券は中央銀行による短期的な操作対象でなく傾向的に増加するため，買入れ対象は長期に資産として残るものがよいとの考えからである。そして中央銀行のオペ対象資産にはその市場に厚みがあり流動性が高いことが要求される。それはオペによる資産価格（長期金利）への影響を排除するためにも望ましい。また金融政策の中立性の観点からは株式や社債のように個別性が高いものはオペ対象として不適格である。それは金融調節が直接資金配分に影響を与えることになってしまうからであるという。そうすると国債の累積を所与のものとするのであれば，中央銀行のオペ対象資産として最も適当なのは長期国債ということになる。しかしながらこのような見解の普遍性はどの程度のものであろうか。以下では戦後の日本銀行のバランスシートの推移を辿りながらこの問題に接近することとしたい。

Ⅱ．国債累積と銀行・中央銀行

第二次世界大戦後の日本においては1947-64年度の間は収支均衡予算が作成されており，国債発行はなされなかったことになっている。そして高度成長期のパラダイム化された金融構造の特徴とは，①オーバーボロウイング，②オーバーローン，③間接金融の優位，④資金偏在であった。このうち②オーバーローンとは資金需要が都市銀行に集中した結果として，そのバランスシートにおいて預金を上回る貸出の状態が継続し，不足分をインターバンク市場において

調達するだけでは足りずに恒常的に日銀貸出に依存している状態を指すと定義されていた。そしてこの状態については非正常であり大きな問題であるとの認識が一般的であった一方、そのこと自体は通貨供給システムや店舗規制等から当然とする見解もあった[6]。

それはともかくとしてこれを日本銀行のバランスシートの側からみると銀行券の対応資産の中心が市中銀行に対する貸出債権であり、それがその供給ルートの中心であったと説明されるのが一般的である。しかしながら図表3-2①で日本銀行のバランスシートの推移をみるならば一般に均衡財政期とされる時期においても、たしかに資産側において市中銀行に対する貸出の割合は多いものの、国債の割合もそれほど小さいとはいえない。これは収支均衡予算といっても一般会計の歳入となる長期国債が発行されなかったということであり、それ以外の短期国債（政府短期証券）、外国債、交付国債、借換国債等は国債不発行主義の対象外と考えられていたことの影響である。特に政府短期証券（FB、短期国債発行前の略称はTBであった）については市中公募が原則となったのは1999年のことであり、それ以前はほぼ全額が日本銀行により引き受けられていた。

もっとも1950年代後半から1960年代前半（昭和30年代）における日本銀行のバランスシートの変動は大きく、1960年以降日銀貸出は急増し1962年には日銀券発行額を上回るというような事態も発生した。このこともありオーバーローンおよびこれが日銀貸出に恒常的に依存していることは極めて非正常であるとの認識が広く存在することとなった。このような状況下においていわゆる「成長通貨論」、すなわち中央銀行が経済規模の拡大によって増大する銀行券需要にどのように対応するのがよいのかという点が注目されるようになった。『日本銀行百年史』によれば、日本銀行内においては1950年代の初めからこのような観点からの検討が行われ、この問題意識が1962年11月の新金融調節方式の採用へとつながっていったという[7]。

この新金融調節方式は、いわゆる金融正常化のために「貸出限度額適用手続」を採用するとともに「政府保証債の売戻条件付買入れ」を行うというもの

であった。これは、「成長通貨の供給」を日銀貸出によらずオペを中心とするという変更であった。もっとも1957年の金融学会の共通論題（発券制度）において岡橋保が「『真正なる手形の割引に基づく銀行券の発行』には過剰発行のおそれはないが、『問題はむしろ真正ならざる手形や公債を保証として発行される銀行券にあるのであって、これらの統制は正貨準備だけで免れうるものではない』とし、『自立的伸縮性を阻害するような紙幣流通の法則の支配を受ける銀行券の発行を統制し、制限すること』が必要である」（日本銀行百年史編纂委員会［1985］661頁）との趣旨の発言を行ったが、このような最も望ましい中央銀行の通貨供給方式は商業手形の再割引であるとの議論は当時においても存在した[8]。また、『日本銀行百年史』にも「新金融調節方式のもとにおける買いオペが長期債を対象として行われたことは確かに一つの問題点であった」（日本銀行百年史編纂委員会［1986a］117頁）との記述もある。さらに中島［1977］は、「新金融調節方式が現実に果たした役割は、金融機関に強制的に割り当てられる政府保証債と長期国債の重圧を軽減して日銀がこれを買い取る、という点にある」（171頁）との評価を行っている。

しかしながら「成長通貨供給論」は、1965年度以降の長期国債の発行開始後さらに一般化していくこととなる。前述の事情から1965年を境に財政のありかたが急激に変わったかということはいいうるわけであるが、表面上も国債不発行主義は1965年度以降はとることができなくなった。国債発行開始の際には日銀引受も検討されたようではあるが、結局は市中消化の原則が採用された。そして、周知のとおり銀行・保険会社・証券会社からなる国債引受シンジケート団が組成され、これらにより新規発行国債が引き受けられた。しかし、これを窓口販売できたのは引受額の少ない証券会社のみであり、銀行等はその窓口販売のみならず流通市場での売却も事実上禁止されていた。また、新規発行国債は資金運用部によっても引き受けられたが、日本銀行は資金運用部の資金繰りを助けるためにその保有金融債を購入した。これは日本銀行による国債引受の変形ともみなせるわけであり、これらが市中消化原則の実態であった。

そして銀行等の引き受けた国債は発行後1年経過後であれば日本銀行による

図表 3-2①　日本銀行のバランスシートの推移

	1955.3		1960.3		1965.3	
地金	448	0.05	25,522	2.03	25,522	0.96
現金	5,283	0.60	7,661	0.61	11,665	0.44
政府貸出	2,050	0.23	3,250	0.26		
民間貸出	272,450	31.19	425,658	33.86	1,326,992	50.17
割引手形	47,046	5.39	59,810	4.76	183,730	6.95
外国為替貸付	20,319	2.33				
外国為替資金貸付	6,850	0.78	56,656	4.51	319,531	12.08
手形貸付	198,235	22.70	309,192	24.60	823,731	31.14
買入手形						
有価証券	482,238	55.21	528,989	42.09	859,125	32.48
短期国債	288,721	33.05	339,245	26.99	201,048	7.60
長期国債	193,516	22.15	189,744	15.10	201,473	7.62
外貨国債	1	0.00				
邦貨債券					456,604	17.26
預け金	6,216	0.71	6,216	0.49		
海外資産勘定	39,283	4.50	200,659	15.96	313,494	11.85
代理店勘定	11,687	1.34	40,254	3.20	91,196	3.45
土地建物什器	2,233	0.26	2,359	0.19	4,222	0.16
雑勘定	51,583	5.91	16,380	1.30	12,678	0.48
資産合計	873,471	100.00	1,256,948	100.00	2,644,894	100.00
発行銀行券	530,703	60.76	876,682	69.75	2,022,380	76.46
政府預金	180,816	20.70	199,407	15.86	200,086	7.56
民間預金	1,806	0.21	45,306	3.60	151,654	5.73
その他預金	69,547	7.96	12,123	0.96	26,562	1.00
雑勘定	42,417	4.86	25,660	2.04	13,383	0.51
当期剰余金	9,016	1.03	10,759	0.86	28,470	1.08
引当金勘定	29,123	3.33	59,796	4.76	131,946	4.99
資本金	100	0.01	100	0.01	100	0.00
積立金	9,943	1.14	27,115	2.16	70,313	2.66
負債および資本合計	873,471	100.00	1,256,948	100.00	2,644,894	100.00

	1955.3	1960.3	1965.3
M1（億円）	22,649	33,163	84,242
銀行券/M1（%）	23.4	26.4	24.0
M2（+CD）（億円）	43,170	86,607	216,782
銀行券/M2（%）	12.3	10.1	9.3
国民総生産（10億円）	8,622.4	15,486.6	32,656.5
銀行券/GNP（%）	6.2	5.7	6.2

注）マネーサプライ残高は年末計数，国民総生産は暦年計数。
出所）日本銀行百年史編纂委員会［1986b］296-301頁等より作成。

第3章 国債累積と金融システム　53

（1955年3月-1980年3月）

(単位：100万円)

1970.3		1975.3		1980.3	
30,890	0.54	30,890	0.20	140,468	0.62
46,218	0.81	116,050	0.73	105,498	0.46
1,990,689	34.95	1,635,351	10.35	1,528,260	6.73
358,204	6.29	107,741	0.68	189,578	0.83
899,750	15.80				
732,735	12.86	1,527,610	9.67	1,338,682	5.90
		3,873,000	24.51	4,100,000	18.06
2,355,200	41.35	5,866,654	37.12	13,242,469	58.32
821,554	14.42	2,473,417	15.65	4,771,603	21.02
1,107,021	19.43	2,984,874	18.89	8,437,136	37.16
426,625	7.49	408,363	2.58	33,730	0.15
1,035,431	18.18	3,515,772	22.24	2,084,202	9.18
172,932	3.04	622,097	3.94	1,164,263	5.13
16,385	0.29	31,121	0.20	40,064	0.18
48,428	0.85	113,856	0.72	299,517	1.32
5,696,173	100.00	15,804,791	100.00	22,704,741	100.00
4,325,881	75.94	10,235,549	64.76	16,636,093	73.27
432,293	7.59	2,009,761	12.72	1,903,565	8.38
431,557	7.58	2,133,120	13.50	2,729,821	12.02
14,660	0.26	11,778	0.07	96,284	0.42
20,867	0.37	78,149	0.49	57,206	0.25
81,659	1.43	424,025	2.68	360,176	1.59
213,572	3.75	738,256	4.67	394,396	1.74
100	0.00	100	0.00	100	0.00
175,584	3.08	174,053	1.10	527,100	2.32
5,696,173	100.00	15,804,791	100.00	22,704,741	100.00

177,982		436,712		710,058	
24.3		23.4		23.4	
466,127		1,093,748		1,947,349	
9.3		9.4		8.5	
73,128.2		147,873.8		235,834.0	
5.9		6.9		7.1	

買いオペにより吸収されたため，第一次オイルショック後の国債大量発行期の前の時期においては銀行等の引受負担は実質上はなかったといってよい。図表3-2①において日本銀行のバランスシートにおいて長期国債の割合が1970年に急上昇していることがそれを裏側から明らかにしている。発行後1年という縛りが設けられたのは日本銀行による国債直接引受という批判を受けたくないためであった。新金融調節方式は成長通貨の供給は債券の買入れにより行うとしており，当初は「政府保証債の売戻条件付買入れ」で行われていた。しかし，情勢の変化を受けて長期国債の買切りオペによりそれは行われるように変化していった。

　国債の大量発行の開始はこの一種の安定的構造をも突き崩すこととなった。ニクソン・ショックによる為替調整および第一次オイルショックは日本経済への大きな負担となり，財政出動による支えを不可避とした。しかしながら大量の国債発行はその引受機構への負担を大きくした。その大きな理由はもはや銀行等が大量に引き受けざるをえなかった国債の大部分を日本銀行が買い取ることは不可能であったことである。結局，大蔵省は1977年には銀行に保有国債の流動化を認めざるをえなかった。本格的な国債流通市場の成立は新規国債の発行条件にも跳ね返ることとなった。1982年夏には国債引受シンジケート団と大蔵省との発行条件の調整が不調に終わり休債となるという事態が発生した。大蔵省は御用金調達思想を若干は改め，市場実勢（流通市場金利）を勘案した発行条件を考えざるをえなくなったのであった。

　国債流通市場の本格的な成立は，現先市場の拡大へとつながり，規制金利の預金（法人預金）が現先市場へと流出するという事態が発生した。この日本版ディスインターメディエーションの発現こそが，1979年の自由金利預金としての譲渡性預金（CD）登場の大きな要因であった。さらに国債の大量発行は大蔵省の発行政策へも影響し，1970年代後半には種々の中期国債の新規発行が開始された。このことは証券会社による中期国債を組み入れた投資信託である中期国債ファンドの発売（1980年1月）へとつながっていったが，これは規制金利体制の上に胡座をかいていた銀行にとってはショックな出来事であった。当

初の中期国債ファンドが真に自由金利商品であったかについては疑問符がつけられざるをえないものの，戦後の預金金利等を規制してきた臨時金利調整法の枠外であったということはそれなりの意味を有していた。

　また，1970年代末には金利上昇による通称ロクイチ国債の暴落という事件があり，これは銀行等の収益に悪影響を与えた。これへの対応として有価証券（国債）の評価に原価法を採用可能（低価法に加えて）とする経理基準の見直し（ごまかし）や為替取扱手数料の値上げというカルテル行為および当該行為の当局の黙認があった。

　さらにこのような時期に行われた銀行法の改正作業において銀行による国債の窓口販売およびディーリング業務について，①新銀行法に公共債関連業務に明文の規定は置くものの，②当該業務については証券取引法上の認可を要し，所要の規定を置く，③これについては制度の整備であり，実施面の問題とは別，とのいわゆる「証券三原則」（大蔵省内における銀行局と証券局の合意であるが，これには証券会社の意向が強く反映していた）に銀行界が強く反発したのは，ある意味当然であった。

　結局，新銀行法は銀行界が「証券三原則」を渋々受諾することにより成立し，1983年から銀行等による国債の窓口販売（募集の取扱い），1984年からは同じく国債のディーリング（フルディーリングは1985年）業務が開始された。銀行等による国債のフルディーリングが開始された1985年の9月にニューヨークで先進諸国（G5）の蔵相・中央銀行総裁会議が発表したのがいわゆる「プラザ合意」であった。これはレーガン政権の政策ミスもあっての国際的不均衡の拡大を協調介入による為替調整により解決しようとしたものであった。

　円高の国内経済への悪影響を緩和しようとの意図からの金融緩和政策は，国債価格の上昇をもたらし，フルディーリング開始後の銀行等の国債ディーリング益（商品有価証券売買益）を増加させた。しかし1980年代後半の金融緩和の行き過ぎは非常に大きな問題を惹起することとなった。いうまでもなくそれは資産価格バブルの形成であったが，この間一般物価水準は安定していた。このことはインフレーション・ターゲティング政策を導入した場合の運営上の検討

図表 3-2② 日本銀行のバランスシートの推移

	1985.3		1990.3		1995.3	
地金	1,404	0.49	1,404	0.31	2,156	0.44
現金	2,339	0.82	3,526	0.77	3,164	0.65
買現先						
民間貸出	16,797	5.90	53,411	11.67	43,959	9.05
預金保険機構貸付金						
買入手形	15,982	5.62	69,000	15.07	51,221	10.55
保管国債						
国債	194,946	68.52	268,780	58.72	323,074	66.54
短期国債	125,843	44.23	201,053	43.92	156,689	32.27
長期国債	69,103	24.29	67,727	14.80	166,385	34.27
資産担保証券						
信託財産株式						
外国為替	31,705	11.14	27,104	5.92	25,491	5.25
代理店勘定	15,695	5.52	27,256	5.95	30,812	6.35
国債借入担保金						
雑勘定	5,648	1.99	7,260	1.59	5,625	1.16
資産合計	284,520	100.00	457,744	100.00	485,505	100.00
発行銀行券	209,850	73.76	335,296	73.25	381,266	78.53
政府預金	14,640	5.15	47,135	10.30	7,355	1.51
民間預金	31,393	11.03	45,596	9.96	39,798	8.20
その他預金	316	0.11	2,823	0.62	167	0.03
売現先						
売出手形					18,012	3.71
借入国債						
雑勘定	7,663	2.69	1,481	0.32	24,357	5.02
引当金勘定	9,052	3.18	11,212	2.45	13,180	2.71
資本金	1	0.00	1	0.00	1	0.00
準備金	11,601	4.08	14,197	3.10	19,379	3.99
負債および資本合計	284,520	100.00	457,744	100.00	485,505	100.00
M1	876,756		1,220,270		1,480,161	
銀行券/M1（%）	23.9		27.5		25.8	
M2＋CD	2,916,096		4,724,778		5,401,777	
銀行券/M2＋CD(%)	7.2		7.1		7.1	
国内総生産	3,051,441		4,064,768		4,869,469	
銀行券/GDP(%)	6.9		8.2		7.8	

注）国内総生産は年度計数。
出所）日本銀行統計・SNA 統計より作成。

第 3 章　国債累積と金融システム　57

(1985年 3 月-2006年 3 月)

(単位：億円)

	2000.3		2005.3		2006.3	
	4,328	0.41	4,412	0.29	4,412	0.31
	2,788	0.26	2,671	0.18	2,197	0.15
			52,284	3.47	51,897	3.59
	15,587	1.47	40	0.00	300	0.02
	2,689	0.25				
	59,079	5.56	376,099	24.99	378,144	26.15
	77,225	7.27				
	745,963	70.24	991,239	65.86	932,731	64.51
	237,656	22.38	336,588	22.36	327,987	22.68
	508,307	47.86	654,650	43.49	604,743	41.82
			830	0.06	1,064	0.07
			20,225	1.34	19,446	1.34
	33,239	3.13	45,230	3.00	48,136	3.33
	36,033	3.39	4,151	0.28	924	0.06
	79,381	7.47				
	8,391	0.79	7,989	0.53	6,710	0.46
	1,062,017	100.00	1,505,173	100.00	1,445,966	100.00
	571,201	53.78	746,719	49.61	749,781	51.85
	130,311	12.27	75,871	5.04	65,693	4.54
	183,413	17.27	357,562	23.76	312,015	21.58
			244,520	16.25	243,577	16.85
	38,008	3.58	17,932	1.19	14,005	0.97
	77,225	7.27				
	11,796	1.11	4,655	0.31	4,329	0.30
	27,656	2.60	29,165	1.94	29,165	2.02
	1	0.00	1	0.00	1	0.00
	22,081	2.08	25,272	1.68	25,272	1.75
	1,062,017	100.00	1,505,173	100.00	1,445,966	100.00

2,375,195		3,817,825		4,002,501	
24.0		19.6		18.7	
6,339,881		7,075,820		7,184,068	
9.0		10.6		10.4	
4,966,058		4,962,289		5,054,981	
11.5		15.0		14.8	

課題となるものである。また，バブル景気は財政に一時的に好影響をもたらし，1978年度以降10兆円を超えていた新規財源国債の発行額は，1987年度から2002年度までの間それを下回った。このことは日本銀行のバランスシートにも影響し，1990年には長期国債の資産に占める割合は低下しており，この時期において「成長通貨の供給」が長期国債の取得によりなされたとはいえないのは明らかである（図表3-2②）。

バブルの崩壊はこのような状態を一変させた。名目ベースの一般会計税収は1990年度をピークに減少傾向をたどる一方，歳出は増加傾向をたどった。結果として国債発行額は巨大なものとなっていった。これは，度重なる緊急経済対策・総合経済対策の発動の結果であるが，それはバブルの崩壊により日本経済が大きく傷ついたことおよびそれへの対応が後手後手にまわったことを理由としていた。さらに1990年代半ばの若干の回復のみられた時期における，当時の橋本内閣の構造改革路線は回復の芽を摘むこととなり，1997・98年の金融危機へとつながっていった。この結果，国債発行額はさらに増加し，2004年度には普通国債のみで残高が名目GDPを凌駕し，翌年度以降残高は500兆円を超えることとなった。財政政策の効果を疑問視するような見解は実際上は無視されたといってよい状態が続いてきている（図表3-3）。

このことは日本銀行のバランスシートにも大きく影響し，預金対比でもGDP対比でも異常に膨らんでいるといってよい銀行券発券額・バランスシートの規模となっている。そしてそのなかで長期国債の資産全体に占める割合が大きくなっている（図表3-2②）。前述の銀行券の対応資産として長期国債が望ましいという見解はこうした現実ととりあえずは整合的ではあるのである。

このように1960年代半ば以降の日本経済は国債累積の過程が波はありつつも進んできたといえる。当初は御用金調達的感覚が強かったが，大量の国債発行・国債累積は，政府の国債管理政策のいわばソフィスティケート化をもたらしたといえる。長期国債（10年債）の引受に入札方式が導入されたのが1987年11月（20％）のことであるが，1989年4月債からは毎月の発行額の40％について国債引受シンジケート団メンバーによる価格競争入札を導入し，その平均価

図表3-3 国債発行額等の推移

(単位:億円,%)

年度	国債発行額					国債依存度	国債残高	残高 GDP	国債費(当初)	国債費一般会計
	新規財源債	建設国債	特例国債	借換債	計					
1947-64				収支均衡予算	国債発行せず					
1965	1,972	—	1,972		1,972	5.3	2,000	0.6	220	0.6
1970	3,472	3,472	—		3,472	4.2	28,112	3.7	2,909	3.7
1975	52,805	31,900	20,905	4,156	56,961	25.3	149,731	9.8	10,394	4.9
1980	141,702	69,550	72,152	2,903	144,605	32.6	705,098	28.6	53,104	12.5
1985	123,080	63,030	60,050	89,573	212,653	23.2	1,344,314	41.1	102,242	19.5
1990	73,120	63,432	(9,689)	186,532	259,652	10.6	1,663,379	37.0	142,886	21.6
1995	212,470	164,401	〈28,511〉 19,558	253,767	466,238	28.0	2,251,847	45.0	132,213	18.6
2000	330,040	11,380	218,660	532,697	862,737	36.9	3,675,547	73.1	219,653	25.8
2001	300,000	90,760	209,240	593,296	893,296	35.4	3,924,341	79.7	171,705	20.8
2002	349,680	91,480	258,200	696,155	1,045,835	41.8	4,210,991	86.2	166,712	20.5
2003	353,450	66,930	286,520	749,489	1,102,939	42.9	4,569,736	92.6	167,981	20.5
2004	354,900	87,040	267,860	844,505	1,199,405	41.8	4,990,137	100.6	175,685	21.4
2005	334,690	77,620	257,070	1,056,245	1,390,935	38.6	5,364,724	106.5	184,422	22.4
2006	299,730	54,840	244,890	1,082,621	1,382,351	37.6	5,417,988	105.4	187,616	23.5

注) 1. 国債発行額は,収入金ベース。2004年度までは実績,2005年度は補正予算ベース,2006年度は当初予算ベース。( )書きは臨時特別公債,〈 〉書きは減税特例公債であり外数。
2. 国債依存度は,新規債発行額/一般会計歳出額。2004年度までは実績,2005年度は補正予算ベース,2006年度は当初予算ベース。
3. 国債残高は,普通国債のみであり額面ベース。2004年度までは実績,2005年度は補正予算ベース,2006年度は当初見込み。
出所)財務省[2006](52頁)より作成。

格により残りの部分を固定シェアに応じて引き受けるものとされた。その後,1990年10月から入札割合が60%にまで引き上げられ,さらに2002年4月には62%,同年5月には75%,2003年5月には80%,2004年5月には85%,2005年4月には90%へと引き上げられた。そして2004年10月の国債市場特別参加者制度(プライマリー・ディーラー制度)の導入を受けて,2006年3月に国債引受シンジケート団は廃止された。このような措置により長期国債の発行条件決定について競争的な要素が本格的に導入されたが,一方で前述のような日本銀行に国債価格支持を求めるような発言も政府関係者からなされるわけである。

その他,発行政策においてはストリップス債(2003年1月),個人向け国債(2003年3月),物価連動国債(2004年3月)等が導入されるなど多様化が図ら

れてきている。これらのうち物価連動国債は，現在のところ税制上の取扱いの関係から，個人・一般事業法人や海外の民間投資家など，利子所得に対して源泉徴収が行われる主体は購入することができないが，その仕組み自体は発行者にインフレーションを発生させようとの誘引を与えないという面で注目される。しかしながらその国債発行額に占める割合が急上昇することは近い将来においては考えられない。

こうした環境は，金融システム・金融政策は国債累積を前提として受け入れざるをえないというか，相互に影響しあわざるをえないという関係であるということを意味する。バブルの崩壊以降，マネーの供給（主として預金）が銀行の国債購入により行われざるをえなかったということは，別に国債が大量発行されたことを理由としているわけではないが，景気低迷および不良債権問題による銀行の自己資本の毀損は銀行の与信能力を奪うと同時に優良な与信対象もまた不足するという問題も発生させた。そしてこのような環境こそが国債大量発行をもたらし，銀行が結局はそれを大量購入せざるをえなかった理由であり，マネー供給が銀行の国債の購入（それにより預金創造がなされる）中心とならざるをえなかった内実であろう。

その意味で後にまた検討することとするが，銀行券供給のため中央銀行が取得する資産としては長期国債が適しているとの見解は，はじめに国債大量累積ありきの見解ともみなせるのである。では，均衡財政が達成され国債発行がなされなくなったとしたら現代の金融システムはどのように変化するのであろうか。クリントン政権期のアメリカは，均衡財政をめざし，巨額の財政赤字を解消して，2000年には2300億ドルの財政黒字を達成した。この時期にFRBは市場において国債が減少した場合，すなわちそれが大量のロットにより発行されるとはいえない状態になった場合の検討を行い，調査結果が2001年1月のFOMCに提出された[9]。その第1章の冒頭ではFRBのポートフォリオ・セレクションおよびマネージメントの原則が示されているが，それは①金融政策の手段の独立性の維持，②オペによる資金配分，相対価格への影響の極小化，③ポートフォリオの流動性を保ちリスクをコントロールする，④信用リスク・金

利リスクを管理する，というものである。

　そこでは種々の代替的金融資産の検討がなされているが，注目されるのは代替的金融資産の最後に検討されている「金」については当該資産としてはもはや適当ではないとされている点である。「金」は信用リスクはないものの，マーケットリスクが大きく収益性にも乏しい。「金」の現物市場の厚みはなく，物理的なデリバリーの問題もあり不適当と結論づけられている。また，外国政府国債および為替スワップは，FRB として行いうることではあるが国内の銀行システムの準備に影響を与えるオペレーションと為替政策とは区別されなければならないとしている。その他，株・社債・ミューチュアルファンド・BA・CD・フェデラルファンズ・ユーロダラー定期預金・地方債・ABS 等については，個別性や流通市場の厚み等の理由からあまり積極的な評価はなされていない。

　他方，適当とされているのはエージェンシー債であり，その理由は市場に厚みと透明性があり，流動性の面においてもすぐれているし，政府保証があることから信用リスクがないことが挙げられている[10]。また，CP についても肯定的であり，理由とし①発行市場の厚み，流動性，透明性，②発行主体数が多く分散的であること，③短期で流動性が大きいことから信用リスクが小さい，④格付け情報がえられることが挙げられている。信用リスクとの関係とはいえ短期資産が望ましいとの見解が示されているのである。ここで改めて国債（特に長期国債）と金融政策（正統的？）の関係はいかなるものかとの疑問が湧いてくることとならざるをえないのである。

III. 正統的金融政策と国債

　マルクスが「半官半民の奇妙な混合物」と呼んだ「あいまいな存在」（吉田暁）としての中央銀行の行動の評価は，国の重要な経済政策としての金融政策を遂行するにあたり，それが市場取引により行われているという点をどう捉えるかということにかかわってくる。その活動は国家権力の行使そのものなのか

違うのか，それは政府に近いのか金融市場に近いのかということである。また，近年はやりの言説である「政府・日銀一体となって」というのには危険性はないのであろうか。

ところで，1984年に出版された『中央銀行』（西川［1984］）という本のはしがきにおいて，著者の西川元彦は「『中央銀行』という本が日本にも外国にもあまりない，というやや不思議な事実」（西川［1984］iii頁）は何故であるかという疑問を提示している。「中央銀行の実践」を表す「セントラル・バンキング」という言葉は国際的にも広く慣用されているが，その名を冠した本についても同様であることの理由として，学問の分化の他に「古い中央銀行は300年の歴史を持っているのに，この言葉や概念が一般化したのは近々50年前頃からにすぎないこと」（西川［1984］iv頁）を挙げている。その意味で正統的な金融政策概念とは，基本的には管理通貨制下の金融政策の経験から，さらには金利が自由に動くという事態における経験から，徐々に形成されてきたものであり，現在に至ってきているものであるといえる。

通常，「窓口指導」を正統的金融政策であるということはなく，「量的緩和」政策についても非正統的（非伝統的）金融政策であるといわれた。「量的緩和」政策との関連でいえばベースマネー・コントロールは正統的金融政策とはみなされず，中央銀行は短期金利のコントロールを行うことにより金融政策を遂行するのが正統的とみなされている。このことは中央銀行は長期金利の直接コントロールは行わないということであり，「量的緩和」期において行われた「日銀は長期国債の買切りオペの増額を行うことにより，その品薄状態をつくりだし，価格上昇＝長期金利を低下させるべき」との類の議論は，国債価格支持政策そのものであり正統的なものではない。もっとも日本銀行が公定歩合操作より金融調節による短期金融市場金利の誘導を重視し，誘導目標について対外的に発表するようになったのは1995年3月以降のことであるが，これは金利が自由に決定できるようになってきたことと大きくかかわっている。

また，金融調節手段としては，公定歩合操作，公開市場操作に遅れて登場した準備率操作は，自由化の進展する過程において準備率そのものは低いものと

し（ゼロリザーブの場合もある）基本的には動かさないものとするとの傾向が明らかになってきている。準備率操作というよりは準備預金制度の存在そのものが短期金利操作のために重要であるとの認識が一般化してきたように思われる。

このようななかで，銀行券増発には長期国債買切りオペで対応し短期的な資金需給には量の面では受動的にその他のオペで対応するということが正統的な金融政策として普遍的に受け入れられるようになったかといえば，それには疑問符がつけられざるをえない。FRBが1953年から1961年にかけて採用したビルズオンリー政策が望ましいとの議論が一般的とはいえないものの，中央銀行による長期国債保有には何らかの歯止めが必要との考えの方が一般的であろう[11]。中央銀行のバランスシートの資産側の大部分が国債であるということ自体が，中央銀行の負債である銀行券が細切れ国債＝政府紙幣化するということにはつながらないが（その発行の態様が市場取引を通じてしか行われないことが重要），そこにおける規律の緩み（例えば新規発行国債の直接引受）がそれを政府紙幣化しかねない危険は有しているからである。これは結局のところ，中央銀行の遂行すべきは金融政策であり，国債管理政策と金融政策は分離されるべきであるということに帰着するであろう。

この他，1990年代以降における中央銀行の行動について，「市場との対話」を効率的にするために「透明性の向上および説明責任」を求めるという気運が強まってきている。このような流れの中でインフレーション・ターゲティングを導入する中央銀行がニュージーランド（1990年3月），カナダ（1991年2月），イギリス（1992年10月）等多くなった。マネーサプライ・ターゲティングの有効性の喪失（マネーサプライと物価の関係の希薄化，貨幣の流通速度の不安定化）を受けて，物価上昇率そのものを政策目標とするというものである。これは中央銀行が目標インフレ率の達成を最優先として金融政策を遂行し，その達成状況についての説明責任を負うというものではあるが，そこには政治の圧力から自由になることができるという説明がなされる場合も多い。上記のインフレーション・ターゲティングを導入した諸国は，その導入目的はインフレーシ

ョンの抑制にあった。これと対照的に日本における議論はデフレーションの克服のためにそれを求めるものであった。そしてそのためのツールとして中心的に求められたものが長期国債の買切りオペの増額なのであった。

　このインフレーション・ターゲティングが正統的な金融政策としての認知を受けるか否かについては現時点では判定できない。それは，FRB，日本銀行，ヨーロッパ中央銀行といった有力な中央銀行がオフィシャルには同政策を採用していないというだけではなく，中央銀行が資産価格変動とどうかかわるかについて試行錯誤の状況であるからである。すなわち中央銀行が一般物価の安定に成功するとしばしば資産価格（特に住宅価格）バブルが起き，一般物価がターゲットレンジ内にあったとしても金利を引き上げざるをえない状況が出現しているからである。このためインフレーション・ターゲティングはスタンダードな金融政策とはなりえないのではないかとの見解も広く存在する。

　ただインフレーション・ターゲティング導入との関連もあり，近年においては「中央銀行の独立性についての論議」が活発に行われるようになってきた。そもそも中央銀行という銀行業務を行う主体に紙幣（中央銀行券）の発行を独占させ，そこに金融政策をゆだねるということ自体にその独立性が問題とされざるをえない面はある。それは紙幣を政府紙幣の形態で増発したり，中央銀行制度があったとしてもその独立性が十分でなかった場合には往々にしてインフレーションが発現したために中央銀行に独立性が与えられてきたからである。金融政策は中央銀行の専管事項であるというのはこのことであり，銀行業務を行い市場に近いところにいる中央銀行のみに発券を許し（政府による発券は通常の場合行われない），それが市場取引を通じてしか増発されないという仕組みを作ったこと，そしてそれに政府からの独立性を認めてきたことは資本主義の叡智としての側面が強いであろう。

　そこで問題とされるのは，近年における「中央銀行の独立性についての論議」の高まりをどう評価するかということであろう。これについて金井［2006］は，「通貨価値安定を最優先する志向の高まりを象徴的に示す」（232頁）ものと捉えている。その議論をもう少し詳しくみるならば，第二次大戦後

の金融政策はある程度の物価上昇を容認しつつ完全雇用と成長に協力するものであったが，新自由主義的傾向の出現とともに通貨価値の安定が大きく前面に出てくることになる。「中央銀行が通貨価値安定を最重要任務として掲げるということと，現実の政策が通貨価値安定を最優先とするということは別問題」（232頁）であり，それが優先されるようになってきたことから中央銀行を政治から独立させようとする主張が強まることとなったというのである。

「中央銀行の独立性についての論議」の高まりを金融政策が新自由主義に沿うものとなってきたと捉える金井の見解は興味深いものではあり，少なくとも主流派経済学の理論的発展や中央銀行独立性指数を用いた実証研究の積み重ねが中央銀行の独立性を強化するような制度改革を導いたという類の議論よりは魅力的である。しかしながら，中央銀行の独立性に関して「論議の高まること」と「それが実際に尊重される」こととは別次元の問題であるということも指摘しておきたい。「政策手段の独立性」がたとえ高くとも，「政策目標の独立性」が与えられておらず，さらにそれが実行不可能なものであれば前者はおよそ意味をなさないものとなることは明白である。中央銀行のトップは民主主義的な選出過程を経ていないことから政策目標を国会等で決定されるべきとの議論には賛同できる部分はあるものの，そこには錯誤が生じやすいことに対する覚悟のようなものも必要とされるであろう。

また，日本における新日本銀行法の成立は，旧日本銀行法があまりに旧態依然としたものであり，なおかつその独立性を尊重しないものであり，他の金融関係の業法が改正されるなかで金融自由化にも即さなかったことから改正されたものであると考えられる。そしてその改正の過程でも「立法でも司法でもないものは行政である」との屁理屈としかいいようのない議論がなされたこと（この点については第6章で詳しく触れることとする）や前述の国債価格支持政策を求める議論が平然となされるような環境があることも忘れられてはならない点であろう。その意味で近年の「中央銀行の独立性についての論議」の高まりという事実は世界的潮流として認められるものの，その内実についてはさらに検討が必要であるといえるであろう。そしてその際には，財政事情とのか

かわり，すなわち国債累積とのかかわりがより綿密に分析されなければならないであろう。

IV. おわりに

以上，「量的緩和」政策のなかで日本銀行がいやいやながらも国債保有を増やさざるをえなかった経緯および日本銀行のバランスシートの資産側において国債が望ましいとの近年の一般的な見解のルーツとしての「成長通貨供給論」の経緯を検討し，そこから正統的とみなされる金融政策と国債との関係の考察を行ってきた。その結果明らかとなったことは，中央銀行の保有資産として国債，特に長期国債が望ましいとの類の議論は，そもそも国債大量発行・累積を前提とした議論であるということである。国債市場に厚みがあり一銘柄あたりのロットも大きいからオペの対象資産として望ましいというのは特殊歴史的現実を前提とした上での一種の循環論法とみなせないこともない。ただしここでの問題は，中央銀行は国債を保有するのをやめ金・外貨・真正手形とすべきと主張せよということではなく，資本主義，金融システム，金融政策の現段階をどのように分析すべきかということである。

本章においては，現代資本主義における国債累積のメカニズムそのものには触れてこなかったし，その問題を十全に分析することは筆者の力量を超えている。しかしながら若干の分析を最後に行うならば，福祉国家体制とは国家の経済過程への大規模介入を不可避とする体制であり，他方財政面では民主主義という制約の下ではその費用を税のみで賄う体制は大衆だけでなく高所得層の離反をも招くことから構築しにくいという面があることをまず指摘したい。このため戦争がなくても財政は悪化しやすいということがある。

新自由主義は「逆流する資本主義」という一面を持つとはいえ，年金の水準を極端に引き下げたり，医療の負担割合を極端に引き上げることは難しい。これに公共事業依存体質（土建国家），軍事費増強圧力といったものを考えるならば歳出削減は難しいといえる。一方，景気動向を勘案しながらの租税政策も

累進税率のフラット化のなかで難しい舵取りを要求され，さらにこれに世界経済における大きなショックや国内的な経済政策のミス（例を挙げれば橋本内閣における構造改革路線）があれば国債依存度はなかなか低下せず，むしろ国債が累積する一方という状況が出現してしまうこととなる。この点はサブプライムローン問題に端を発する世界金融危機の深化の過程で現実化している。そして日本銀行は2008年12月に長期国債の買入れ額をさらに月当たり2000億円増額し，年間16.8兆円（月1.4兆円）とすると発表し，2009年3月にはさらにこれを同21.6兆円（同1.8兆円）とすると発表したのである。

　それはともかくとして，さらにここで日本に特徴的な今後予想される事態を挙げるならば人口動態すなわち少子高齢化の急速な進展ということがある。これは財政事情を悪化させる要因となるのは明らかである。さらに大きなことは対外不均衡の問題であり，日本の場合これは結局円ドルレートの調整という形をとらざるをえない。そしてそれに起因する国内経済の悪化に対しては財政出動が不可避となってくる。これが戦後日本の財政事情悪化の基本的な原因ではないだろうか。そして，この構造認識は将来の財政事情の好転についての悲観論につながらざるをえない面を持つ。すなわち短期的な円ドルレートは近年乱高下しているが，2008年においては円高が進行した。一方，ドルは他通貨についてはむしろ強くなっている。2009年初時点でも円レートは輸出企業の採算を極度に悪化させている。さらにもう少し長い期間をとってみるならば，円レートのもう一段の調整は行われざるをえないかもしれない。将来的には例えば1ドル＝80円さらにはそれ以下というレートを中心に外国為替相場が動かざるをえない状態を日本経済は想定せざるをえないかもしれない。その時，財政出動はすべきではないとの議論は起こりにくいであろう。

　このことは結局，中央銀行の政策運営は国債累積を前提とせざるをえない状況が今後も長期間継続するということを意味する。そして「中央銀行の独立性についての論議」の高まりとは逆に国債価格支持政策を求める圧力に中央銀行はさらされやすくなるだろう。中央銀行には金融政策の遂行だけでなく，国債管理政策（財政政策）の一部を担わせようとの圧力がより露骨になる可能性も

考えられる。近年の日本銀行のバランスシートの拡大とそれが国債保有の拡大により担われてきたことはその面からも警戒されなければならない。なお最後にもう一点強調しておきたいのは中央銀行の負債の大部分をなす銀行券は単純に中央銀行が供給していると捉えられてはならないということである。まず民間銀行部門による貸出による通貨（預金）供給があり，その一部として銀行券が需要されるというのが管理通貨制下の通貨供給システムだからである。国債累積と中央銀行という問題は現代の金融システム全体にかかわる問題なのである。

注
1) この種の議論については中原［2002］を，また「量的緩和」政策導入時の日本銀行の説明については須田［2004］を参照されたい。
2) 「量的緩和」政策の「量」そのものの緩和効果がなかったことについて詳しくは，加藤［2004］および斉藤［2006］を参照されたい。
3) 2006年のイングランド銀行の金融調節方式の変更について詳しくは斉藤［2007］を参照されたい。なお，世界金融危機への対応策として，イングランド銀行は資産買取ファシリティ（APF）を導入し，2009年3月以降，ギルト債の買い入れを大幅に増額している。
4) この点について詳しくは中島［2004］を参照されたい。
5) 代表的なものとして植田［2005］および真壁・玉木・平山［2005］を挙げておく。
6) 代表的な見解として板倉［1995］がある。また，吉田［2002］も参照されたい。
7) 日本銀行百年史編纂委員会［1986a］81頁。
8) なお，金融学会の共通論題の他の報告者は田辺博通（大蔵省），呉文二（日本銀行），飯田喜雄（三井銀行）であったが，日本銀行百年史編纂委員会［1985］は「呉報告飯田報告には，財政面の要因による銀行券膨張について警戒的であること，銀行券発行の裏付けとして，金・外貨を重視していることなど，かなり共通した問題意識が含まれていた」（661頁）と解説している。
9) 公表は翌年（Federal Reserve System Study Group on Alternative Instruments for System Operations ［2002］）。なお，これについては加藤［2004］がコンパクトに要約しているほか植田［2005］もこれに関説している。
10) エージェンシー債が適当とのこの見解もサブプライムローンに端を発する金融

危機の過程でファニーメイ，フレディマックが経営危機に陥り，その債券価格が暴落し，結局政府管理下となったことを考えると，現時点では疑問符が付けられざるをえないものである。

11) 現行の日銀券ルールは規律としてはかなり緩やかなものであるとの評価を下さざるをえない。「国債価格維持政策下の1942〜1950年でFRBが保有していた中長期国債の残高は銀行券（ドル札）発行額に対して4〜63％（平均24％）程度の比率だった」（加藤［2004］265頁）という事実は日本の現状に対する危惧を抱かせるものである。

第4章　金融政策と国債市場——量的緩和期における日本銀行の買入国債の特徴——

I. はじめに

　本章および次章では，前章で詳述した日本における国債累積過程と金融政策との関連を踏まえた上で，アメリカまたはイギリスとの比較を交えつつ金融政策（具体的には公開市場操作）と国債市場もしくは国債管理政策との関係について実証的に分析する。その前に，前章ともやや重複するが，本章と次章における問題意識について整理しておこう。

　2006年3月9日，日本銀行（日銀）による量的緩和政策が解除され，さらに同年7月14日にはゼロ金利政策も解除が決定された。これにより2001年3月以来続いた歴史的にも希有な金融政策は形式上正常化されたわけだが，この金融政策が日本経済に与えた影響は明らかにされていない。

　量的緩和政策においてとりわけ注目されるのは国債の買切りオペレーションの役割である[1]。月額4000億円であった国債の買入額は2001年8月に6000億円に増額され，さらに同年12月，2002年2月・10月にも2000億円ずつ増額された結果，最終的に毎月の買入額は1.2兆円にまでなった。さらに，量的緩和政策の解除後にも毎月同額の買入れが続けられてきた[2]。

　建前上，国債の買切りオペは経済活動の拡大に伴う銀行券需要の増加に対応して通貨を供給するために行われることとなっている。しかし，1990年代後半からの国債大量発行とも相俟って，こうした「多額の定期的な」国債買切りオペは，日銀が国債管理政策，具体的には国債価格支持政策に組み込まれているのではないかといった批判につながっている[3]。

ここで，本章の論点を明確にするためにも買切りオペが金利に影響を与えるルートを整理しておこう。本章では中・長期金利が純粋期待仮説によって決定される部分（短期金利の将来予想）とリスク（ターム）・プレミアム部分とに分解できると仮定し，前者に対するオペの効果（時間軸効果，コミットメント効果など）を間接的影響，後者に対する効果（ポートフォリオ・リバランス効果など）を直接的影響と呼ぶこととする。金融（政策）論の教科書および中央銀行関係者の説明では，中央銀行は金融政策を通じて短期金利に影響を及ぼし，その影響が中・長期金利に波及することを念頭においているとされるため，買切りオペの間接的影響は肯定されても，直接的影響は軽微とされる。

では，日銀による国債の買切りオペは金利に直接的な影響を与えなかったのだろうか。この問いに関する先行研究は必ずしも多くない。翁・白塚・藤木 [2000] は，量的緩和政策としての国債買切りオペの理論的背景・効果等について，海外の文献や事例も引用しながら包括的に整理している。そのうえで，国債の発行残高および粗発行額に対する買切りオペ額の規模から判断して，上述した意味でのオペの直接的影響はないと結論している。同じ理由で白川 [2002] も直接的影響を否定している。ただし，白川 [2002] と小宮 [2002] は，短期国債の買切りオペでは札割れが生じたにもかかわらず長期国債のオペではそれが生じなかったことから，後者では高めの価格が落札されることで，オペを通じて金融機関にインプリシットな補助金が与えられた可能性があると指摘している。しかし，たとえこのようなことがあったとしても，それは前述した意味での直接的影響とは異なるであろう。

国債買切りオペの金利への直接的影響について，計量経済学的に実証分析した先行研究もある。細野ほか [2001]（第2章）による実証分析では，国債買切りオペはオーバーナイト物および1週間物のコールレートへの影響は認められるが，1カ月物コールレートへの影響は否定されている。また，Oda and Ueda [2005] も，マクロ-ファイナンス・モデルに基づく実証分析から，国債買切りオペによる金利のリスク・プレミアム部分への影響を否定している（モデルの概要については植田 [2005] の第6章で説明されている）。鵜飼 [2006]

は，日銀が2001年3月から2006年3月まで採用した量的緩和政策の効果に関する実証研究をサーベイしている。それによると，「長期国債買入れ増によるポートフォリオ・リバランス効果は，国債金利に対して検出されなかった」（24頁）と結論している。一方，Bernanke et al.［2004］は，マクロ－ファイナンス・モデルのフレームワークに基づいた分析から，日本における国債買切りオペの金利への影響を支持している。

　以上に紹介した先行研究は，総じて見れば，国債買切りオペが金利に直接的な影響を与えることを否定している。つまり，日銀（のみならず，基本的に中央銀行）が主張している「国債売買オペの市場価格への中立性」（国債売買オペは対象国債の価格に影響を及ぼさないよう，つまり市場価格をかく乱しないよう配慮している）という見解を支持している。

　しかし，これらの先行研究は買切りオペと金利（またはイールド・カーブ）との関係，具体的には買切りオペが市場金利に直接影響しているのか，または将来の短期金利（フォワード・レート）への影響を通じて中・長期金利に影響を与えているのかといった点にのみ着目したものであり，買切りオペでどのような国債が購入されたかについて分析した先行研究はない。国債の売買オペが対象国債の価格に影響を及ぼさないように配慮されているというのであれば，例えば，売買オペの対象を市場での取引が不活発な（つまり，オペ対象金融機関が退蔵している）残存期間の銘柄とするなどの特徴があるのではないだろうか。実際，前出の翁・白塚・藤木［2000］（157頁）では，「日本の長期国債市場の現状に照らし合わせてみると，こうした（国債買切り――引用者）オペレーションは民間金融機関の保有している流動性の低い長期国債銘柄をマネタリーベースに徐々に振り替えていくことになるだろう。というのも，長期国債の流動性の高いゾーンのものについては，さまざまな金融取引の担保や，リスクヘッジのために貴重な役割を果たしている可能性が高く，こうした流動性の高い銘柄だけをどんどん中央銀行が買い上げることは，他の条件を一定として市場機能を悪化させる可能性が大きいし，民間金融機関サイドもそうした銘柄を使ってオペに応札することはあえてしないだろうと予想されるためである。も

し，そうであるとすると，こうした特定銘柄をねらい撃ちにしてなるべく国債市場に悪影響を与えないようなオペレーションを実施することは，投資目的であえて市場流動性の低い銘柄を保有していた金融機関に対して，新たなポートフォリオのリバランスの機会を与えることになるだろう」と述べている。また，Maeda et al.［2005］（p.9）でも，金融機関が国債買切りオペへ積極的に入札する要因の一つとして同様の理由が述べられている。

本章の目的は，量的緩和期における日銀による買切りオペと国債市場との関係をオペの買入国債の観点から考察することである。具体的な論点は2つある。第1に，日銀はオペによって買い入れる国債をどのように選んでいるのか。第2に，他国の中央銀行による選択と比較したとき，日銀の選択に特徴があるのかという点である。

第1の論点では，買入国債の特徴（フロー分析）以外にも日銀（中央銀行）が保有する国債の特徴（ストック分析）についても分析する。なお，分析の対象とするのは中・長期国債に関する買切りオペである。第2の論点につき，日本と比較する国はアメリカとする。欧州中央銀行（ECB）とイングランド銀行（BOE）も中・長期国債の売買オペを市場操作手段として有している。しかし，ECBはこれまで同オペを行ったことはほとんどない。また，BOEも2006年5月の金融政策の枠組み変更で同オペが導入されているが，本章の分析期間である2006年中には実施されたことはない[4]。したがって，国債買切りオペで買い入れた国債の特徴を比較する対象として，後述するように同オペを継続的に実施しているアメリカが適切であろう。

本章の構成は以下のとおりである。第Ⅱ節では日米における中央銀行の長期オペの枠組みと実施について概説する。第Ⅲ節では中央銀行の国債保有構造を，第Ⅳ節では買入国債の特徴を，「買切りオペが市場価格に対して中立であるか否か」という視点から分析する。いずれの節でも，日本を分析し，後にアメリカの特徴と比較する。最後に，第Ⅴ節では分析結果をまとめ，買入国債の観点から買切りオペが市場価格に対して中立的であったか否かを結論づける。

Ⅱ. 日米における長期オペの概要

　日本銀行企画局［2006］はオペを概念的に長期オペと短期オペに区別して，日本・アメリカ・ユーロエリア・イギリスの各中央銀行が行っているオペを概説している。その定義によると，長期オペは，主に銀行券など中央銀行の安定的な負債に対応するものとして，長期的に資金を供給するための手段であり，国債の買入れがその典型例である。短期オペは，主として一時的な資金過不足に対応するための手段であり，例えば期間の短いレポ取引（債券等の売戻し条件付き買入れもしくは買戻し条件付き売却）や有担保の資金貸付けなどを通じて実施される。ただし，ここでの問題意識が国債買切りオペによる中・長期金利への直接的影響（中・長期国債の市場価格に対する中立性）にあること，さらに Gray and Talbot［2006］でも短期証券の買切りオペを短期オペに分類していることから，本章では短期国債（TB）の買切りオペは長期オペとはみなさない[5]。

1．日本

　円滑な資金供給を実現する観点から，日銀は前述した意味での長期オペとして中・長期国債の買入れを行っている。2001年3月から2006年3月までのいわゆる量的緩和政策の下で月間買入額は前述したように順次引き上げられたが，当該政策が解除された以降も買入額は1.2兆円のままであった。なお，この中・長期国債の買入れについては，資産の過度の固定化を回避して金融調節の柔軟性を確保する趣旨から，「日本銀行が保有する中・長期国債の残高は，銀行券発行残高を上限とする」という制限（日銀券ルール）が設けられている。

　買入対象は，発行年限別の直近発行2銘柄を除いたすべての銘柄を原則としているが，30年固定利付国債・変動利付国債・物価連動国債は買入対象としていない[6]。買い入れる銘柄の選定に当たっては，個別銘柄の価格形成や流動性への配慮から，市場における残存流通量を勘案するとしている。また，買入れ

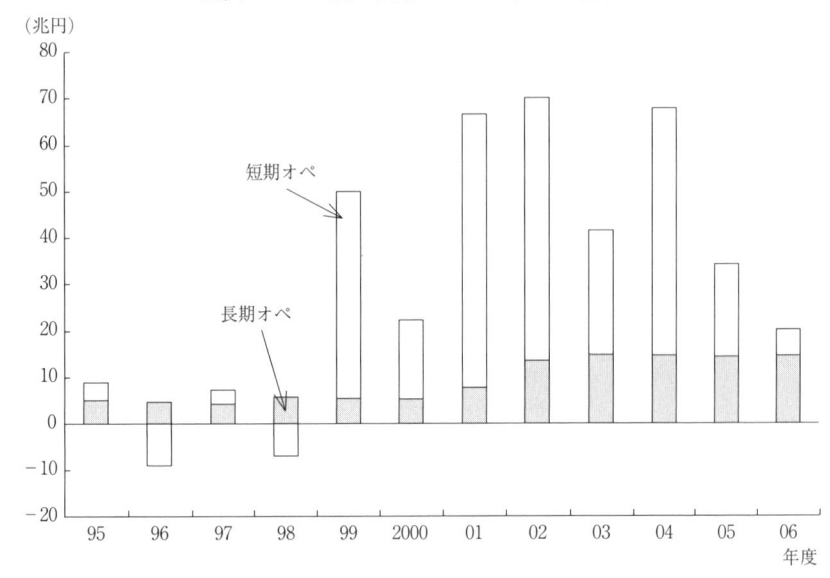

図表 4-1　日銀の長期オペと短期オペの実施額

(兆円)

注）資金供給から資金吸収を差し引いたネットの実施額。
出所）日本銀行ホームページ（HP）に掲載の統計から作成。

は利回り競争入札により実施される[7]。

　図表4-1は1995年度から2006年度にかけての長期オペと短期オペの実施額の推移を年度ベースで表したものである。1999年2月から（2000年8月まで）のゼロ金利政策または2001年3月からの量的緩和政策の導入を反映して，金融調節の合計額および短期オペの額（ともにネットの資金供給額，以下同じ）は1999年度に急増し，2001年度から2005年度にかけても高水準が続いている。長期オペの額も2001年度から2003年度まで漸増し，その後も安定的に推移している。なお，1999年度の資金供給額の急増はコンピュータの2000年問題に対応して1999年12月に短期の資金供給を増加させたことも影響していよう[8]。また，2006年度の資金供給額の急減は2006年3月の量的緩和政策解除，さらには同年7月のゼロ金利政策の解除を反映したものである。

　ここで，上述した2000年問題の影響を調整したうえで1995-2006年度の長期

オペと短期オペの平均実施額を比較すると，前者が約30％に対して後者が約70％となっている。さらに量的緩和政策の採用前（2000年度以前）と採用後（2001年度以降）に分けて長期オペを比較すると，絶対額としてはもちろん採用後のほうが大きいが，その構成比は採用後26.5％に対して採用前は44.1％と，採用前の時期のほうが構成比が高い。国債の新規発行額を考えたとき，2000年度以前は2001年度以降に比べて発行額が加速的に増加していたものの，水準的には2001年度以降のほうが大きい。にもかかわらず，長期オペの構成比は2001年度以降のほうが低いという事実は興味深い。

2．アメリカ

アメリカでは連邦公開市場委員会（FOMC）の授権を受けてニューヨーク連邦準備銀行（NY連銀）がオペを一元的に実施しており，前述の意味での長期オペ，短期オペとも実施されている[9]。

長期オペでは，中・長期国債の買入れを「永続的（permanent）な資金不足に対応する観点から実施するもの」と位置づけ，国債保有残高の増加額が銀行券発行高の増加額に概ね見合うように買入れが行われている[10]。したがって，同オペを実施するか否か，さらに実施額の設定は銀行券発行高などの動きに応じて決定されるため，実際の実施は不規則である。この点は毎月定額の買切りオペを行っている日銀と大きく異なる。なお，TBも含めて，オペで買い入れられた債券はSystem Open Market Account（SOMA）と呼ばれる勘定で管理される。

オペの運営においては，「流動性の高いポートフォリオを維持すること」を目的としつつ，「個別銘柄の価格形成や流動性を大きく歪めないこと」に配慮することとされており，銘柄ごとの保有比率について上限を設けている[11]。実際の買入れでは，対象となる国債を種別や残存期間に応じて幾つかのグループに区切り，そのグループごとに実施している。また，買い入れる銘柄を選択する際の留意点として，（大量の）償還が近い将来に偏るような買入れは避け，さらに償還まで5週間未満の銘柄・レポ市場で非常に高い希少価値を持つ銘

柄・新発債の買入れも控えるとしている[12]。

一方,短期オペによる資金供給手段としては,TBおよび残存期間1年未満の国債買入れのほか,短期レポ(Short-term Repo:期間13日未満)と長期レポ(Long-term Repo:同13日以上)が実施されている。また,資金吸収手段としては上記国債の売却に加えリバースレポ(Reverse Repo)が設けられている。

短期レポは,日々のマクロ的な資金過不足に対する限界的な調節手段と位置づけられ,ほぼ毎日実施される。期間は1営業日(翌日物)が中心となっている。長期レポは,季節的な資金需要など一定の期間継続する動きに対応するための手段と位置づけられ,通常週1回(木曜日)実施される。期間は,従来28日間が基本とされていたが,よりきめ細かな調節を可能とするため2003年に14日間を中心とする運用に改められた。短期レポおよび長期レポにおける売戻し条件付き買入れでは国債,連邦政府関係機関債(エージェンシー債),住宅ロ

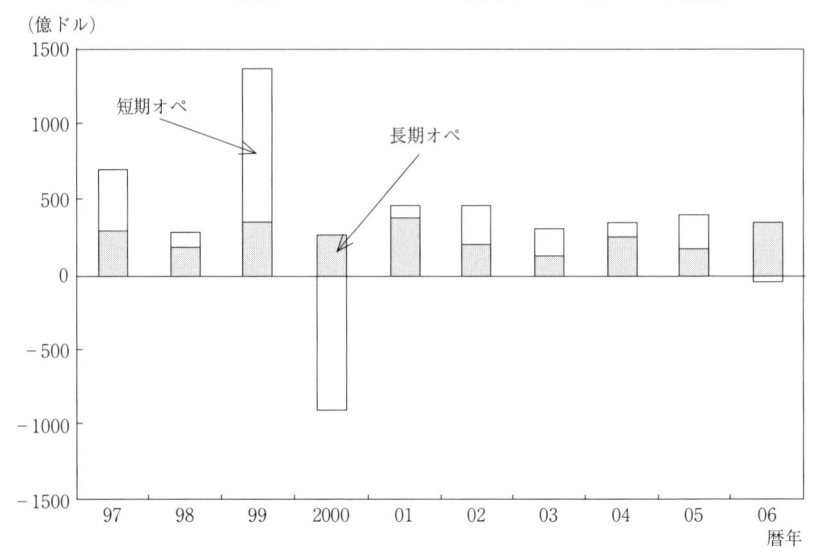

図表4-2　NY連銀のアメリカにおける長期オペと短期オペの実施額

注)図表4-1に同じ。
出所)Federal Reserve Board (FRB), *Statistical Supplement to the Federal Reserve Bulletin* から作成。

ーン担保証券（MBS）の3種類が対象資産，すなわち資金供給の裏付資産（担保）となっている。なお，リバースレポは国債を対象とする買戻し条件付き売却であり，必要に応じて実施される。

図表4-2は1997年から2006年にかけての長期オペと短期オペの実施額（ネットベース，以下同じ）の推移を暦年ベースで表したものである。この間の長期オペはすべて国債の買切りオペである。1999年と2000年に短期オペの異常な増減が見られるが，これはコンピュータの2000年問題に対応して1999年12月に短期の資金供給を増加させ，2000年1月にそれを吸収したためである。したがって，この影響を除いた上で1997年から2006年までの長期オペと短期オペの平均実施額を比較すると前者が約63％，後者が約37％となっている。さらに，国債の発行額が少なかった1997-2000年（前期）とそれが増加に転じた以降の2001-2006年（後期）に分けて長期オペの構成比を比較すると，前期61.4％に対して後期は64.3％と，国債発行額が増加した時期のほうが長期オペの構成比

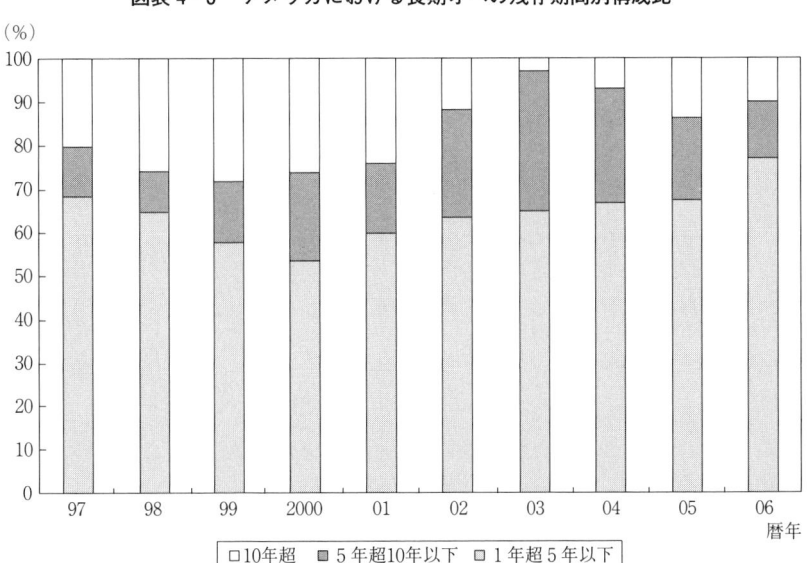

図表4-3　アメリカにおける長期オペの残存期間別構成比

出所）図表4-2に同じ。

が上昇している。しかし，長期オペによる平均買入額を前期と後期で比較すると各々約271億ドル，約241億ドルとなっており，国債の発行額が増加に転じた後期に買入額が低下している。この傾向は前述した日本の傾向と逆であり興味深い。

次に，長期オペによって買い入れている国債の残存期間別構成比の推移を見ると（図表4-3），残存期間1-5年のゾーンが常に50%から70%を占めている。また，残存期間5-10年のゾーンの構成比は2000年以降に上昇した反面，同10年超のゾーンは2002年以降急速に低下している。2002年以降は国債発行額が本格的に増加した時期であるだけに，こうしたオペによる買入れゾーンの変化は，オペによる国債市場価格への影響を緩和するための措置と推測される。

Ⅲ．中央銀行の国債保有構造（ストック分析）

1．分析の視点とデータ

中央銀行の買切りオペが市場に対して中立的か否かという点を中央銀行の国債保有構造から考察する場合，次のような視点が考えられる。第1に，保有額の発行残高比（以下，「保有残高比」と称す）である。この比率が上昇するということは，国債市場における中央銀行のプレゼンスが高まることになるため，中立性という観点からは低位安定が望ましい。

第2の指標は，年限別発行残高構成比と年限別保有構成比との対比である。つまり，相対的に見て，中央銀行が市場全体と同様のポートフォリオを組んでいるかという点である。この観点からは，市場ポートフォリオに対して中央銀行のポートフォリオに偏りがないほうが市場中立性にとって望ましい。前述したように，アメリカの場合，銘柄ごとに保有比率の上限が設定されているのはこのためであろう。

第3の指標は，年限別に見た場合の保有額の発行残高比（以下，「年限別保有残高比」と称す）である。ここでのポイントは，第1に時系列的にその比率

が安定しているか否かであり，第2に年限別にその水準を比較したときにばらつきがあるか否かである。中立性の観点からは，前者はもちろん低位安定が望ましく，後者についても年限間のばらつきが小さいほうが望ましいであろう。

以上に説明した3種類の指標について日米で分析していく。ここで分析対象とする国債は前述したようにTBを除く中・長期国債であり，日銀が保有する国債のデータは同行ホームページ（HP）の「日本銀行が保有する国債の銘柄別残高」から得た。データの期間は2001年6月から2006年12月であるが，2005年12月までの保有残高は必ずしも月末のデータではないことに留意する必要がある。また，前述したように30年固定利付国債・変動利付国債・物価連動国債は買切りオペの対象になっていない。一方，国債の発行残高のデータは日本証券業協会発行の『公社債便覧』からとった。ただし，この資料は毎年3月末と9月末のデータしか掲載していないため，ストックに関する分析は年度ベースで行う。なお，後述するアメリカのデータも含めて，ストックのデータはすべて額面ベースである。

アメリカでは前述したように買切りオペはNY連銀が行っており，買い入れた国債はSOMAと呼ばれる勘定で管理されている。したがって，データはNY連銀HPのSOMAにかかるデータベースからとったが，取得に関する制約から本節で用いるデータの期間は2000年7月から2006年4月までである[13]。NY連銀は物価連動国債もオペの買入対象としているが，以下では日本と同じ名目固定利付の中・長期国債（NoteとBond）のみを分析対象とする。また，日本と同様，保有残高は必ずしも月末のデータではないことに留意が必要である。一方，国債発行残高のデータは米財務省発行の *Treasury Bulletin* から得た。このデータは月次ベースで得られるため，アメリカの場合にはストックに関する分析は暦年ベースで行う。

2．保有額の発行残高比

前述したように中央銀行の保有データは日米とも月末ベースではないが，ここでは月末の総発行残高に対する比率の推移を検証する。

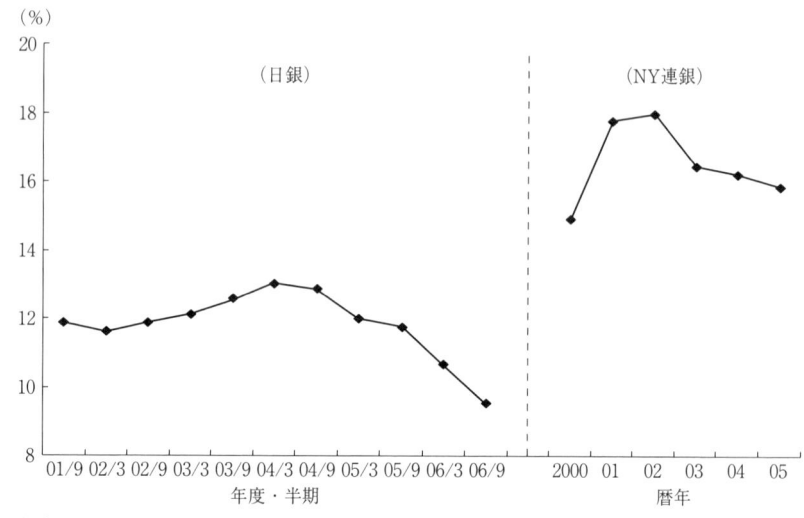

図表 4-4　日銀と NY 連銀の保有額の発行残高比

出所）日本銀行および NY 連銀の HP に掲載の統計，日本証券業協会，『公社債便覧』，US Treasury, *Treasury Bulletin* から作成。

　図表 4-4 は，日銀の保有残高比を年度・半期ベースで，NY 連銀（SOMA）のそれを暦年ベースで見たものである。まず，日銀の保有残高比は2004年3月まで上昇基調にあったが，その後は一貫して低下している（全期間の平均は11.8％）。しかしその変動幅は非常に小さく，標本標準偏差は0.996である。その意味で保有比率は安定的に推移しているといえよう。

　NY 連銀の保有残高比を見ると，その水準は15-18％と日本より高いものの，やはり安定的に推移している。その標本標準偏差は1.168と日本よりわずかに高いが，平均も高い（16.5％）ので，標準偏差を平均で割った変動係数で比較すれば両国ともほぼ同じである（日本：0.0845，アメリカ：0.0707）。

3．年限別保有構成比

　前述したように，日銀は30年固定利付国債・変動利付国債・物価連動国債を買切りオペの対象から除いている。そこで，2・4・5・6・10・20年利付国債についてのみ日銀の保有構成比と発行残高構成比を計算する。なお，4年債

と6年債の保有構成比と発行残高構成比の推移は，これらの国債が各々2001年2月，同年3月を最後に発行が停止されていることを反映している。

　図表4-5で日銀の保有構成比の推移を見ると，2年債と5年債は上昇傾向にある反面，10年債は低下傾向にある。一方で20年債は安定している。こうした保有構成比の推移は，2年債を除き，市場全体の発行残高構成比の推移と類似している。

　さらに，年限別構成比の水準を日銀保有ベースと発行残高ベースとで比較すると，日銀保有において10年債と20年債を合計した構成比が大きいことが特徴的である。特に2003年9月まではこの傾向が強い。また，20年債については，保有構成比の水準がほぼ一貫して発行残高構成比の約2倍となっている。これらの事実から，日銀は長期債の保有を選好する傾向があると推測される[14]。

　NY連銀の保有構成比と発行残高構成比の推移は同じく図表4-5に示している。なお，ここでは物価連動国債は除外している。まず年限別保有構成比を時系列的に見ると，2年債と3年債の構成比は上昇傾向にあるが，5・10・20・30年債の構成比はいずれも緩やかながら低下傾向を示している。これは，3年債は1998年6月から発行が一時停止されたが2003年5月から再開されたこと（その後2007年6月から2008年10月まで発行が停止された），20年債は1986年1月を最後に発行が停止されていること，30年債も2001年8月から2006年1月まで発行が停止されていたことも影響していると考えられる。この結果，2003年以降は，2年債の構成比が最も大きくて約40％を占め，10年債と30年債がともに20％前後，5年債が14％前後の構成比となっている。

　また，年限別の保有構成比を発行残高構成比と比較すると次のような特徴がある。ただし，ここでは3年債と20年債は考察の対象から除いている。

・10年債と30年債に関しては保有構成比と発行残高構成比とがほぼ等しい。
・5年債の保有構成比は発行残高構成比より低い反面，2年債のそれは発行残高の構成比より高い。しかし，2年債と5年債の合計構成比で比較すると，保有ベースと発行残高ベースとで大きな差はない。
・中期債（Note）と長期債（Bond）の別で見れば，保有構成比は中期債

図表4-5　中央銀行保有と発行残高の年限別構成比

(単位：%)

【日本】	2年債	4年債	5年債	6年債	10年債	20年債
日銀保有						
2001/9/7	0.3	0.5	0.3	0.7	81.9	16.2
2002/3/8	1.1	1.4	0.4	3.2	77.3	16.5
2002/9/5	1.9	1.8	4.5	3.9	72.1	15.9
2003/3/10	4.8	1.6	7.4	4.4	66.0	15.8
2003/9/8	7.1	0.8	10.3	4.4	61.1	16.2
2004/3/4	11.3	0.8	11.9	4.5	55.7	15.8
2004/9/6	13.1	0.4	13.7	4.3	52.4	16.0
2005/3/4	15.2	—	15.8	3.6	48.9	16.4
2005/9/7	12.9	—	18.6	2.5	48.9	17.1
2006/3/31	10.3	—	18.8	1.1	49.7	20.1
2006/9/29	10.2	—	17.5	0.4	48.5	23.4
発行残高						
2001/9	10.0	3.7	7.8	5.5	64.3	8.8
2002/3	11.2	3.1	11.2	4.5	61.4	8.6
2002/9	11.9	2.5	14.1	3.9	59.0	8.7
2003/3	12.2	1.8	16.5	3.3	57.4	8.7
2003/9	11.8	1.1	19.0	2.9	56.3	8.8
2004/3	11.4	0.5	21.4	2.5	55.0	9.1
2004/9	10.8	0.2	23.6	2.1	53.7	9.5
2005/3	10.9	—	25.1	1.5	52.8	9.7
2005/9	10.7	—	26.4	0.9	51.7	10.3
2006/3	10.2	—	26.7	0.5	51.7	10.9
2006/9	10.1	—	26.4	0.2	51.3	12.0

【アメリカ】	2年債	3年債	5年債	10年債	20年債	30年債
NY連銀保有						
2000/12/27	22.3	1.5	25.5	22.7	3.9	24.1
2001/12/26	27.0	—	22.8	22.7	3.6	24.0
2002/12/25	36.2	—	16.6	21.7	3.3	22.1
2003/12/10	41.4	1.7	13.0	21.1	2.1	20.7
2004/12/29	41.0	3.7	14.0	21.1	1.1	19.0
2005/12/28	39.4	6.9	14.1	20.9	0.2	18.2
発行残高						
2000/12	16.5	1.3	28.6	24.9	2.9	25.8
2001/12	19.8	—	23.8	26.5	2.8	27.1
2002/12	28.6	—	18.4	25.9	2.4	24.8
2003/12	32.6	3.1	16.7	24.8	1.4	21.5
2004/12	29.4	5.7	20.3	24.6	0.7	19.3
2005/12	25.1	8.7	23.5	24.5	0.2	18.0
2006/12	21.8	9.1	26.9	24.2	0.0	18.0

注) 1. 物価連動国債を除く。
　　2. 中央銀行の保有構成比は表示年月日時点, 発行残高構成比は表示年月末。
出所) 図表4-4に同じ。

75％前後，長期債25％前後であり，発行残高ベースの構成比とほぼ同じである。

以上の考察により，NY連銀の保有構成は発行残高構成とほぼ一致しており，したがって，年限別保有構成比の観点からは，NY連銀のほうが日銀のオペより市場中立的と判断されよう。

4．年限別の保有額発行残高比

ここでの検証のポイントは，第1に年限別の保有残高比が時系列的に安定しているか否か，第2に年限間で比較したときに同様の水準にあるか否かという点である。日本について前者から検証していこう。

図表4-6は2・4・5・6・10・20年債の各保有残高比を年度・半期ベースで見たものである。まず，2年債は2001年9月の0.3％から2005年3月の16.7％まで急上昇した後，2006年9月には9.6％まで低下しており，後述する

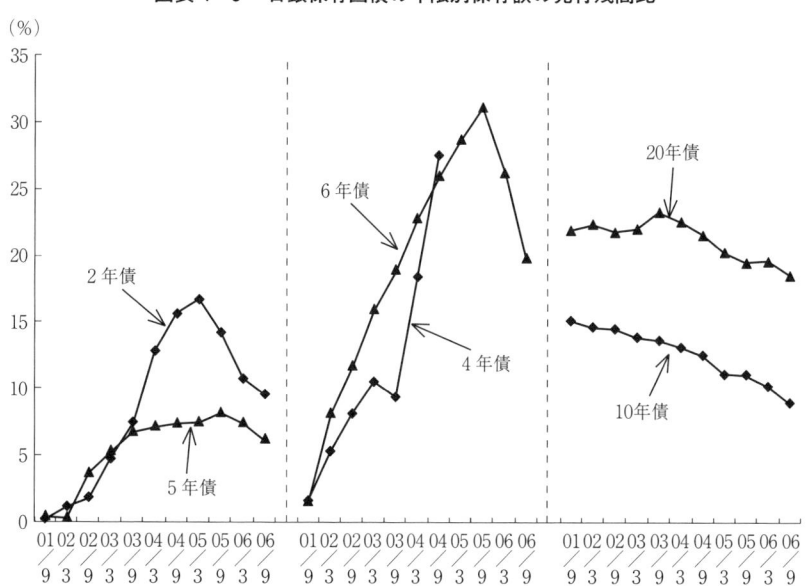

図表4-6　日銀保有国債の年限別保有額の発行残高比

出所）日本銀行HPに掲載の統計，日本証券業協会，『公社債便覧』から作成。

5・10・20年債と比べると変動が激しい。この要因として，①イールド・カーブの中期ゾーンにおけるベンチマーク確立のために財務省は2年債の発行を増やしており，それに伴って日銀も積極的にオペ対象としていること，②償還サイクルが短いことが考えられる。

5年債も2001年9月の0.5%から2003年9月の6.8%まで急速に上昇しているが，その後は安定的に推移している。5年債は，イールド・カーブの中期ゾーンにおけるベンチマークとして発行が増加している点で2年債と同じだが，償還サイクルが長いために保有残高比が一定の水準まで上昇した後も安定的に推移しているのであろう。

4年債と6年債の場合はともに2001年9月の1.6%の水準から25%超の水準まで急上昇している。6年債はその後20%程度まで低下した。前述したように，4年債と6年債は各々2001年2月，同年3月を最後に発行が停止され，代わって5年固定利付国債に集約する政策が採られている。したがって4・6年債の取引は2001年度以降急速に不活発化していったと考えられ，日銀がこれらの国債の発行残高に対する保有比率を急速に高めていった要因は正にこれであろう。

このように，4・6年債には特殊要因が考えられるものの，総じて中期債については保有残高比が上昇しているのに対して，10年債や20年債といった長期債のそれは上昇傾向にない。まず10年債の保有残高比は一貫して低下している。これは日銀による保有国債のポートフォリオの変更が要因であろう。以前は日銀の保有（国債）ポートフォリオに占める10年債の比重が極めて高かったと推測される。前出の図表4-5によれば，10年債の保有構成比は2001年9月時点で81.9%もあり，発行残高構成比64.3%に比べてもかなり高い。このため過去に買い入れた10年債が次々と償還を迎える一方，オペで買い入れる国債を2年債と5年債にシフトしているのであろう。さらに，いわゆる「平成20年度問題」への対応から，日銀が保有する2008年度中に償還を迎える10年債が財務省により買入消却されたことも影響していよう[15]。

20年債の場合，2003年9月までは安定していたが，2004年3月以降低下傾向にある。しかし，保有残高比の水準は高水準であり，また，他の年限に比べて

その推移は安定している。なお，注15に記したように，20年債については財務省による買入消却の影響はほとんどなかったものと推測される。

　以上，年別に傾向を見てきたが，これらをまとめると以下のようになろう。まず，発行が取り止めになった4・6年債，年限が超長期の20年債といった，相対的に市場流動性が低い（または低くなった）年限については，その保有残高比の水準が高い。第2に，2・5・10年債に関しては，10年債の低下傾向に対して2年債および5年債の上昇傾向という特徴が見出せるが，いずれも保有残高比の水準が直近（2006年9月時点）で10％未満と低い。

　次に，NY連銀における年限別の保有残高比を検証してみよう。図表4－7を見るとアメリカの場合は，10年債や30年債といった長期の国債の保有残高比が安定している反面，2年債と5年債はその比率の変動が激しく，特に2年債については比率の水準も高いといった特徴がある。20年債は2001年以降保有残高比が急上昇してその後も高水準が続いているが，これは，日本の4・6年債

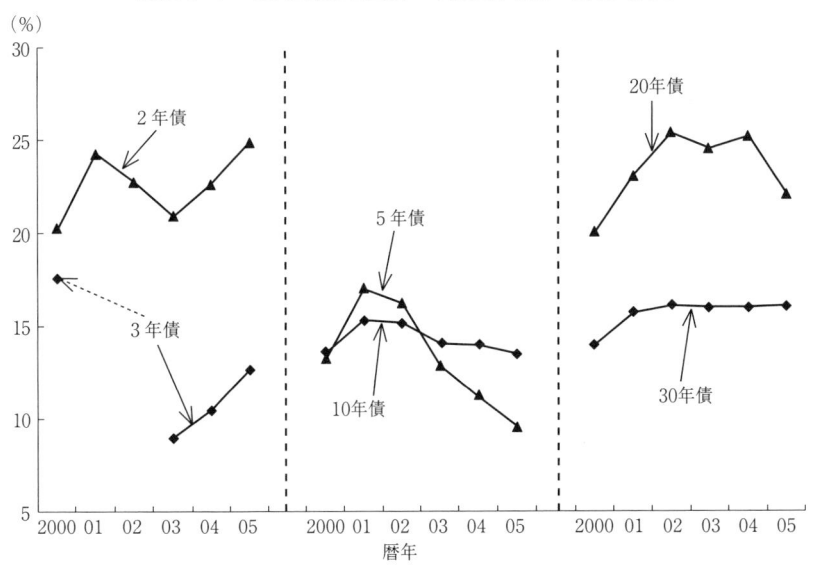

図表4－7　NY連銀保有国債の年限別保有額の発行残高比

注）2001年から2002年にかけて3年債の発行残高はゼロであった。
出所）NY連銀HPに掲載の統計，US Treasury, *Treasury Bulletin* から作成。

の場合と同様に20年債の発行が1986年2月以降停止されていることが影響していよう。しかし，日本と異なり，20年債を除けば流動性の高低と保有残高比の高低との反比例関係は見出せない。

　以上，NY連銀の特徴を考慮して年限別保有残高比の観点から日銀のオペの特徴を挙げれば次のようになろう。まず，日米とも発行が停止されて取引が不活発になった年限はオペで積極的に買い入れ，その保有残高比を上昇させている。しかし，この共通点を除けば，日銀のほうがNY連銀より年限別の流動性を考慮して長期債の保有を選好していると推測される。これら2つの特徴を買入れオペの市場に対する中立性という観点から評価すれば，前者は中立性と整合する。しかし，後者の特徴は，日銀のオペが20年債の市場消化を補う需要補完の役割を果たしていることを示していよう。

IV．買入国債の特徴（フロー分析）

1．分析の視点

　中央銀行の買切りオペが市場に対して中立的か否かという点を買入国債の特徴，つまりフローの観点から検証する場合，最も重要なポイントは買入国債の残存期間であろう。第I節でも引用したように，市場に影響を与えないためには取引が活発な銘柄は買い入れない，つまり発行後まもない銘柄は対象とせず，残存期間が短くなった銘柄を対象とすると考えられるからである。

　そこで，本節では，残存期間を短期・中期・長期のゾーンに分けたとき，全体としてまたは年限別にどのゾーンの銘柄が買切りオペの対象になっているかを検証する。ここで，残存期間別ゾーンは，各年限の差を考慮して，償還月までの残存月数を年限月数で除した数（以下，「残存期間指数」または"TMR"と称す）によって以下のように定義する。

　　短期：$0 \leq TMR \leq 0.333$
　　中期：$0.333 < TMR \leq 0.666$

長期：0.666＜TMR≦1

したがって，残存期間が同じ20カ月でも，2年債の場合には残存期間指数は20/24＝0.833と計算されて長期ゾーンに属すが，10年債の場合には20/120＝0.167と計算されるため短期ゾーンに属すことになる。さらに，各年限における短・中・長期ゾーンの買入額を各々集計することによって，全体としての（集計された）短・中・長期ゾーン別集計額を計算する。

　本章では買入額（フロー）を銘柄別保有額（額面ベース）の前月差で定義するが，償還や売却などによる保有額の減少はその計算に考慮しない。また，前述したように，アメリカについては2006年5月以降SOMAのストック・データが入手できなかったため，同月以降の買入額は実際の長期オペ（アウトライトオペ）による銘柄別買入額を用いた。ストック分析と異なり，データ期種の制約はないことから，本節の分析は日米とも暦年・半期ベースで行う。分析期間は日本が2001年下期から2006年下期まで，アメリカが2000年下期から2006年下期までである。

　以上に説明した買入国債の残存期間別分析を行う前に，オペに際して中央銀行が買い入れる年限に偏りがあるか否かをチェックしておこう。

2．買入国債の年限別構成比

　図表4-8は日銀とNY連銀による買入国債の年限別構成比である。ただし，NY連銀の場合は物価連動国債を除いている。この表から日本とアメリカについて各々次のような特徴を見出すことができる。

　まず，日本では長期債（10・20年債）に比べて中期債（2・5年債），特に2年債の構成比が高く，年限が短いものほど構成比が高くなっている。4年債と6年債を買い入れなくなった分は2年債を中心に2・5年債の買入れに振り向けられているようである。これは，償還サイクルを考えれば，年限別保有構成比を安定させるための工夫であろう。

　一方，アメリカでも，総じて年限が短いものほど構成比が高いという特徴は日本と同じである。2年債と5年債の買入れで概ね80％以上を占める。これも，

図表4-8　中央銀行による買入国債の年限別構成比

(単位：%)

【日銀】	2年債	4年債	5年債	6年債	10年債	20年債
2001年下期	4.5	15.8	5.1	25.9	29.3	19.3
2002年上期	16.0	4.3	20.1	15.0	35.5	9.2
2002年下期	16.3	2.6	23.0	11.5	39.6	7.0
2003年上期	33.5	2.6	28.4	3.6	24.8	7.1
2003年下期	31.1	1.2	27.2	6.3	22.9	11.3
2004年上期	49.6	0.0	14.1	1.9	27.9	6.5
2004年下期	50.8	0.0	20.2	1.4	23.6	3.9
2005年上期	32.8	―	34.3	0.0	28.3	4.6
2005年下期	23.5	―	22.2	0.2	44.2	9.8
2006年上期	37.0	―	28.9	0.4	27.1	6.6
2006年下期	39.0	―	23.3	0.5	23.6	13.6

【NY連銀】	2年債	3年債	5年債	10年債	20年債	30年債
2000年下期	40.6	1.4	31.5	13.8	5.6	7.1
2001年上期	48.6	―	24.8	15.3	1.8	8.0
2001年下期	62.6	―	19.7	12.1	0.8	4.8
2002年上期	70.5	―	13.9	11.5	1.5	2.6
2002年下期	80.1	―	12.7	5.9	0.6	0.7
2003年上期	82.5	0.7	10.1	5.4	0.8	0.6
2003年下期	63.5	10.8	13.5	11.2	0.6	0.4
2004年上期	69.5	7.8	9.7	12.1	0.3	0.7
2004年下期	63.1	5.0	18.7	11.6	0.3	1.2
2005年上期	67.3	10.9	11.9	8.3	0.0	1.6
2005年下期	66.1	11.8	14.7	6.0	0.0	1.4
2006年上期	54.3	3.3	31.0	7.3	0.0	4.1
2006年下期	37.8	5.4	33.2	8.0	―	15.7

注）1．物価連動国債を除く。
　　2．NY連銀の計数で、2000年下期は8-12月の合計。また2006年は上期、下期とも推定。
出所）日本銀行、NY連銀のHPに掲載の統計から作成。

償還サイクルを考えたうえでの，年限別保有構成比の安定を維持するための工夫であろう。

3．買入国債の残存期間

ここで本節の主題に戻って，買入国債の残存期間について検証しよう。

図表4-9は，前述のように定義した残存期間指数により区分した短・中・長期ゾーンに属す買入国債の買入額構成比と，各銘柄の残存期間指数と買入額

図表 4-9　日銀による買入国債の残存期間

(単位：億円，％，カ月)

	2001年下期	2002年上期	2002年下期	2003年上期	2003年下期	2004年上期	2004年下期	2005年上期	2005年下期	2006年上期	2006年下期
2年債											
買入額	1,457	9,015	10,096	24,024	22,384	35,885	37,928	23,808	16,861	29,751	26,337
短期ゾーン構成比	39.3	18.1	17.4	2.4	18.0	0.0	8.8	0.1	4.1	32.4	21.8
中期ゾーン構成比	60.7	43.1	15.3	11.9	31.1	51.2	31.9	37.4	66.3	54.5	36.6
長期ゾーン構成比	0.0	38.8	67.3	85.6	51.0	48.8	59.3	62.5	29.5	13.1	41.6
平均残存期間指数	0.40	0.61	0.67	0.76	0.62	0.68	0.70	0.72	0.61	0.47	0.61
平均残存期間	9.65	14.54	15.98	18.23	14.99	16.32	16.68	17.31	14.60	11.34	14.74
4年債											
買入額	5,077	2,420	1,598	1,893	841	0	0				
短期ゾーン構成比	24.1	44.3	22.7	53.2	100.0	―	―				
中期ゾーン構成比	75.9	55.7	77.3	46.8	0.0	―	―				
平均残存期間指数	0.38	0.38	0.48	0.38	0.33						
平均残存期間	18.37	18.28	22.93	18.07	15.74						
5年債											
買入額	1,646	11,356	14,222	20,397	19,607	10,173	15,113	24,888	15,970	23,196	15,696
短期ゾーン構成比	0.0	0.0	0.0	0.0	10.4	5.1	15.4	37.9	58.6	36.0	60.1
中期ゾーン構成比	0.0	36.2	35.4	22.8	52.9	79.9	38.4	42.6	27.0	17.6	23.3
長期ゾーン構成比	100.0	63.8	64.6	77.2	36.7	15.0	46.3	19.4	14.4	46.4	16.7
平均残存期間指数	0.74	0.74	0.73	0.77	0.60	0.50	0.61	0.45	0.36	0.55	0.38
平均残存期間	44.11	44.42	43.61	46.21	35.77	30.03	36.43	26.96	21.59	33.11	23.07
6年債											
買入額	8,312	8,451	7,133	2,569	4,537	1,398	1,048	0	173	313	329
短期ゾーン構成比	29.6	12.0	25.0	19.3	75.7	51.9	60.5	―	100.0	100.0	100.0
中期ゾーン構成比	59.2	72.5	74.7	80.7	24.3	48.1	39.5	―	0.0	0.0	0.0
長期ゾーン構成比	11.2	15.5	0.3	0.0	0.0	0.0	0.0	―	0.0	0.0	0.0
平均残存期間指数	0.49	0.54	0.42	0.46	0.31	0.36	0.27		0.20	0.13	0.11
平均残存期間	35.27	39.20	30.05	33.15	22.22	25.68	19.26		14.19	9.20	7.82
10年債											
買入額	9,419	20,046	24,509	17,836	16,539	20,210	17,625	20,527	31,798	21,780	15,943
短期ゾーン構成比	26.1	26.1	19.8	6.7	32.4	13.2	29.7	19.5	18.1	35.4	47.5
中期ゾーン構成比	19.9	35.6	36.3	43.6	14.5	5.8	42.9	43.5	42.6	47.5	37.5
長期ゾーン構成比	54.1	38.3	43.9	49.8	53.1	81.0	27.4	37.0	39.3	17.1	15.1
平均残存期間指数	0.58	0.59	0.61	0.68	0.62	0.69	0.51	0.60	0.57	0.39	0.38
平均残存期間	69.60	71.26	73.73	81.51	74.33	82.39	61.26	71.56	67.83	46.33	45.62
20年債											
買入額	6,191	5,219	4,301	5,075	8,176	4,675	2,939	3,367	7,077	5,276	9,172
短期ゾーン構成比	16.3	6.0	6.6	4.7	1.0	8.7	3.8	1.1	0.6	0.9	0.0
中期ゾーン構成比	38.2	2.8	1.5	2.0	0.7	0.0	0.0	0.0	0.0	0.0	0.0
長期ゾーン構成比	45.4	91.2	91.9	93.3	98.3	91.3	96.2	98.9	99.4	99.1	100.0
平均残存期間指数	0.65	0.86	0.87	0.89	0.93	0.88	0.88	0.94	0.93	0.94	0.92
平均残存期間	156.95	206.52	209.36	214.12	222.64	210.38	211.38	224.96	222.62	226.13	221.12
全体											
買入額	32,102	56,507	61,859	71,794	72,084	72,341	74,653	72,590	71,879	80,316	67,477
短期ゾーン構成比	24.1	16.4	14.6	4.9	21.9	6.0	15.6	18.6	22.3	32.4	34.2
中期ゾーン構成比	43.3	40.2	35.7	25.5	29.0	34.7	39.2	40.4	38.1	28.5	28.5
長期ゾーン構成比	32.7	43.4	49.6	69.6	49.1	54.9	49.7	42.2	37.3	29.4	37.3
平均残存期間指数	0.54	0.63	0.64	0.73	0.63	0.66	0.64	0.60	0.56	0.50	0.54

注）償還・買戻しなどマイナス要因を除く。
出所）日本銀行HPに掲載の統計から作成。

から計算した平均残存期間指数を，日銀のオペについて年限別と全体とで各々算出したものである。まず，全体の動向から見ていこう。

2004年上期までは短期ゾーンの買入構成比が低く，相対的に長期ゾーンの買入構成比が高かった。しかし，同年下期以降は短期ゾーンの買入構成比が上昇し，その上昇分にほぼ等しいだけ長期ゾーンの比率が低下している。結果として，2005年下期以降は各ゾーンでバランスの取れた買入構成比となっている。これにあわせて，平均残存期間指数も2004年下期から低下傾向が続いている。

総じて見れば，オペで購入する国債の残存期間は2004年下期から短期化している。残存期間が短い国債は相対的に市場流動性が低い（取引が不活発）とすれば，日銀は市場流動性が低い，つまりオペによる買入国債の価格および市場への影響が低い国債を選好するようになっている。これは，2002年1月以降に長期国債の買切りオペの対象銘柄を「発行後1年以内のものを除く」から「直近発行2銘柄を除く」に変更・拡大したことと反するように思われる。しかし，オペの市場中立性という点からはポジティブに評価できよう。

次に年限別の動向を整理すると以下のようになる。なお，前述したように，4年債と6年債は各々2001年3月，4月以降その発行が停止されたため，買入額が漸減していること，さらに買入対象となる（市場に残っている）国債の残存期間は短期化していかざるをえないことは明白であることから，説明を割愛する。

2年債は，2005年上期までは総じて長期ゾーンの買入構成比が高かった。しかし，同年下期からは中期または短期のゾーン，特に短期ゾーンの買入構成比が急上昇している。その結果，平均残存期間指数も2005年下期から急低下している。5年債に関しても，各ゾーンの変化の傾向は2年債とほぼ同じである。ただし，2005年下期以降は2年債に比べて短期ゾーンの構成比の水準がかなり高い。

10年債は，従来からオペの中心的な対象年限であったためか，総じてゾーン間の買入構成比の差が他の年限に比べて小さい。それでも，2004年上期までは長期ゾーンの比率が最も高かったが，同年下期以降は最も構成比の高いゾーン

が中期に移り,さらに2006年下期には短期に移っている。結果として,平均残存期間指数も2004年下期以降低下傾向にある。20年債では,2001年下期を除き,長期ゾーンの買入構成比が90％以上とかなり偏っている。そのため,平均残存期間指数は0.9前後と,水準的にも他の年限と比較して非常に高い。ちなみに月数で平均残存期間を計ると,206カ月（17年2カ月）から226カ月（18年10カ月）である。

以上,日銀によるオペでの買入国債の残存期間を検証してきたが,その分析から明らかとなった特徴をまとめると次のようになろう。まず,2・5・10年債といった発行額が多く,市場流動性が高い年限に関しては,従来長期ゾーンから買い入れる比率が高かったが,2004年下期（または2005年下期）以降は短期ゾーンの構成比が急速に上昇している。これは,全体に対する評価と同様,オペの市場中立性という点からはポジティブに評価できよう。2004年上期以前は財政状況が悪化し,国債発行額が上昇している時期であり,こうした時期に長期ゾーンからの買入構成比が高い,つまり発行後間もない国債を購入しているということは需要補完であろうか。

一方,発行額が低く,市場流動性が低い20年債に関しては,ほぼ一貫して長期ゾーンからの買入れである。平均残存期間は指数で0.9前後,実数で18年前後と,残存期間がかなり長い段階で買い入れられている。これは,ストック分析の結果からも指摘したように,オペが20年債の需要補完という役割を担っていることを示していよう。さらに,この指摘は,国債発行が多い時期には市場流動性が高い年限でさえオペが需要を補完している疑いがあるという上述の推測と整合する。

次に,NY連銀によるオペの買入国債の残存期間について日銀の場合と同様に分析したものが図表4-10である。この表からNY連銀の特徴を整理すると次のようになろう。

まず,年限別を集計した全体の動向は,2000年下期以来2006年上期まで長期ゾーンの買入構成比が50％以上を占め,かつその水準も2005年上期まで上昇基調にあった。ただし,2006年下期にはその比率は急低下している。こうした動

図表4-10 NY連銀による買入国債の残存期間

(単位:億ドル,%,カ月)

	2000年下期	2001年上期	2001年下期	2002年上期	2002年下期	2003年上期	2003年下期	2004年上期	2004年下期	2005年上期	2005年下期	2006年上期	2006年下期
2年債													
買入額	173.1	286.3	351.6	480.6	434.4	482.3	380.1	479.8	502.5	440.6	429.8	274.0	66.9
短期ゾーン構成比	9.2	12.1	6.9	6.2	2.7	3.7	2.1	2.1	7.1	0.0	0.0	2.3	7.2
中期ゾーン構成比	9.6	10.0	5.0	3.2	1.3	2.8	0.0	1.5	3.8	0.0	6.5	10.8	64.8
長期ゾーン構成比	81.1	78.0	88.1	90.6	96.0	93.4	97.9	96.4	89.1	100.0	93.5	86.8	28.0
平均残存期間指数	0.84	0.82	0.87	0.89	0.93	0.91	0.94	0.93	0.88	0.96	0.94	0.88	0.56
平均残存期間	20.14	19.65	21.00	21.24	22.21	21.85	22.49	22.40	21.22	23.00	22.46	21.10	13.50
3年債													
買入額	5.9	0.2	—	—	—	3.9	64.4	53.8	40.1	71.4	76.5	16.6	9.5
短期ゾーン構成比	100.0	100.0				0.0	0.0	0.0	0.0	0.0	16.5	7.5	0.0
中期ゾーン構成比	0.0	0.0				0.0	0.0	0.0	9.7	0.0	1.3	13.6	0.0
長期ゾーン構成比	0.0	0.0				100.0	100.0	100.0	90.3	100.0	82.2	78.9	100.0
平均残存期間指数	0.19	0.08				1.00	1.00	0.99	0.91	0.98	0.86	0.89	0.76
平均残存期間	6.89	3.00				36.00	36.00	35.72	32.59	35.30	30.97	31.88	27.24
5年債													
買入額	134.2	145.8	110.8	94.9	68.7	58.9	80.9	67.0	148.7	78.1	95.9	156.5	58.8
短期ゾーン構成比	26.2	40.1	55.7	44.0	20.0	18.6	10.8	10.4	5.6	0.0	2.7	0.0	2.0
中期ゾーン構成比	39.5	20.3	10.2	14.9	11.5	13.2	0.0	6.9	41.7	3.8	10.5	29.4	46.6
長期ゾーン構成比	34.3	39.6	34.1	41.1	68.4	68.2	89.2	82.6	52.7	96.2	86.8	70.6	51.3
平均残存期間指数	0.54	0.51	0.46	0.52	0.77	0.75	0.87	0.87	0.76	0.92	0.88	0.81	0.72
平均残存期間	32.15	30.56	27.47	31.09	46.27	44.92	52.40	52.06	45.79	55.25	52.85	48.55	43.06
10年債													
買入額	58.8	99.3	67.9	78.7	32.1	31.7	66.8	83.5	92.6	54.2	39.2	36.6	14.2
短期ゾーン構成比	21.1	23.9	19.4	44.5	10.8	15.7	9.9	31.6	24.6	3.7	9.6	5.5	70.2
中期ゾーン構成比	31.5	28.0	26.1	18.8	16.8	7.0	9.1	13.0	7.3	5.5	23.6	11.9	0.0
長期ゾーン構成比	47.4	48.1	54.5	36.7	72.4	77.3	80.9	55.5	68.1	90.8	66.8	82.6	29.8
平均残存期間指数	0.66	0.63	0.68	0.47	0.78	0.81	0.84	0.66	0.73	0.90	0.79	0.79	0.44
平均残存期間	79.29	75.77	81.96	56.16	94.04	96.71	100.93	78.96	87.46	108.23	95.13	94.39	52.44
20年債													
買入額	24.0	10.7	4.2	10.3	3.3	4.5	3.5	2.2	2.8	0.0	0.0	0.0	—
短期ゾーン構成比	100.0	100.0	100.0	100.0	100.0	100.0	100.0	100.0	100.0	—	—	—	
平均残存期間指数	0.21	0.12	0.13	0.10	0.09	0.04	0.03	0.05	0.04	—	—	—	
平均残存期間	49.62	29.51	32.11	23.04	20.79	9.57	8.22	11.83	10.66	—	—	—	
30年債													
買入額	30.3	47.0	26.8	17.6	3.7	3.5	2.6	4.7	9.2	10.6	9.0	20.7	27.7
短期ゾーン構成比	11.7	1.5	0.4	11.9	78.2	100.0	68.9	31.4	12.8	11.8	0.0	8.6	25.4
中期ゾーン構成比	26.9	39.2	36.1	20.8	8.2	0.0	31.1	68.6	87.2	88.2	57.8	34.8	50.6
長期ゾーン構成比	61.4	59.3	63.5	67.3	13.6	0.0	0.0	0.0	0.0	0.0	42.2	56.6	24.1
平均残存期間指数	0.73	0.77	0.75	0.70	0.24	0.03	0.22	0.31	0.47	0.36	0.62	0.75	0.51
平均残存期間	262.73	276.44	270.00	252.59	85.39	10.98	78.38	112.20	169.19	131.18	223.62	270.54	181.89
全体													
買入額	426.2	589.2	561.4	682.0	542.1	584.8	598.4	690.9	795.8	654.9	650.5	504.4	177.1
短期ゾーン構成比	22.8	21.8	18.4	17.4	6.5	7.2	4.8	6.8	8.9	0.5	2.9	2.3	13.0
中期ゾーン構成比	22.6	17.7	10.0	7.0	3.6	4.1	1.2	3.7	12.5	2.3	8.2	17.8	47.9
長期ゾーン構成比	54.7	60.5	71.5	75.5	90.0	88.8	94.0	89.5	78.6	97.2	88.9	80.0	39.1
平均残存期間指数	0.69	0.71	0.77	0.78	0.89	0.88	0.92	0.90	0.84	0.95	0.91	0.86	0.68

注) 1. 2000年下期は8-12月。2006年は上期・下期とも推定。
   2. 償還・買戻しなどマイナス要因を除く。
出所) NY連銀HPに掲載の統計から作成。

向にあわせて，平均残存期間指数も2005年上期まで上昇し，その後も高水準が続いている。日本と比較すると，総じて，アメリカのほうが日本より残存期間が長い国債をオペで購入している。残存期間と流動性が比例するのであれば，オペの市場中立性という観点からは日本のほうがアメリカより中立的と評価できよう。

次に，年限別の特徴を整理すると次のようになる（3年債と20年債は説明を割愛する）。2・5・10・30年債とも，財政状況が好転し国債の発行額が減少した，または低位であった2001年まで（流動性が低下した時期）は，短・中期のゾーンの買入構成比が上昇している。一方，財政状況が悪化し国債の発行額が増加した2002年以降（流動性が上昇した時期）は，30年債を除き長期ゾーンの比率が上昇している[16]。つまり，財政状況が悪化して国債の発行額が増加すると長期ゾーンからの買入構成比が上昇し，オペが需要補完の役割を担っているのではないかと推測される点では日銀の場合と同じである。しかし，日銀に比べて長期ゾーンからの買入構成比の上昇が極端である。こうした年限別特徴および上述の全体の動向から判断すると，NY連銀より日銀のほうが市場に対して中立的な買切りオペを行っていたといえよう。

V．おわりに

以上，日銀による買切りオペと国債市場との関係を，オペの対象国債の観点からNY連銀のオペとの比較も交えながら考察してきた。中央銀行による国債保有構造（ストック分析）と買入国債の特徴（フロー分析）の両面から分析してきたが，そこから得られた結果を整理すると次のようになる。

(i) 日銀とNY連銀のオペに共通する特徴
  ・発行停止となり取引が不活発化した年限は積極的に買い入れる。
  ・財政状況が悪化している時期には，年限にかかわらず残存期間が長い銘柄を買い入れる傾向が強まる。
(ii) 日銀に固有の特徴

・20年債について,その保有比率は高く,かつ財政状況にかかわらずほぼ一貫して残存期間が長期のゾーンから買い入れており,需要補完は明らか。

これらの分析結果をまとめると,日銀による買切りオペは国債の需要を補完する役割を担っていると結論できよう。その意味では,オペは市場に対して中立的に行われているとはいえない。特に20年債に対してはオペによる価格支持が行われている疑いが強い。しかし,特定の年限に関してではなく全体としてオペを評価したとき,オペが国債価格支持政策に組み込まれていたと必ずしも結論することはできない。オペによる需要補完の傾向は NY 連銀の場合にも見られるものであり,しかも財政状況が悪化している時期には日銀のオペよりも残存期間が長期のゾーンからの買入比率が急上昇している。この分析結果に基づけば,オペ全体としてみた場合には,NY 連銀より日銀のほうが市場に対して中立的なオペを行っているといえよう。

ここで,本章の分析結果に基づき,日銀による国債価格支持政策を疑わせる2つの施策——①オペ対象銘柄の条件の「発行後1年以内のものを除く」から「直近発行2銘柄を除く」への変更と,本章の冒頭で言及した②インプリシットな補助金——の効果について考えてみよう。まず前者だが,条件変更が行われた2002年1月は残存期間が長期ゾーンの買入比率が上昇している時期であり,この変更は価格支持政策として導入された疑いが強い。しかし,結果論ではあるが,財政好転が現れ始めた2004年下期からはオペで購入する国債の残存期間は短期化しており,この施策が実質的に価格支持に寄与したかは疑わしい。

一方,後者のインプリシットな補助金だが,オペに際してこのようなことが本当に行われたか否かについても明らかではない。しかし,たとえ行われていたとしても,国債の流通価格に対する支持効果があった可能性は低いと推測される。というのも,本章の分析から明らかとなったように,(20年国債を除き)総じてオペで買い入れる国債は残存期間が短期または中期ゾーン(TMR≦0.666)の退蔵された銘柄である。したがって,仮にそのような国債がオペで割高に買い入れられたとしても,実際に流通市場で売買されている銘柄の価格

への影響は小さいのではないだろうか。したがって，本章の分析結果に基づくとき，上述した2つの施策がたとえ国債の価格支持政策として導入されたとしても，その意図した効果を上げた可能性は低いであろう。

　本章の結論は，日銀の国債買切りオペは金利（イールド・カーブ）に直接的な影響を与えていないという先行研究の結論と必ずしも矛盾しない。上述したように買切りオペで購入している国債が市場で活発に取引されていない銘柄であれば，本章の冒頭で定義した意味でイールド・カーブに直接的な影響を与えている可能性は極めて低いと推測されるからである。この推測を検証する一つの方途として，アメリカにおける買切りオペと金利との関係を実証的に考察することが挙げられる。というのも，本章の結論が NY 連銀の買切りオペは日銀の買切りオペよりも金利に直接的影響を与えている可能性を示唆しているためである。つまり，アメリカにおける買切りオペと金利との関係を考察することによって，前者が後者に直接的影響を与えていなければ，日銀の買切りオペが金利に直接的影響を与えていない可能性がさらに高まる。一方，アメリカの実証結果が上記と逆の関係を示したときは，日銀の買切りオペが金利に与える影響に関する実証分析の結果を再考する必要があろう。そこで，第5章ではこの論点についてイギリスと比較しながら考察する。

注
1) 本章および第5章では混乱のない限り中・長期国債または中・長期金利を単に「国債」または「金利」と記す。また，「オペレーション（オペ）」とは公開市場操作をいう。
2) サブプライムローン問題に端を発した2008年秋以降の世界的な金融危機に対応するため，毎月の買入額は2008年12月に2000億円，2009年3月に4000億円増額されている。
3) ただし，現在，財務省が掲げている国債管理政策の目的は「確実かつ円滑な発行」と「中長期的な調達コストの抑制」であり，国債の価格支持は目的とされていない（財務省［2006］）。
4) ECB と BOE のオペについては日本銀行企画局［2006］と斉藤［2007］を参照されたい。また，BOE による売買オペ（実際には買切りオペ）は2008年1月から

ほぼ月1回のペースで行われている(買入額は毎月4億ポンド前後である)。
5) この定義では，残存期間が1年未満の中・長期国債の買切りオペも長期オペとみなされない。しかし，データの制約から，このような残存期間の銘柄の買入額を特定することが困難であるため，ここでは残存期間が1年未満の中・長期国債の買入れも長期オペに含める。
6) 2001年以前は「発行後1年以内のもの」が買入対象から除かれていたが，2002年1月から除外の条件が「直近発行2銘柄」に変更された。また，30年固定利付国債，変動利付国債，物価連動国債についても買入対象とすることが2008年12月に決定された。
7) 具体的には，オペの対象金融機関が売渡しの際に希望する利回りから日銀が別に定める基準利回りを差し引いて得た値(希望利回較差)を入札に付して，コンベンショナル方式により決定する。なお，新たに買入対象となった変動利付国債と物価連動国債のオペでは価格較差入札が採られている。
8) ただし，2000年問題に対応して1999年12月に供給した資金は2000年1月に吸収されているため，年度ベースで集計した場合，2000年問題の影響は相殺されているはずである。しかし，実際は，日銀は1999年12月に約34.0兆円の資金を供給したにもかかわらず，2000年1月には約17.9兆円しか吸収していない。さらに，同年2月には再び約12.8兆円もの資金を供給している。こうした大規模な資金供給は，ゼロ金利政策に伴うものと考えられる。
9) ここでの説明は主に日本銀行企画局［2006］に依っている。詳細は日本銀行企画局［2006］とFederal Reserve Bank of New York［2007］を参照されたい。
10) アメリカでは，制度上，TBの買入れもここで定義する長期オペに区分されている。しかし，前述した理由から，本章ではTBの買入れを短期オペに区分している。また，制度上は米国の連邦政府関連機関債(エージェンシー債)を買い入れることも可能であるが本章が対象とする期間には実施されていない。
11) 銘柄ごとの保有比率については，2000年6月以前は非公式ながらもすべての残存期間で一律35％(残高比，以下同じ)であったが，7月以降は残存期間1年未満35％，1年以上2年未満25-35％，2年以上5年未満20-25％，5年以上10年未満15-20％，10年以上30年未満15％に保有上限が変更された。しかし，2006年11月にこの比率は再び一律35％に変更されることが発表された。
12) SOMAで保有する国債が償還を迎えた場合には，米財務省の発行入札においてSOMAのための追加(非競争)入札を置くことによって新規に発行される銘柄に更新することができる。ただし，償還による収入金をすべて新発債の購入に充当できるわけではなく，SOMAが保有する債券の償還日と入札に伴う清算日が同一となる新発債に対してしか更新できないなど，一定の条件を満たす必要がある。した

がって，NY連銀の買入れにはこの保有国債の償還を相殺するための購入も含まれるが，この分はあくまで償還の埋め合わせであるため，保有残高の増加には反映されない。
13) 現在，SOMAの銘柄別保有残高のデータを遡って収集することはできない。本章で用いたデータは駒澤大学大学院生（当時）の勝田佳裕氏からいただいたものである。ここに記して感謝したい。
14) 日本では20年債は超長期債に分類されるが，アメリカでは長期債（Bond）の概念しかない。そこで，ここでは20年債も長期債と称す。
15) 「平成20年度問題」とは，2008年度（平成20年度）に国債の満期償還が集中し，それを放置した場合に借換債を大量に発行しなければならないという問題である。財務省はこの問題に対応するため，2003年2月から国債の満期前買入消却の制度運用を柔軟化し，2008年度に満期を迎える10年債と20年債の買入消却を進めてきた。その一環として，日銀からも2004年度4000億円，2005年度2兆円，2006年度5.5兆円の買入消却が行われた。2005年度以前の買入れ年限の構成は明らかではないが，すべて10年債と推測される。また，2006年度については約2.6兆円分が10年債である。一方，日銀からの20年債の買入消却は行われなかったと推測される。
16) 前述したように30年債は2001年8月から2006年1月まで発行が停止されていたため，2002年以降も短・中期ゾーンの構成比が高かった。

第5章　金融調節オペレーションは金利の期間構造に影響を与えるか——英米比較——

I. はじめに

　第4章では，中央銀行による国債の買切りオペレーションと国債市場との関係をオペの買入国債の観点から日米比較を通じて考察した。その結果，オペ全体としてみたとき，量的緩和期においてさえ日本（日本銀行：日銀）のほうがアメリカ（ニューヨーク連銀：NY連銀）より市場に対して中立的なオペを行っていることが示された。

　本章では，アメリカにおける買切りオペと金利（イールド・カーブ）との関係を計量経済学的に考察する。さらに，アメリカとの比較対象としてイギリスを取り上げることとし，日本については以下の理由から除外した。第1に，後述するように，日本に関してはすでに量的緩和期を対象とした先行研究が存在し，総じてオペの金利への直接的な影響が否定されている。一方で，英米についての先行研究は極めて少ない。第2に，特にアメリカにおいて金利に対するオペの直接的な影響が実証的に否定されれば，それは前章での分析を通じて日本に対する先行研究の結論を補強することができる。後者の理由は本章の研究意義として特に重要なものである。

　本論に入る前に，国債の買切りオペがイールド・カーブに与える影響について理論的な考え方を整理しておこう。中央銀行を含む正統的な金融政策論者の立場からは，その影響が否定されよう。それは，第1に，国債買切りオペは成長通貨の供給手段であり，中央銀行はオペによるイールド・カーブの操作を目的としていない，第2に，中央銀行は金融政策を通じて短期金利に影響を及ぼ

し，その影響が中・長期金利に波及することを念頭においているとされるためである。

逆に，マネタリスト・モデルを支持する立場からは，国債買切りオペは金利に直接的な影響をもたらすと主張される[1]。特に King [1999] と Goodfriend [2000] は，中央銀行によるオペが長期国債または長期性資産のリスク・プレミアムに及ぼす影響を重視している。Goodfriend は，短期債と長期債が完全に代替的ではないことを前提として，長期国債の買切りオペがリスク・プレミアムを引き下げる2つの効果を示している。第1は流動性プレミアムの低下である。買切りオペによって，民間部門が保有する資産の中で長期国債という低流動性資産が減少し，準備預金や貨幣といった高流動性資産の割合が高まるため，低流動性資産の保有を増加させるインセンティブが生じる（ポートフォリオ・リバランス効果）。この結果，長期金利に含まれている流動性プレミアムが低下し，長期金利が低下する。

第2の効果は信用リスク・プレミアムの低下である。これは，第1の効果により株式や長期債など長期性資産の価格が上昇すれば企業の担保価値が高まり，外部資金調達が容易になることを通じて生じる[2]。

ただし，これらの効果が現れるためには，中央銀行による金融政策への信認と市場の期待が重要な役割を担う。オペが行われることによって，経済が完全に回復するまで資産価格の上昇が続くという期待を市場が抱くことを通じて，これらの効果が発現すると考えられるからである[3]。

また，マネタリスト・モデルに基づくわけではないが，金利の期間構造に含まれる将来の金利情報にかかる実証分析を通じて，Hardouvelis [1988] も金融政策がターム（リスク）・プレミアムに与える影響に注目すべきことを主張している。

国債買切りオペによる金利への影響に関して，上述した2通りの考え方のうちいずれが正しいのだろうか。残念ながらこれを実証する先行研究は極めて少なく，かつそれもほとんどが日本を対象としたものである。前章の記述と重複する部分もあるが，以下に整理しておこう。細野・杉原・三平 [2001]（第2

章）による実証分析では，国債買切りオペはオーバーナイト物および1週間物のコールレートへの影響は認められるが，1カ月物コールレートへの影響は否定されている。また，Oda and Ueda [2005] も，マクロ-ファイナンス・モデルに基づく実証分析から，国債買切りオペによる金利のリスク・プレミアム部分への影響を否定している（モデルの概要については植田 [2005] の第6章で説明されている）。鵜飼 [2006] は，日銀が2001年3月から2006年3月まで採用した量的緩和政策の効果に関する実証研究のサーベイに基づき，「長期国債買入れ増によるポートフォリオ・リバランス効果は，国債金利に対して検出されなかった」(24頁) と結論している。一方，Bernanke et al. [2004] は，マクロ-ファイナンス・モデルのフレームワークに基づいた分析から日本における国債買切りオペの金利への影響を支持している。

　日本以外の国を対象とした先行研究はほとんど見当たらない。Estrella and Mishkin [1995] は，欧米主要5カ国を対象に中央銀行は政策金利の変更を通じてイールド・カーブに影響を与えうるかという問題を実証分析しているが，オペによる国債買入れの効果について直接分析しているわけではない。Bernanke et al. [2004] は，国債市場にかかる諸政策が金利に及ぼす影響をアメリカについて考察しているが，中央銀行によるオペの効果を直接分析しているわけではない。これらの先行研究が公表された当時は，アメリカをはじめとした先進諸国の中央銀行が，日本のように大量の国債買切りオペを実施しなければならない状況になかったためである。しかし，日本のような状況にない先進国についても中・長期国債の買切りオペまたはオペ全体による資金調節が中・長期金利にどのような影響を与えているかを検証することは，上述した日本の分析結果を判断する上で参考になろう。さらに，この論点は，金融政策と国債管理政策との整合性をどのように取るべきかという観点からも非常に重要なものである。

　以上の問題意識ならびに冒頭で述べた理由から，本章ではアメリカとイギリスを対象に中・長期国債の買切りオペまたはオペ全体による資金調節が中・長期金利に影響を与えるか否かを金利の期間構造理論に基づいて実証的に分析す

る。対象期間は1997年以降である。1997年以降とした理由は2つある。第1に，イギリスでは1997年3月に金融政策の枠組みが大幅に変更されたことに加え，同年5月には政策金利の決定権限が英財務省からイングランド銀行（BOE）に委譲されるなどBOEの政府からの独立性が強化されたことである（ただし，1998年イングランド銀行法の施行は1998年6月1日）。さらに，イギリスにおいて国債管理政策の目的が明確に意識されたのが，国債管理の枠組みが変更された1995年以降ということもある（HM Treasury and Bank of England [1995]）。第2に，後述するように，本章の分析ではゼロ・クーポン債の金利を用いるが，アメリカの当該データが利用できる期間が1997年以降のためである。

　本章の構成は以下のようになっている。まず第Ⅱ節では，英米におけるオペの概要を説明した後，Campbell and Shiller [1991] のモデルにオペによる資金調節額（以下，オペ実施額）を組み込むことによって，金利の期間構造とオペとの関係を表すモデルを導出する。第Ⅲ節では，分析に用いるデータを説明した後，そのデータ系列の単位根について検証する。続く第Ⅳ節では，第Ⅱ節で導出したモデルを推定し，その推定に基づいてオペが金利に与えた影響を分析する。なお，データ系列の単位根検定の結果，モデルの変数にI(0)系列とI(1)系列とが混在するという問題が生じるが，この問題はChoi et al. [2005] が提示した方法によって処理した。最後に，第Ⅴ節で分析結果をまとめるとともに，その結果が日本の金融政策と国債管理政策のあり方に示唆する点にも言及する。

Ⅱ．モデル

1．英米におけるオペレーションの概要

　以下ではCampbell and Shiller [1991] のモデルに基づいてオペが金利に与えた影響を検証するが，モデルを説明する前に英米におけるオペについて概観

第5章　金融調節オペレーションは金利の期間構造に影響を与えるか　105

しておこう。なお，オペは概念上長期オペと短期オペとに区別できるが，その概念については第4章を参照されたい。また，アメリカのオペについても第4章で詳述したので，以下ではイギリスのオペについて説明する。

BOEは，2006年5月に金融調節の枠組みおよび取引先の選定基準について大幅な見直しを実施した。この影響を考慮してイギリスの分析期間は2006年4月までとしたため，以下では制度変更以前のオペについて説明する[4]。

オペは買切りオペ（Outright Purchase），レポオペ（Repo），特別（レポ）ファシリティ（Late Facility）に分かれていた。買切りオペの対象はTB，残存期間が91日未満の適格手形（銀行手形（Bank Bill），適格銀行引受手形（EBA））であり，ギルト債の買切りオペは行われていなかった。

レポオペは通常9時45分と14時30分に行われ，その満期は2週間が中心であ

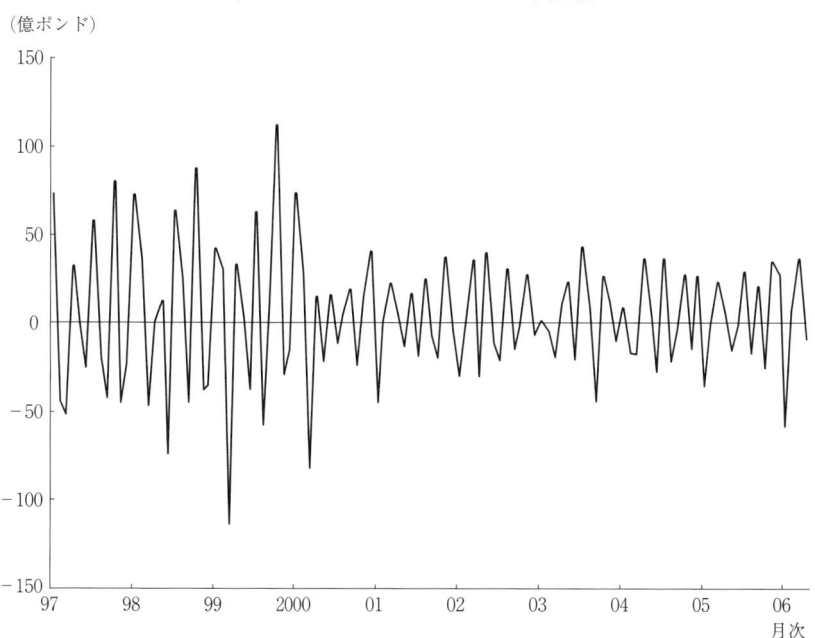

図表5-1　イギリスにおけるオペ実施額

［出所］BOE, *Monetary and Financial Statistics* から作成。

った。このオペの対象証券には TB，ギルト債（ストリップス債を含む），適格地方債，適格手形に加え，欧州経済領域（EEA）諸国の中央政府・中央銀行および国際機関が発行するポンド建てまたはユーロ建て証券が用いられていた。

特別ファシリティとは，レポ金利以上の金利で行われるオーバーナイトのレポ取引である。これには 2 種類あった。第 1 に，14時30分のレポオペ終了後にも BOE が市場に流動性を供給する必要があると判断したとき，15時30分にレポオペと同じ取引先に対して行われた。第 2 に，特に決済銀行に対してはさらに16時20分にもこのオペが行われていた。

以上の説明から明らかなように，2006年 5 月の制度変更以前には第 4 章で定義した意味での長期オペは行われることはなく，オペはすべて短期オペであった。図表 5 - 1 にはオペの実施額（ネットベース）が示されているが，2000年 4 月頃を境にその変動幅が縮小している。これは，政府資金（国庫）管理のためのオペ権限が BOE から債務管理庁（DMO）に移管されたためである。

2．モデルの導出

本項では，Campbell and Shiller [1991] の考え方に基づき，金利の期間構造とオペとの関係を表すモデルを導出する。

Campbell and Shiller のモデルでは次の 3 つが仮定されている。
- 長期債と短期債の 2 種類の債券が存在し，共にゼロ・クーポン債である。
- 長期債と短期債の残存期間を各々 n, m とすると，それらは共に有限である。
- t 期における長期債と短期債の金利を各々 $R_t^{(n)}$, $R_t^{(m)}$ とすると，それらは共に次数 1 で和分されている。つまり $R_t^{(n)} \sim d(1)$, $R_t^{(m)} \sim d(1)$ である。

これらの仮定の下に，Campbell and Shiller は将来に亘る長期金利変化の予測とイールド・スプレッド（$S_t^{(n,m)} \equiv R_t^{(n)} - R_t^{(m)}$）との関係を表すモデルを導出した。

まず，第 1 と第 2 の仮定より，金利の期待理論は次式で表すことができる。

$$R_t^{(n)} = \frac{m}{n}\sum_{i=0}^{k-1} E_t[R_{t+im}^{(m)}] + \overline{\omega} \tag{5.1}$$

ここで，$0 < m \leq n$，$k \equiv \frac{n}{m}$（整数），$E_t[\cdot]$：t期において利用可能な情報に基づく条件付期待値演算子，$\overline{\omega}$：時間に対して一定なターム・プレミアムである。

(5.1) 式は，一定のターム・プレミアムを考慮したとき，長期債で運用したときの確定利回り（期間平均）が短期債に $k\left(=\frac{n}{m}\right)$ 回投資したときの予想利回り（期間平均）と等しいことを示している。

(5.1) 式の関係は $t+m$ 期においても成立するから，

$$R_{t+m}^{(n-m)} = \frac{m}{n-m}\sum_{i=0}^{k-2} E_{t+m}[R_{t+(i+1)m}^{(m)}] + \overline{\omega} \tag{5.2}$$

(5.1) 式と (5.2) 式の両辺に各々 n/m，$(n-m)/m$ を掛け，辺々の差をとると

$$\frac{n}{m}R_t^{(n)} - \frac{n-m}{m}R_{t+m}^{(n-m)} = R_t^{(m)} + \overline{\omega} - \sum_{i=1}^{k-1}\{E_{t+m}[R_{t+im}^{(m)}] - E_t[R_{t+im}^{(m)}]\}$$

ここで，変形イールド・スプレッドを

$$s_t^{(n,m)} \equiv \frac{m}{n-m}S_t^{(n,m)}$$

と定義し，これを用いて上式を変形すると

$$R_{t+m}^{(n-m)} - R_t^{(n)} = -\frac{m}{n-m}\overline{\omega} + s_t^{(n,m)}$$
$$+ \frac{m}{n-m}\sum_{i=1}^{k-1}\{E_{t+m}[R_{t+im}^{(m)}] - E_t[R_{t+im}^{(m)}]\} \tag{5.3}$$

この (5.3) 式が長期金利の将来変化と今期の（変形）イールド・スプレッドとの関係を表す基本モデルだが，これにオペを組み込む形でモデルを拡張する。

ここで，中央銀行によるオペは2つの経路から (5.3) 式に影響を及ぼすと仮定する。第1の経路は長期金利に含まれるターム・プレミアムに対する影響である。つまり，長期国債の買切りオペは，その規模いかんによってはターム・プレミアムに直接影響を与える可能性がある。そこで，ターム・プレミアムは時間可変的であり，t 期における長期オペの規模 LO_t の線形関数で表すこ

とができると仮定すると，(5.3) 式の $\overline{\omega}$ は長期オペの m 期差 $(LO_{t+m}-LO_t)$ に影響されることを以下に示す。

　(5.1) 式のターム・プレミアムについて，t 期における長期債利回りを短期債利回りで裁定する上でのターム・プレミアムという意味で $\omega_t^{(n,m)}$ と表記する。このとき，(5.2) 式の $\overline{\omega}$ は $\omega_{t+m}^{(n-m,m)}$ となるから，(5.3) 式の $\overline{\omega}$ は

$$\overline{\omega}(\omega_t^{(n,m)},\omega_{t+m}^{(n-m,m)})=\frac{n}{m}\omega_t^{(n,m)}-\frac{n-m}{m}\omega_{t+m}^{(n-m,m)}$$

と表すことができる。一方，前述の仮定より，ターム・プレミアム $\omega_t^{(n,m)}$ は

$$\omega_t^{(n,m)}=\omega_0+\beta_1 LO_t$$

と表せるから，これを上式に代入して整理すると

$$\overline{\omega}(\omega_t^{(n,m)},\omega_{t+m}^{(n-m,m)})=\omega_0-\frac{n-m}{m}\beta_1\left(LO_{t+m}-\frac{n}{n-m}LO_t\right)$$

ここで，n に対して m が非常に小さい場合は $\frac{n}{n-m}\to 1$ だから，上式は

$$\overline{\omega}(\omega_t^{(n,m)},\omega_{t+m}^{(n-m,m)})\approx\omega_0-\frac{n-m}{m}\beta_1(LO_{t+m}-LO_t) \qquad (5.4)$$

と近似することができる。

　第2の経路は短期金利の期待に対する影響であり，この経路は長期オペと短期オペを合わせたオペ全体の本来の目的である。そこで，(5.3) 式の最終項は $t+m$ 期以前のオペ全体の実施額，具体的には $O_{t+p}, \cdots, O_{t+q}$ $(p\leq q\leq m)$ および誤差項 ε_{t+m} の関数と仮定すると，以下のように表すことができる。

$$\frac{m}{n-m}\sum_{i=1}^{k-1}\{E_{t+m}[R_{t+im}^{(m)}]-E_t[R_{t+im}^{(m)}]\}=\gamma_0+\sum_{j=p}^{q}\gamma_j O_{t+j}+\varepsilon_{t+m} \qquad (5.5)$$

ここで ε_{t+m} は，t 期から $t+m$ 期にかけて短期金利の期待を上方［下方］修正したことに伴う長期債投資（投資期間は m 期）の予期しないキャピタル・ロス［ゲイン］の影響を表すホワイト・ノイズ・オーバーラッピング・エラーであることに注意する必要がある。

　以上の考察から，(5.4) 式と (5.5) 式の各右辺を (5.3) 式の第1項と第3

項に代入して整理すると,長期金利の変化とオペとの関係を表すモデルは以下のようになる。

$$R_{t+m}^{(n-m)} - R_t^{(n)} = \alpha_0 + \alpha_1 s_t^{(n,m)} + \beta_1 (LO_{t+m} - LO_t) + \sum_{j=p}^{q} \gamma_j O_{t+j} + \varepsilon_{t+m} \quad (5.6)$$

ここで各説明変数にかかる係数の意味を明らかにしておこう。まず,長期オペはターム・プレミアムを通じて長期金利に直接的に影響を与えると仮定している。したがって,前節で説明したように,中央銀行を含む正統的な金融政策論者の主張が正しければ β_1 の推定値はゼロと有意に異ならないはずである。逆に,マネタリスト・モデルの支持者等の考え方が正しければそれは有意に負の符号となるであろう。

一方,このモデルでは,オペ全体は短期金利の期待の変化を通じて長期金利に間接的に影響を与えると仮定している。本来,中央銀行によるオペは資金需給の過不足を調整するために行われるものだが,中央銀行が目標とする金利(目標金利)をどのように誘導または決定したいかに応じてオペの水準を変化させる。したがって,例えば中央銀行が資金供給オペ(O_{t+j} は正)を行った場合に,その意図が(推定期間にわたって平均的に見て)目標金利を安定化させることにあると市場が判断し,それが短期金利の期待に反映されれば,γ_j の符号は有意にゼロと異ならないだろう。しかし,オペの意図が目標金利を高め[低め]に誘導または決定することにあると市場が判断した場合には,γ_j の符号は有意に正[負]となるであろう[5]。

最後に,変形イールド・スプレッドにかかる係数 α_1 であるが,これは金利の期待理論の成否にかかわる係数である。そもそも,Campbell and Shiller [1991] は (5.3) 式に基づき (5.6) 式の $\alpha_1 = 1$ を検証することによって期待理論をテストした。(5.3) 式では時間不変的なターム・プレミアムが仮定されている。しかし,Hardouvelis [1988] はターム・プレミアムが時間可変的な場合に,また McCallum [1994] はこの条件に加え中央銀行が短期金利の変動を平準化しかつイールド・スプレッドの状況に応じて短期金利を操作しようとする場合に,α_1 の推定値がいずれの値をとろうとも期待理論に矛盾しないこ

とを理論的に示した。したがって α_1 の推定値に基づいて期待理論を検証することはできない。しかし (5.6) 式はそもそも期待理論に基づいて導出されていることから、(5.6) 式を推定した結果、誤差項に系列相関があるまたは正規性の条件が満たされない場合は定式化の誤りがあったと推測することはできよう。つまり、厳密性には欠けるが、期待理論が成立するか否かは推定式の誤差項の特徴を調べることによって推測する。

Ⅲ．データの検証

1．データ

　本章では、得られるデータの制約と方程式の推定に小標本バイアスが生じないサンプル数を考慮して、月次ベース（1期＝1カ月）のデータを用いる。期間はアメリカが1997年7月から2007年3月まで[6]、イギリスが前述した金融調節方式の変更を考慮して1997年7月から2006年4月までである。前節で導出したモデルから、推計に必要なデータはゼロ・クーポン債金利、イールド・スプレッド、長期オペおよびオペ全体の実施額である。以下にこれらデータの出所および計算方法を説明する。

(1) ゼロ・クーポン債金利とイールド・スプレッド

　本章では名目ベースおよび実質ベースのデータを用いて (5.6) 式を推定する。(5.6) 式に現れる短期金利には1カ月物を、長期金利には5・10・20年物を用いる。これらの金利の定義および出所は以下のとおりである。

　まず、アメリカについては McCulloch が推計し、インターネットで公表している名目および実質イールド・カーブのデータから各年限のゼロ・クーポン債金利を得た[7]。なお、後述するイギリスも含め、金利データはいずれも年間利回り（単位：％）で表示された月末値である。

　イギリスについては、短期金利として1カ月物の商業銀行負債レートを用

い[8]，長期金利には5・10・20年物のゼロ・クーポン（ギルト）債金利を用いた[9]。これらのデータはすべて BOE のホームページ（HP）から得た[10]。なお，ゼロ・クーポン（ギルト）債金利は名目ベース，実質ベースとも公表されているが，商業銀行負債レートは名目ベースしか公表されていないため，実質ベースに変換する必要がある。データは年間利回り（％）で与えられていることから，やや正確性を欠くが，小売物価指数の前年同月比（％）を期待インフレ率 π^e_{t+12} とみなし，1カ月物実質金利を以下のように計算した。

$$rR^{(1)}_t = \left(\frac{1+R^{(1)}_t/1200}{1+\pi^e_{t+12}/1200} - 1\right) \times 1200$$

ここで $rR^{(1)}_t$，$R^{(1)}_t$ は各々1カ月物の実質金利と名目金利を表す。

次に，イールド・スプレッドだが，上述した名目金利 $R^{(n)}_t$ および実質金利 $rR^{(n)}_t$ に対して，名目イールド・スプレッド $S^{(n,1)}_t$ と実質イールド・スプレッド $rS^{(n,1)}_t$ は各々次のように計算される。

$$S^{(n,1)}_t = R^{(n)}_t - R^{(1)}_t$$
$$rS^{(n,1)}_t = rR^{(n)}_t - rR^{(1)}_t$$

ここで，$n=60$（5年），120（10年），240（20年）である。

(2) オペの実施額

中央銀行によるオペ実施額のデータは，イギリスは BOE の *Monetary and Financial Statistics* から，アメリカは連邦準備制度理事会（FRB）の *Statistical Supplement to the Federal Reserve Bulletin* からそれぞれ得た。いずれも月次ベースである。

本章の分析期間においてイギリスでは長期オペは実施されていないが，アメリカでは実施されている。第4章で説明したように，長期オペの定義に照らし，残存期間1年以上の国債買入額（分析期間中に売却オペは実施されていない）を長期オペの実施額とした。

なお，経済規模等によってオペ実施額の水準が影響される可能性を考慮し，

オペの実施額を各国の銀行券発行残高（月中平均）で割ることによってこの影響を調整した。この操作には，名目ベース，実質ベースいずれの金利データを用いて（5.6）式を推定する場合にも，オペの説明変数が影響を受けないというメリットがある。したがって，以下では銀行券発行残高に対する長期オペ実施額の比率とオペ全体の実施額の比率を各々長期オペ比率，オペ比率と称す。

2．単位根検定

データの定義と計算方法について説明したところで，次にこれらデータ系列の単位根（和分次数）について検証する。

単位根検定を行う前に各変数の時系列データをグラフ化したところ，アメリカの実質イールド・スプレッド（2002年2月-6月）に外れ値のような動きがあり，さらに2001年以降に構造（水準）変化が見られた。これは，アメリカの1カ月物実質金利の水準が2001年以降変化し，さらに2002年2月から6月にかけて異常な低下（−0.462%～−6.378%，平均−2.899%）を示しているためである[11]。また，アメリカの名目イールド・スプレッドには2001年1月以降に構造（水準）変化と考えられる動きが見られた。2001年1月以降の名目金利の動きに構造変化は見られないことから，これは当該時期以降に短期金利と長期金利の連動性が低下したためと考えられる。

オペ比率の動きは英米とも複雑である。まずイギリスでは，前述したように政府資金管理のためのオペ権限が2000年4月以降DMOに移管されたため，オペ比率の変動幅が縮小した。この制度変更の影響を排除するため，オペ比率の系列を2000年3月以前（前期）と4月以降（後期）に分け，各期の標準偏差で割ることによって基準化された系列を作成した。また，アメリカのオペ比率には前章で説明した2000年問題への対応に伴う外れ値が1999年12月と2000年1月にあり，長期オペ比率には，外れ値は見られないものの，2001年8月以降に構造（水準）変化と考えられる動きが見られた。

イギリスのオペ比率を除いて外れ値のある系列は，まずダミー変数を用いて外れ値を修正した。その上で，構造変化があると判断した系列に対しては

Zivot and Andrews［1992］の方法（以下，Z-A テスト）による単位根検定を行った[12]。検定で用いたモデルには被説明変数のラグ項を加えているが，その次数はベイズの情報量基準（BIC）によって決めた。

一方，外れ値および構造変化が見られないその他の変数については，Dickey and Fuller［1979, 1981］による augmented Dickey-Fuller（ADF）テストを行った。ラグ次数は BIC を基本とし，さらに推定式の誤差項の系列相関が５％の有意水準で棄却されるよう（以下，Q基準）決定した。また，推定式に定数項，トレンド項を含めるか否かについては蓑谷［2001］の50-51頁に示されているフローチャートにしたがって決定した。

注12で述べた Kim et al.［2000］の指摘を考慮して ADF テスト，Z-A テストとも１％水準で判断すると，各変数系列（外れ値修正後）の和分次数は以下のようになった。

［I(0)系列］
　アメリカ：オペ比率，長期オペ比率
　イギリス：５年物の名目イールド・スプレッド，オペ比率

［I(1)系列］
　アメリカ：すべての名目および実質長期金利，すべての名目および実質イールド・スプレッド
　イギリス：すべての名目および実質長期金利，10・20年物の名目イールド・スプレッド，すべての実質イールド・スプレッド

Ⅳ．推定結果

1．推定上の問題点

方程式（5.6）の推定を行う前に，推定上の問題点とそれらへの対応を整理しておきたい。第１に，説明変数のオペ比率には長期オペ比率を含んでいる。しかしながら，オペ比率は水準を，長期オペ比率はその階差を説明変数として

いるため，両変数の多重共線性の問題は回避できよう。さらに，実際の推定では，後述するように説明変数としてのオペ比率と長期オペ比率（階差）には11カ月前後のラグがあるため，この問題は生じない。

第2に，(5.6)式を導出する過程で，その誤差項 ε_{t+m} がホワイト・ノイズ・オーバーラッピング・エラーとなる可能性を指摘した。しかし，ここでは単位期間（1カ月）と同じ1カ月物金利を短期金利として用いるため，この問題は生じない。

第3の，そして最も大きな問題は，変数にI(0)系列とI(1)系列とが混在していることである。この問題は，非定常系列の変数を含む回帰（以下，非定常変数回帰）方程式の推定・検定問題として，比較的古くから研究されてきた[13]。先行研究のうち，非定常変数回帰における係数推定について最も包括的な解決策を提示しているものはChoi et al.［2005］であり，本章ではその方法に従った。具体的な推定方法およびその根拠についてはChoi et al. に譲るとして，ここでは結論だけ述べる。Choi et al. によると，非定常変数回帰における誤差項がI(0)系列のとき（以下，共和分回帰）は動学的通常最小二乗（Dynamic Ordinary Least Squares：DOLS）推定（変数のレベルで推定），I(1)系列（以下，見せかけの回帰）のときは動学的一般化最小二乗（Dynamic Generalized Least Squares：DGLS）推定（変数の前期差で推定）が一致かつ漸近的に有効な推定量を与える[14]。さらに，誤差項の系列がI(0)，I(1)にかかわらず（つまりI(0)，I(1)が不明確な場合）動学的実行可能な一般化最小二乗（Dynamic Feasible Generalized Least Squares：DFGLS）推定（コクラン・オーカット方式）が一致かつ漸近的に有効な推定量を与えることを示した。したがって，誤差項に対する共和分検定の結果，共和分回帰であればDOLSおよびDFGLS推定，見せかけの回帰であればDGLSおよびDFGLS推定を行う。

なお，Choi et al.［2005］はさらに，共和分検定についてもHousmanタイプのテスト（以下，Hテスト）を提示している[15]。通常用いられるEngle-GrangerタイプのADFテスト（以下，E-Gテスト）が誤差項~I(1)を帰無仮説とするのに対し，Hテストは誤差項~I(0)を帰無仮説として検定する。本章

では，これら両タイプのテストに基づいて推定された式が共和分回帰か見せかけの回帰かを判断する。

2．分析結果

金利の期間構造とオペとの長期的関係を表す基本モデルは第Ⅱ節に掲げた (5.6) 式（$m=1$）だが，前項で説明した問題点を考慮し，さらに (5.6) 式左辺で $R_{t+1}^{(n-1)} \approx R_{t+1}^{(n)}$ を仮定すると，推定すべき基本方程式は次のようになる。

$$\Delta R_{t+1}^{(n)} = \alpha_0 + \alpha z_{j,t} + \sum_{i=1}^{h} \varphi_{j,t} \Delta z_{j,t-i} + \sum_{i=0}^{h} \xi_{j,t} \Delta z_{j,t+i} + \varepsilon_{j,t+1} \qquad (5.7)$$

ここで，$j =$ us（アメリカ）または uk（イギリス）であり，ベクトル z_t は t 期の変形イールド・スプレッド，$t+q$ 期から $t+p$ 期にかけてのオペ比率（$p \leq q \leq 1$），さらにアメリカの場合には t 期から $t+1$ 期にかけての長期オペ比率の階差で構成される。また，$\varepsilon_{j,t+1}$ は (5.5) 式で定義される誤差項である。実際に方程式を推計するときには前節で指摘した外れ値および制度変更による変動幅の変化（イギリスのオペ比率）を修正した系列を用いる。Choi et al. [2005] のいう DOLS 推定とは (5.7) 式を OLS 推定することをいい，DGLS 推定および DFGLS 推定とは (5.7) 式のすべての説明変数・被説明変数 x_t に対して，各々 Δx_t，$x_t - \rho x_{t-1}$ の変換を施した上で OLS 推定することをいう。ここで，ρ は (5.7) 式の推定誤差系列 $\{e_{j,t+1}\}$ の1次自己相関係数である。

(5.7) 式において説明変数（前期差）のラグ項およびリード項を加えているのは，誤差項 $\varepsilon_{j,t+1}$ に対する説明変数の厳密な外生性を確保するためである[16]。このラグ項とリード項の次数 h は BIC に基づき決定する。

(5.7) 式の推定に基づき検証する仮説は，第Ⅱ節で説明したように，金利変化に対する長期オペおよびオペ全体の影響の有無である。具体的には変数ベクトル z_t における変形イールド・スプレッド，長期オペ比率の階差，$t+q$ 期から $t+p$ 期にかけてのオペ比率にかかる係数ベクトルを各々 α_1, α_2, α_3, …, α_{3+q-p} とすると，検定すべき仮説は以下のように表すことができる。

［オペの金利への影響］

$H_0^1 : \alpha_2 = \alpha_3 = \cdots = \alpha_{3+q-p} = 0$

［長期オペによる金利への直接的影響］

$H_0^{21} : \alpha_2 = 0$（正統的金融政策論者の主張）

$H_0^{22} : \alpha_2 < 0$（マネタリスト・モデル支持者等の主張）

［オペ全体による短期金利の期待への影響（オペによる金利への間接的影響）］

$H_0^3 : \alpha_3 = \cdots = \alpha_{3+q-p} = 0$

期待理論の検証については，第Ⅱ節の最後でも説明したように，$\alpha_1 = 0$ または $\alpha_1 = 1$ の検定が必ずしも有効ではない。したがって，これらの仮説検定の結果には言及するものの，基本的には方程式の推定から得られた誤差項が正規性，系列相関などに関する条件を満たしているか否かによって期待理論の妥当性を判断する。

(1) アメリカ

(i) オペにかかるラグ次数 $p \cdot q$ およびラグ（リード）項の次数 h の決定と共和分検定

(5.7) 式を推定するためにはオペ比率にかかるラグ次数 p と q を決めなければならない。金融政策の効果が現れるまで1年程度かかるといわれていることを踏まえて，まず $p = -11$, $q = 1$ としてラグ項とリード項を含めない (5.6) 式を推定し，最も t 値が高くなるオペ比率のラグ項を連続3期選んだ。その結果，名目ベース，実質ベースとも $p = -11$, $q = -9$ となった。

次いで，(5.7) 式の推定式が共和分回帰か見せかけの回帰かを判断しなければならない。Choi et al. [2005] が提唱したHテストを行うためには，DGLS推定による α 推定値とその共分散推定値，さらにDOLSによる α 推定値が必要である[17]。

DGLS推定とDOLS推定における (5.7) 式の h を決定するために $h = 1, \cdots, 8$ の範囲でBICを計算したところ，名目ベースにしても実質ベースにしてもそ

れを最小にする h はすべての n（= 60, 120, 240）において 1 となった[18]。この BIC の組（DGLS, DOLS 共に $h=1$）に対して各々 H テストを行ったところ，すべてのケースにおいて 5 ％水準で共和分回帰の帰無仮説が棄却されなかった。さらに，(5.7)式からラグ項とリード項を除いて通常の E-G テストを行なったところ，見せかけの回帰の帰無仮説はすべてのケースにおいて 5 ％水準で棄却された。なお，E-G テストにおけるラグ次数は BIC を基本とし，さらに Q 基準が満たされるよう決定した。

以上より，名目ベースにしても実質ベースにしてもすべての n で (5.7) 式が共和分回帰であると判断し，DOLS と DFGLS により推定する。なお，推定期間は1997年7月から2007年3月までの間でデータの利用可能な期間とする。

(ii) 方程式の推定と仮説検定

名目ベースおよび実質ベースでの DOLS と DFGLS による推定結果，仮説の検定結果は各々本章末の付図表 5-1，5-2 のようになった。なお，これらの表には示していないが，前述したイールド・スプレッド（名目，実質とも）ならびに長期オペの構造（水準）変化を捉えるためにダミー変数を加えて推定したが，その係数はいずれのケースも有意にゼロと異ならなかった。では，推定結果から説明していこう。

[推定結果]

名目ベースの推定では，誤差項に関する正規性の帰無仮説と系列相関がないという帰無仮説がいずれの n でも 5 ％水準で棄却されなかった。さらに，表には示していないが，DFGLS 推定における $\rho=0$ の帰無仮説も 5 ％水準で棄却されず，共和分検定の結果と整合する。

一方，実質ベースの推定では，正規性の条件がすべての n で満たされなかった。また，系列相関がないという条件は $n=60$ と 120 のとき 5 ％水準で満たされるが，$n=240$ のときは満たされない。これでは正確な仮説検定を行うことができないため，$n=240$ の場合の DOLS では Newey-West [1987] の方法

で係数推定量の標準誤差を修正する頑健推定を行った。なお，DFGLS推定の誤差項は正規性と系列相関に関する条件を満たしていない（系列相関については$n=240$の場合のみ）ため結果の信頼性は劣るが，いずれのnでも$\rho=0$の帰無仮説が5％水準で棄却されず，共和分検定の結果と整合的であることを付記しておく。

[オペによる金利への影響]

オペは直接的にも間接的にも金利に影響しないという仮説H_0^1は，実質ベースのDFGLS推定（$n=120, 240$の場合）では5％水準で棄却されないが，他のケースでは強く棄却された。したがって，オペは金利に直接または間接に影響を与えていると推測される。

長期オペまたはオペ全体いずれか一方に関する検証結果は名目ベース，実質ベースともほぼ同じである。まず，長期オペ比率にかかる係数$\hat{\alpha}_2$の符号は総じて正だが，5％水準で有意ではない。実質ベースの$n=60$の場合にはその符号は負となっているが，やはり有意ではない。このことは，第4章第Ⅱ節で指摘した，国債の発行量が増加しても長期オペの実施額は増加していないこと，さらに残存期間が短・中期ゾーンからの買入比率が上昇していることと整合する。

一方，オペ比率にかかる係数の符号はいずれのケースでもすべて負となり，さらに仮説H_0^3も実質ベースのDFGLS推定（$n=240$の場合）を除き5％水準で棄却された。これは，オペ全体による資金供給が11カ月前後のラグをおいて（短期金利の期待に影響を及ぼし）間接的に中・長期金利の低下を促すことを示しており，一般的な金融緩和効果を表している。

名目ベース，実質ベースとも，長期オペ比率に関する仮説H_0^{21}は棄却されなかったが，オペ全体に関する仮説H_0^3は棄却されたことから，オペ比率に係る推定係数$\hat{\alpha}_3, \hat{\alpha}_4, \hat{\alpha}_5$から興味深い推論ができる。$\hat{\alpha}_3, \hat{\alpha}_4, \hat{\alpha}_5$の平均を$\bar{\alpha}_{3,5}$と表そう。名目金利=実質金利＋期待物価変化率の関係が成立する場合，名目ベースと実質ベースの$\bar{\alpha}_{3,5}$の差はオペ比率が平均的に1ポイント上昇したとき

の期待物価の変化率を表す[19]。そこで，付図表5-1と5-2から（名目ベースの $\bar{\alpha}_{3,5}$）-（実質ベースの $\bar{\alpha}_{3,5}$）を計算すると，DOLS推定・DFGLS推定の順に $n=60$ のとき $-5.9 \cdot -5.2$, $n=120$ のとき $-5.5 \cdot -4.7$, $n=240$ のとき $-3.8 \cdot -3.4$ となる。つまり，オペ比率の0.01ポイント上昇は中長期的に0.05％前後の期待物価低下を促すことになる。このことは，NY連銀による金融調節がインフレ期待を抑制することに成功していることを示していよう。

[期待理論]

変形イールド・スプレッドにかかる係数 $\hat{\alpha}_1$ の符号はすべての n に対して名目ベースの推定では正，実質ベースの推定では負となったが，その推定標準誤差が大きいため $\alpha_1=0$, $\alpha_1=1$ の帰無仮説はいずれも棄却されなかった。しかしながら，推定式から得られた誤差項の検定結果から判断すると，名目ベースでは定式化に誤りはないが実質ベースでは定式化が誤っていると考えられる。つまり，名目ベースでは期待理論が妥当し，実質ベースではそれが妥当しないものと推測される。

(2) イギリス

イギリスの場合も分析のプロセスはアメリカと同じであるため，以下では結論だけ簡潔に説明する。

(i) **オペにかかるラグ次数 $p \cdot q$ およびラグ（リード）項の次数 h の決定と共和分検定**

オペ比率にかかるラグ次数 p と q をアメリカの場合と同様の方法により決定したところ，名目ベース，実質ベースともアメリカと同じく $p=-11$, $q=-9$ となった。ただし，アメリカの場合ほど t 値は高くならず，10％水準でも有意とならなかった点に留意しておく必要がある。

次に，DGLS推定とDOLS推定における (5.7) 式の h を決定するために $h=1, \cdots, 8$ の範囲でBICを計算したところ，アメリカの場合と同様に名目ベース，実質ベースともそれを最小にする h はすべての n（= 60, 120, 240）

に対して1となった[20]。このBICの組（DGLS, DOLS共に $h=1$）に対して各々Hテストを行ったところ，すべてのケースにおいて5％水準で共和分回帰の帰無仮説が棄却されなかった。さらに，E-Gテストを行ったところ，見せかけの回帰の帰無仮説はすべてのケースにおいて5％水準で棄却された。したがって，イギリスにおいてもすべてのケースで(5.7)式が共和分回帰であると判断して分析を進める。なお，推定期間は1997年7月から2006年4月までの間でデータの利用可能な期間とする。

(ii) 方程式の推定と仮説検定

名目ベースおよび実質ベースでのDOLSとDFGLSによる推定結果，仮説の検定結果は各々本章末の付図表5-3，5-4のようになった。推定結果から見ていこう。

[推定結果]

名目ベースの推定では，$n=120$を除くすべてのnで誤差項に関する正規性の帰無仮説が5％水準で棄却されず，さらに$n=120$の場合を含むすべてのnで系列相関がないという帰無仮説も棄却されなかった。また，これらの表には示していないが，いずれのnでも$\rho=0$の帰無仮説が5％水準で棄却されず共和分検定の結果と整合している。

一方，実質ベースでの推定では，すべてのnにおいて正規性および系列相関に関する条件が満たされ，かつ$\rho=0$の検定結果も共和分検定の結果と整合的である。

[オペによる金利への影響]

ここでの分析期間においてイギリスでは長期オペが実施されていないため，帰無仮説H_0^{21}またはH_0^{22}（α_2）に関する分析はない。

名目ベース，実質ベースの推定ともオペ比率にかかる係数の符号はいずれのnでもすべて負となった。アメリカの場合と同様に，これは一般的な金融緩和

効果を表している。しかしながら，イギリスの場合，オペ全体は中・長期金利に影響を与えないという帰無仮説 H_0^3 がいずれのケースでも棄却されない。この理由として次の3つが考えられよう。第1に，短期金利の変化が中・長期金利の変化を促すというトランスミッション・メカニズムがない。第2に，オペ比率は変形イールド・スプレッドに対して10カ月前後のラグを置いているため，その影響が変形イールド・スプレッド（特に短期金利）に吸収されてしまう。第3に，BOEは短期金利の期待修正を伴うような積極的な短期金利の誘導を行わず，市場の資金過不足に対してオペで受動的に対応しているだけである。

これらのうち第1の理由は，後述するように金利の期待理論が必ずしも否定されないため，妥当しないであろう。第2の理由を検証するために変形イールド・スプレッドを除いて (5.7) 式を再推定したが，やはりオペにかかる係数は有意とならなかった（H_0^3 は棄却されなかった）。結果的に第3の理由が残るわけだが，この理由が妥当する可能性は高い。本研究が対象としている2006年4月以前は通常の意味での準備預金制度が導入されておらず，毎日がいわゆる積み最終日の状況であった。つまりBOEは政策金利としてのレポレートを決定したら，そのレートで受動的に日々の資金調節を行っていたのである。したがって，このレポレートの決定（変更）は短期金利のみならず中・長期金利にも有意な影響を及ぼしたであろうが，金融調節オペはそのレートで資金過不足に受動的に対応するだけなので，オペの水準自体は金利に有意な影響を与えなかったのであろう[21]。

最後に，アメリカと同様に名目ベースと実質ベースにおける $\bar{\alpha}_{3,5}$ の差を計算すると，DOLS推定・DFGLS推定の順に $n=60$ のとき -0.019・-0.018，$n=120$ のとき -0.033・-0.030，$n=240$ のとき -0.029・-0.025 となった。この結果は，オペ比率の0.1ポイント上昇は中長期的に0.002％前後の期待物価低下につながることを示している[22]。アメリカの場合と異なり，オペ比率にかかる係数は有意ではないため，実際に期待物価がどの程度抑制されたのか定かではない。しかし，$\bar{\alpha}_{3,5}$ の差が一貫して負であることは，BOEがインフレ期待を抑制するように金融調節を行っていることを示すものであろう。

[期待理論]

　名目ベースの推定ではすべての n で係数 $\hat{\alpha}_1$ の符号は正となった。さらに $n=60$ と120の場合には5％水準で有意である。しかし，$\alpha_1=1$ の帰無仮説も $n=60$ と120のいずれの場合で棄却された。また，$n=240$ のケースでは推定標準誤差が大きいため $\alpha_1=0$, $\alpha_1=1$ の帰無仮説とも5％水準で棄却されなかった。

　一方，実質ベースでも係数 $\hat{\alpha}_1$ の符号はすべての n で正と推定された。しかし，いずれも推定標準誤差が大きいことから，5％水準で判断して有意ではなく，かつ $\alpha_1=1$ の帰無仮説も棄却されなかった。

　このように推定係数の有意性で判断すれば，実質ベースの場合はもちろん名目ベースにおいても期待理論が妥当しているとはいえない。しかしながら，推定係数の水準に対して有効な判断基準がないことから，推定式から得られた誤差項の検定結果から判断すると逆に名目ベース，実質ベースとも期待理論が妥当すると推測される。

V. おわりに

　本章では，Campbell and Shiller［1991］のモデルに中央銀行による長期オペおよびオペ全体の実施額（実際には銀行券発行残高に対する比率）を組み込む形でモデルを拡張し，そのモデルに基づいて金利の期間構造とオペとの関係を考察した。対象は1990年代後半以降のアメリカとイギリスである。分析の結果，アメリカとイギリスにおいて次のような特徴を見出すことができた。

　長期オペによる金利への直接的影響はアメリカについてしか検証することができなかった。長期オペに関して推定された係数は正となり，マネタリスト・モデル支持者等の考え方は否定された。さらに，その推定係数は有意にゼロとは異ならず，正統的な金融政策論者の主張を支持している。また，この結果は，アメリカにおいて2001年以降に国債の発行量が増加しても長期オペの実施額は

増加していないこと，残存期間が短・中期ゾーンからの買入比率が上昇していることと整合している。

オペによる資金供給は，アメリカでは名目ベース，実質ベースともに将来の短期金利期待の下方修正を通じて間接的に中・長期金利を低下させることが見出された。これは，オペ全体による資金供給が11カ月前後のラグをおいて（短期金利の期待に影響を及ぼし）間接的に中・長期金利の低下を促すことを示しており，一般的な金融緩和効果を表している。また，イギリスでも同様の推計結果が示されたが，推定された係数が有意ではなかった。イギリスのオペが有意に金利に影響を及ぼさなかった理由として，本研究が対象とする2006年4月以前は通常の意味での準備預金制度が導入されておらず，金融調節オペは政策金利として決められたレポレートで資金過不足に受動的に対応するだけだったためと推測される。

さらに，オペ全体による資金供給が期待物価にどのような影響を及ぼしていたかを推定された係数から計算すると，両国ともオペ比率の上昇は期待物価の低下につながることが示された。このことは，NY連銀による金融調節がインフレ期待を抑制することに成功していることを示していよう。また，イギリスの場合はオペ比率にかかる係数が有意ではないため，実際に期待物価がどの程度抑制されたのか定かではない。しかし，計算された推定係数の差が一貫して負となっていることから判断すると，BOEはインフレ期待を抑制するように金融調節を行っていると推測される。

以上の分析結果が日本の政策に示唆する点は，日銀による長期オペは中・長期金利に直接的な影響を与えないよう実施されるべきということである。第4章では，本章とほぼ同時期（2000-2006年）を対象に日銀とNY連銀による中・長期国債の買切りオペの特徴を買入国債の観点から比較し，オペ全体としてみた場合にはNY連銀より日銀のほうが市場に対して中立的であると結論した。さらに，本章の分析ではNY連銀の長期オペによる中・長期金利への直接的な影響は否定されたことから，第4章での結論も考え合わせると，日銀による長期オペは中・長期金利に直接的な影響を与えていないと推測され，冒

頭で整理した日本に関する先行研究の結果と整合する。

　一方で，政策目的の分担として，中・長期金利の安定は発行政策を通じた国債管理政策に割り当てるべきということになる。そのうえで，国債管理政策の目標に整合するよう中央銀行は金融政策を実施し，（期待）物価の安定とプルーデンス政策を遂行していくべきであろう。実際にイギリスでは国債管理政策の目的の一つに「金融政策の目的を阻害しないこと」を掲げている。これは当然だが，金融政策も国債管理政策の目的を阻害すべきではない。重要なことは，経済政策の重要目標を前提とした上で，金融政策，国債管理政策（および財政政策）として実施すべき手段を各々日本銀行と政府が考え，最終的にそれらの効果が整合するよう両者が調整するプロセスを確立すべきと考える。

注

1) マネタリスト・モデルに基づく国債買切りオペの経済効果については Meltzer [1995] を参照されたい。
2) 経済の不況期には他の経済主体と比較して国家の信用が相対的に高まるため，安全資産への逃避行動から国債への需要が増加し，長期国債の買切りオペがなくとも長期金利の信用リスク・プレミアムは低下するとも考えられる。
3) 仮に短期債と長期債が完全に代替的であっても，金融政策に対する信認があり，かつ長期国債の買切りオペが将来の金融政策に関するシグナルと受け取られれば（シグナル効果），長期金利が低下する可能性もある。
4) ここでの説明は松浦 [2004] に依っている。2006年5月以降の新制度については日本銀行企画局 [2006]，斉藤 [2007]，BOE [2008a, b] を参照されたい。
5) ただし，金融政策に対する信認が非常に厚い場合には，目標金利の高め誘導が均衡実質金利または均衡インフレ予想を引き下げ，結果として実質ベースまたは名目ベースの長期金利が低下する可能性も考えられる。この場合には γ_j の符号は本文とは逆になろう。しかし，ここでは，金融政策に対する信認はそこまで厚くないと判断した。金融政策に対する金利の期間構造の反応については白塚 [2006] が整理している。
6) 後述するアメリカの実質イールド・カーブ（金利）データは，1997年1月から月（末）次ベースで推計され，公表されている。しかし，1997年1月から6月までデータの推計に利用可能な物価連動国債が1銘柄しか発行されていなかったため，同期間の毎月末の金利がイールド・カーブ全体に亘って同一値と推計されている。

第5章　金融調節オペレーションは金利の期間構造に影響を与えるか　125

したがって，データの信頼性に欠けると判断し，使用するデータを1997年7月以降とした。

7) データを得たホームページ（HP）アドレスは http://econ.ohio-state.edu/jhm/ts/ts.html#arch である。実質ベースのゼロ・クーポン債金利はアメリカで発行されている物価連動債の金利データから独自の方法で推計されている。その推計方法については McCulloch and Kochin [2000] を参照されたい。なお，アメリカの場合，ゼロ・クーポン債の名目金利と実質金利との差は期待物価変化率にインフレ・リスク・プレミアムなどを加減した「平均インフレ・プレミアム」を表す。一方，後述するイギリスの期待物価変化率にもインフレ・リスク・プレミアムが含まれると推測されるが，その点について厳密には検証されていない（Breedon and Chadha [1997]）。

8) 商業銀行負債レートとは，ロンドン・インターバンク・レート（LIBOR）の原資産であるインターバンク・ローンおよび LIBOR に連動する短期金融商品（short sterling futures, forward-rate agreements, LIBOR-based interest rate swaps）の合成短期金融商品（synthetic bonds）に対して推計された金利である。その詳細については Brooke et al. [2000] を参照されたい。なお，イギリスにおいて，TB レートを短期金利として用いなかった理由は2つある。第1に，1970年代初頭以来，BOE およびイギリス短期金融市場にとって TB はその残高の点から重要性が低下し，代わって LIBOR が短期金融市場における重要な指標となっていることである（Mills [1991], Gowland [1991]）。第2に，Rossi [1996] は短期ゼロ・クーポン（ギルト）債金利に比べてインターバンク中間レート（LIMEAN）のほうが将来の短期金利の変化を予測するための有意な情報を含んでいることを示した。これらの点から，LIBOR に基づいた商業銀行負債レートのほうが TB レートより短期金利のデータとして適切と判断した。

9) 実質ベースのゼロ・クーポン（ギルト）債金利は BOE が物価連動国債（インデックス債）のデータより独自の方法を用いて推計している。この詳細については Anderson and Sleath [1999, 2001] を参照されたい。なお，ゼロ・クーポン債の名目金利と実質金利との差は期待物価変化率を表す。

10) データを得た BOE の HP アドレスは http://www.bankofengland.co.uk/statistics/yieldcurve/index.htm である。

11) 2002年2月から6月にかけて4週物 TB レートおよび消費者物価上昇率を調べたところ，いずれもその前後の時期に比べて異常な動きを示していないことから推計誤差と考えられる。

12) 構造変化のタイプはいずれもトレンド変化を伴わない水準変化であるため，検定で用いたモデルは Zivot and Andrews [1992] に掲げるモデル A である。ここで，

Perron［1989］の方法ではなく Z-A テストを用いたのは，前者が構造変化を外生的に決定するのに対して，後者がそれを内生的に決定するためである。なお，Kim et al.［2000］は，誤った構造変化の仮定に基づいた Perron テストが単位根の帰無仮説を設定した有意水準より高い確率で棄却する可能性を理論およびシミュレーションによって示した。ただし，構造変化の時点を内生化した Z-A テストにも同様の可能性があると主張している。帰無仮説（単位根）の下で構造変化がないことを仮定してこれらのテストの臨界値が計算されていることがその理由であり，構造変化がある場合の臨界値はそれがない場合よりかなり小さく（大きな負値）なるであろうと，Kim et al. は指摘している。この指摘を考慮すれば，Z-A テストにおいてその臨界値を小さく設定する，つまり有意水準を小さく設定する必要がある。

13) 具体的には，Durlauf and Phillips［1988］, Phillips and Park［1988］, West［1988］, Park and Phillips［1988，1989］, Phillips and Hansen［1990］, Saikkonen［1991］, Phillips［1995，1998］, Ogaki and Choi［2001］, Choi et al.［2005］等によって非定常変数回帰における推定量および検定統計量の漸近特性が明らかにされ，また問題を解決するための推定方法が提示されている。

14) 共和分回帰において DOLS 推定が一致かつ漸近的に有効な推定量を与えることは，Saikkonen［1991］が示した。

15) H テストの具体的な方法については Choi et al.［2005］を参照されたい。

16) Choi et al.［2005］は，誤差項に対する説明変数の厳密な外生性を確保する他の方法として操作変数（IV）法も挙げているが，適切な操作変数を見出すことは必ずしも容易ではないと述べ，ラグ項とリード項を付加する方法を推奨している。なお West［1988］は，I(1)系列を説明変数に持つ共和分回帰において，IV 法による係数の推定量が漸近的に正規分布に従うことを示した。Phillips and Hansen［1990］と Saikkonen［1991］も，同様の共和分回帰において IV 法による推定量が一致かつ漸近的に有効な性質を持つことを示している。

17) 共分散の推定量は誤差項の不均一分散および系列相関に対して一致性を持つ（HAC）必要がある。この条件が満たされない場合には Newey-West［1987］の方法により修正した。

18) 赤池の情報量基準（AIC）でも結果はほとんど変わらなかった。

19) 前述したように，長期オペ，オペ全体ともその実施額は銀行券発行残高（月中平均）で割り，その比率を推定式の説明変数としている。オペの実施額，銀行券発行残高ともその単位は100万ドルであるため，（長期）オペ比率に単位はない。また，対象期間である1997年7月から2007年3月までのオペ比率の平均は0.0056（絶対値の平均は0.0161）である。

20) AIC でも結果はほとんど変わらなかった。

21) 2006年5月の金融調節制度の変更によりイギリスでも通常の意味での準備預金制度が導入された。したがって，今後はオペ全体の水準が中・長期金利に影響を及ぼす可能性が高くなろう。この点は制度変更後のデータが十分蓄積された後に検証したい。
22) オペ全体の実施額，銀行券発行残高ともその単位は100万ポンドであるため，オペ比率に単位はない。また，対象期間である1997年7月から2006年4月までのオペ比率の平均は0.0065（絶対値の平均は0.0936）である。

付図表 5-1　アメリカにおける期間構造とオペの関係（名目ベース）

残存期間 (n)	60（5年）		120（10年）		240（20年）	
推定方法	DOLS	DFGLS AR(1)	DOLS	DFGLS AR(1)	DOLS	DFGLS AR(1)
推計期間（サンプル数）	98:9-07:2 (102)	98:10-07:2 (101)	98:9-07:2 (102)	98:10-07:2 (101)	98:9-07:2 (102)	98:10-07:2 (101)
変形スプレッド (α_1)	1.888	1.792	2.578	2.433	3.541	3.454
（標準誤差）	(1.742)	(1.741)	(2.346)	(2.288)	(3.446)	(3.459)
t 値	1.084	1.029	1.099	1.063	1.027	0.998
[p 値]	[0.281]	[0.306]	[0.275]	[0.291]	[0.307]	[0.321]
長期オペ (α_2)	24.126	27.132	27.719	30.618	27.068	28.933
（標準誤差）	(24.416)	(24.780)	(21.776)	(21.799)	(19.255)	(19.627)
t 値	0.988	1.095	1.273	1.405	1.406	1.474
[p 値]	[0.326]	[0.277]	[0.206]	[0.164]	[0.163]	[0.144]
オペ全体 (α_3)	−15.584	−14.257	−12.748	−11.351	−8.613	−7.811
（標準誤差）	(3.513)	(3.739)	(3.071)	(3.228)	(2.726)	(2.903)
t 値	−4.436	−3.813	−4.151	−3.517	−3.159	−2.690
[p 値]	[0.000]	[0.000]	[0.000]	[0.001]	[0.002]	[0.009]
オペ全体 (α_4)	−6.815	−6.407	−5.698	−5.311	−4.193	−3.987
（標準誤差）	(2.310)	(2.356)	(1.999)	(2.009)	(1.744)	(1.779)
t 値	−2.950	−2.719	−2.851	−2.644	−2.405	−2.242
[p 値]	[0.004]	[0.008]	[0.005]	[0.010]	[0.018]	[0.028]
オペ全体 (α_5)	−14.778	−13.606	−11.545	−10.350	−8.175	−7.516
（標準誤差）	(4.709)	(4.843)	(4.176)	(4.210)	(3.753)	(3.852)
t 値	−3.138	−2.809	−2.764	−2.458	−2.178	−1.951
[p 値]	[0.002]	[0.006]	[0.007]	[0.016]	[0.032]	[0.054]
誤差項の正規性と系列相関						
【正規性】						
平均	0.000	0.000	0.000	0.000	0.000	0.000
[p 値]	[1.000]	[1.000]	[1.000]	[1.000]	[1.000]	[1.000]
歪度（Sk=0）	0.187	0.181	0.201	0.201	0.315	0.321
[p 値]	[0.447]	[0.465]	[0.414]	[0.416]	[0.201]	[0.195]
尖度（Ku=3）	0.393	0.489	0.183	0.309	0.652	0.694
[p 値]	[0.434]	[0.333]	[0.716]	[0.541]	[0.194]	[0.169]
Jarque-Bera 検定	1.251	1.556	0.829	1.081	3.491	3.760
[p 値]	[0.535]	[0.459]	[0.661]	[0.582]	[0.175]	[0.153]
【系列相関】						
Q 値	12.476	13.227	10.271	10.866	14.676	14.932
[p 値]	[0.899]	[0.867]	[0.963]	[0.950]	[0.795]	[0.780]
共和分検定						
H テスト	1.234		0.837		0.936	
[p 値]	[0.942]		[0.975]		[0.968]	
E-G(ADF)テスト	ラグ=0, 定数項なし		ラグ=0, 定数項なし		ラグ=0, 定数項なし	
t 値	−10.168[<1%]		−10.389[<1%]		−10.120[<1%]	
仮説検定						
①$H_0^1: \alpha_2 = \alpha_3 = \alpha_4 = \alpha_5 = 0$						
係数の合計	−13.050	−7.137	−2.272	3.605	6.088	9.619
F 値	6.145	4.679	5.430	4.231	3.507	2.857
[p 値]	[0.000]	[0.002]	[0.001]	[0.004]	[0.011]	[0.029]
②$H_0^3: \alpha_3 = \alpha_4 = \alpha_5 = 0$						
係数の合計	−37.176	−34.270	−29.991	−27.013	−20.980	−19.314
F 値	8.038	5.896	6.860	4.991	4.127	3.079
[p 値]	[0.000]	[0.001]	[0.000]	[0.003]	[0.009]	[0.032]
③$\alpha_1 = 1$						
t 値	0.510	0.455	0.673	0.626	0.737	0.709
[p 値]	[0.611]	[0.650]	[0.503]	[0.533]	[0.463]	[0.480]

注）H テストの統計量は $\chi^2(5)$ に従う。

付図表 5-2　アメリカにおける期間構造とオペの関係（実質ベース）

残存期間 (n)	60（5年）		120（10年）		240（20年）	
推定方法	DOLS	DFGLS AR(1)	DOLS	DFGLS AR(1)	DOLS（頑健推定）	DFGLS AR(1)
推計期間（サンプル数）	98:9-07:2 (102)	98:10-07:2 (101)	98:9-07:2 (102)	98:10-07:2 (101)	98:9-07:2 (102)	98:10-07:2 (101)
変形スプレッド (α_1)	-0.604	-0.643	-0.731	-0.852	-2.080	-2.424
(標準誤差)	(1.990)	(1.967)	(2.406)	(2.305)	(3.669)	(3.397)
t値	-0.303	-0.327	-0.304	-0.370	-0.567	-0.714
[p値]	[0.762]	[0.745]	[0.762]	[0.712]	[0.571]	[0.477]
長期オペ (α_2)	-8.120	-7.743	3.564	3.567	8.099	7.051
(標準誤差)	(19.975)	(20.233)	(16.355)	(16.260)	(11.951)	(14.063)
t値	-0.407	-0.383	0.218	0.219	0.678	0.501
[p値]	[0.685]	[0.703]	[0.828]	[0.827]	[0.498]	[0.617]
オペ全体 (α_3)	-10.460	-10.185	-7.207	-6.893	-4.049	-3.741
(標準誤差)	(2.756)	(2.909)	(2.257)	(2.343)	(1.352)	(2.044)
t値	-3.795	-3.501	-3.193	-2.941	-2.995	-1.831
[p値]	[0.000]	[0.001]	[0.002]	[0.004]	[0.003]	[0.071]
オペ全体 (α_4)	-3.560	-3.488	-2.999	-2.915	-2.415	-2.333
(標準誤差)	(1.791)	(1.813)	(1.463)	(1.455)	(0.987)	(1.273)
t値	-1.987	-1.924	-2.049	-2.002	-2.447	-1.833
[p値]	[0.050]	[0.058]	[0.044]	[0.049]	[0.014]	[0.070]
オペ全体 (α_5)	-5.342	-5.124	-3.213	-2.980	-3.223	-3.064
(標準誤差)	(3.826)	(3.901)	(3.124)	(3.111)	(2.162)	(2.660)
t値	-1.396	-1.313	-1.029	-0.958	-1.491	-1.152
[p値]	[0.166]	[0.193]	[0.307]	[0.341]	[0.136]	[0.253]
誤差項の正規性と系列相関						
【正規性】						
平　均	0.000	0.000	0.000	0.000	0.000	0.000
[p値]	[1.000]	[1.000]	[1.000]	[1.000]	[1.000]	[1.000]
歪度 (Sk=0)	0.906	0.894	0.798	0.761	0.681	0.618
[p値]	[0.000]	[0.000]	[0.001]	[0.002]	[0.006]	[0.013]
尖度 (Ku=3)	1.875	1.832	1.288	1.277	2.085	2.042
[p値]	[0.000]	[0.000]	[0.010]	[0.011]	[0.000]	[0.000]
Jarque-Bera検定	28.898	27.581	17.871	16.602	26.347	23.963
[p値]	[0.000]	[0.000]	[0.000]	[0.000]	[0.000]	[0.000]
【系列相関】						
Q値	21.430	21.643	30.465	30.822	45.487	42.779
[p値]	[0.372]	[0.360]	[0.063]	[0.058]	[0.001]	[0.002]
共和分検定						
Hテスト	1.926		0.626		0.448	
[p値]	[0.859]		[0.987]		[0.994]	
E-G(ADF)テスト	ラグ=1, 定数項なし		ラグ=1, 定数項なし		ラグ=1, 定数項なし	
t値 [p値]	-9.253 [<1%]		-10.199 [<1%]		-10.487 [<1%]	
仮説検定						
①$H_0^1: \alpha_2=\alpha_3=\alpha_4=\alpha_5=0$						
係数の合計	-27.482	-26.541	-9.856	-9.221	-1.589	-2.087
F値	3.695	3.110	2.643	2.334	$\chi^2(4)=10.709$	1.289
[p値]	[0.008]	[0.020]	[0.039]	[0.062]	[0.030]	[0.281]
②$H_0^3: \alpha_3=\alpha_4=\alpha_5=0$						
係数の合計	-19.362	-18.798	-13.419	-12.787	-9.688	-9.138
F値	4.874	4.131	3.508	3.070	$\chi^2(3)=10.654$	1.619
[p値]	[0.004]	[0.009]	[0.019]	[0.032]	[0.014]	[0.191]
③$\alpha_1=1$						
t値	-0.806	-0.835	-0.719	-0.804	$\chi^2(1)=0.704$	-1.008
[p値]	[0.423]	[0.406]	[0.474]	[0.424]	[0.401]	[0.316]

注）1．Hテストの統計量は $\chi^2(5)$ に従う。
　　2．頑健推定ではワルド検定により仮説をテストした。

付図表5-3 イギリスにおける期間構造とオペの関係(名目ベース)

残存期間 (n)	60 (5年)		120 (10年)		240 (20年)	
推定方法	DOLS	DFGLS AR(1)	DOLS	DFGLS AR(1)	DOLS	DFGLS AR(1)
推計期間 (サンプル数)	98:9-06:3 (91)	98:10-06:3 (90)	98:9-06:3 (91)	98:10-06:3 (90)	98:9-06:3 (91)	98:10-06:3 (90)
変形スプレッド(α_1)	4.335	4.431	6.303	6.181	6.573	5.407
(標準誤差)	(1.179)	(1.156)	(2.067)	(2.006)	(3.333)	(3.065)
t値	3.677	3.833	3.050	3.081	1.972	1.764
[p値]	[0.000]	[0.000]	[0.003]	[0.003]	[0.052]	[0.082]
オペ全体 (α_3)	−0.057	−0.058	−0.072	−0.074	−0.078	−0.083
(標準誤差)	(0.043)	(0.042)	(0.043)	(0.042)	(0.040)	(0.038)
t値	−1.326	−1.372	−1.688	−1.777	−1.957	−2.209
[p値]	[0.189]	[0.174]	[0.095]	[0.080]	[0.054]	[0.030]
オペ全体 (α_4)	−0.041	−0.042	−0.042	−0.042	−0.042	−0.041
(標準誤差)	(0.030)	(0.029)	(0.030)	(0.029)	(0.028)	(0.026)
t値	−1.372	−1.449	−1.397	−1.456	−1.512	−1.577
[p値]	[0.174]	[0.152]	[0.166]	[0.149]	[0.134]	[0.119]
オペ全体 (α_5)	−0.065	−0.067	−0.075	−0.079	−0.081	−0.086
(標準誤差)	(0.069)	(0.066)	(0.068)	(0.066)	(0.063)	(0.058)
t値	−0.947	−1.009	−1.093	−1.210	−1.286	−1.478
[p値]	[0.347]	[0.316]	[0.278]	[0.230]	[0.202]	[0.144]
誤差項の正規性と系列相関						
【正規性】						
平均	0.000	0.000	0.000	0.000	0.000	0.000
[p値]	[1.000]	[1.000]	[1.000]	[1.000]	[1.000]	[1.000]
歪度 (Sk=0)	0.202	0.165	0.340	0.349	−0.150	−0.144
[p値]	[0.438]	[0.529]	[0.193]	[0.184]	[0.565]	[0.583]
尖度 (Ku=3)	0.956	0.891	1.448	1.414	0.840	0.452
[p値]	[0.073]	[0.097]	[0.007]	[0.008]	[0.116]	[0.400]
Jarque-Bera検定	4.086	3.387	9.700	9.320	3.015	1.077
[p値]	[0.130]	[0.184]	[0.008]	[0.009]	[0.221]	[0.584]
【系列相関】						
Q値	19.750	21.524	22.388	20.229	22.800	15.069
[p値]	[0.410]	[0.254]	[0.265]	[0.320]	[0.246]	[0.657]
共和分検定						
Hテスト	0.590		1.574		0.906	
[p値]	[0.964]		[0.814]		[0.924]	
E-G(ADF)テスト	ラグ=0, 定数項なし		ラグ=0, 定数項なし		ラグ=2, 定数項なし	
t値[p値]	−10.410[<1%]		−10.453[<1%]		−5.366[<1%]	
仮説検定						
①$H_0^3: \alpha_3=\alpha_4=\alpha_5=0$						
係数の合計	−0.164	−0.167	−0.189	−0.196	−0.200	−0.210
F値	0.769	0.873	1.087	1.250	1.461	1.898
[p値]	[0.515]	[0.459]	[0.360]	[0.297]	[0.231]	[0.137]
②$\alpha_1=1$						
t値	2.829	2.968	2.566	2.583	1.672	1.438
[p値]	[0.006]	[0.004]	[0.012]	[0.012]	[0.098]	[0.155]

注)Hテストの統計量は $\chi^2(4)$ に従う。

付図表 5-4　イギリスにおける期間構造とオペの関係（実質ベース）

残存期間 (n)	60（5年）		120（10年）		240（20年）	
推定方法	DOLS（頑健推定）	DFGLS AR(1)	DOLS	DFGLS AR(1)	DOLS	DFGLS AR(1)
推計期間（サンプル数）	98:9-06:3 (91)	98:10-06:3 (90)	98:9-06:3 (91)	98:10-06:3 (90)	98:9-06:3 (91)	98:10-06:3 (90)
変形スプレッド(α_1)	0.162	0.188	0.169	0.307	0.794	1.077
(標準誤差)	(1.542)	(1.241)	(1.864)	(1.788)	(3.025)	(2.963)
t値	0.105	0.152	0.091	0.172	0.262	0.364
[p値]	[0.917]	[0.880]	[0.928]	[0.864]	[0.794]	[0.717]
オペ全体 (α_3)	−0.060	−0.061	−0.036	−0.035	−0.043	−0.041
(標準誤差)	(0.052)	(0.049)	(0.042)	(0.042)	(0.036)	(0.036)
t値	−1.147	−1.235	−0.852	−0.837	−1.182	−1.137
[p値]	[0.251]	[0.221]	[0.397]	[0.405]	[0.241]	[0.259]
オペ全体 (α_4)	−0.013	−0.014	−0.007	−0.008	−0.020	−0.020
(標準誤差)	(0.032)	(0.034)	(0.029)	(0.029)	(0.025)	(0.025)
t値	−0.413	−0.426	−0.247	−0.292	−0.774	−0.814
[p値]	[0.680]	[0.671]	[0.805]	[0.771]	[0.441]	[0.418]
オペ全体 (α_5)	−0.038	−0.034	−0.055	−0.054	−0.063	−0.061
(標準誤差)	(0.072)	(0.076)	(0.067)	(0.066)	(0.058)	(0.057)
t値	−0.524	−0.447	−0.822	−0.821	−1.091	−1.065
[p値]	[0.600]	[0.656]	[0.413]	[0.414]	[0.278]	[0.290]
誤差項の正規性と系列相関						
【正規性】						
平　均	0.000	0.000	0.000	0.000	0.000	0.000
[p値]	[1.000]	[1.000]	[1.000]	[1.000]	[1.000]	[1.000]
歪度 (Sk=0)	−0.256	−0.279	0.009	0.031	0.214	0.277
[p値]	[0.327]	[0.289]	[0.972]	[0.907]	[0.413]	[0.291]
尖度 (Ku=3)	0.777	0.855	0.346	0.468	0.100	0.246
[p値]	[0.146]	[0.111]	[0.517]	[0.383]	[0.851]	[0.647]
Jarque-Bera 検定	3.281	3.906	0.455	0.837	0.730	1.381
[p値]	[0.194]	[0.142]	[0.797]	[0.658]	[0.694]	[0.501]
【系列相関】						
Q値	31.964	20.303	22.768	20.855	18.860	14.695
[p値]	[0.032]	[0.316]	[0.248]	[0.287]	[0.466]	[0.683]
共和分検定						
Hテスト	2.448		1.292		0.242	
[p値]	[0.654]		[0.863]		[0.993]	
E-G(ADF)テスト	ラグ=0, 定数項なし		ラグ=0, 定数項なし		ラグ=0, 定数項なし	
t値[p値]	−10.824[<1%]		−10.112[<1%]		−9.831[<1%]	
仮説検定						
①$H_0^3: \alpha_3=\alpha_4=\alpha_5=0$						
係数の合計	−0.111	−0.109	−0.098	−0.097	−0.125	−0.122
F値	$\chi^2(3)=1.891$	0.599	0.552	0.475	0.709	0.636
[p値]	[0.595]	[0.618]	[0.648]	[0.701]	[0.550]	[0.594]
②$\alpha_1=1$						
t値	$\chi^2(1)=0.295$	−0.654	−0.446	−0.387	−0.068	0.026
[p値]	[0.587]	[0.515]	[0.657]	[0.700]	[0.946]	[0.979]

注）1．Hテストの統計量は $\chi^2(4)$ に従う。
　　2．頑健推定ではワルド検定により仮説をテストした。

第Ⅲ部　中央銀行の独立性

第6章　中央銀行の独立性強化とアカウンタビリティ
――イギリスと日本を中心に――

I．はじめに

　近年，中央銀行の独立性についての論議がかつてよりは多くなされるようになってきている。この論議は中央銀行とは何か，それは市場に近いか政府に近いかという問題を視野に入れつつなされねばならない問題であろう。また，金融政策と財政政策の相違についても考慮されなければならない事態であろう。そもそも国の経済政策の重要な一部をなす金融政策を中央銀行という「あいまいな存在」（吉田暁）に担当させるのはなぜであろうか。そこには通貨発行に政府が直接かかわると往々にしてハイパーインフレーションが生じるというケースが多かったからであるように思われる。したがって中央銀行は基本的に「通貨の番人＝インフレファイター」としての側面を持つものである。一方，政府にはインフレーションへの欲求がしばしば生じる。このため銀行の銀行としての中央銀行（当然のことであるがそれが行っているのは銀行業務である）に金融政策を担当させることにしたのであるし，それらは成り立ちからして政府からの独立性が問題とならざるをえない存在なのである。

　この中央銀行の行っていることは銀行業務であり，それは本来的には利益追求を行うものである。中央銀行は銀行業務を行うことにより国の経済政策の一部である金融政策を遂行しているのである。この点についてキンドルバーガーは，「中央銀行の業務は，信用の不安定性に規制を加えるために登場した。利益を得ることに従事する私的銀行業を母体としつつ中央銀行業が発展したことは，注目すべき偉業である」（キンドルバーガー（邦訳）［2004］107頁）と述

べている。

　この問題に対してユニークな観点から論じているものとして吉田［2002］所収の「あいまいな存在としての中央銀行」（第8章）における議論がある。その議論を多少乱暴にまとめるならば中央銀行は「あいまいな存在」ではあるが，それは政府に近いか市場（民間）に近いかといえば圧倒的に市場（民間）に近い存在であり，そうであれば政府から独立しているのはあたりまえとのものである。これは一般的な中央銀行を「政府の一部門」と信じてそれを疑うことすらしない類の議論よりも遙かに魅力的な議論である。確かに金融政策は国の経済政策の一部であるが，中央銀行はそれを銀行業務を遂行することにより行っているのであり，そこに権力的強制の側面はあまりないといってよい。これは租税政策が国家権力の直接的な行使であるのと比べれば明白である。

　他方，この議論においては近年の各国における中央銀行の独立性強化の動きについて「民間に近い存在であるからして当然の独立性が認められただけ」との評価のみとなる可能性があり，近年の変化の背景等を綿密に分析できない危険性もある。本章においては中央銀行の独立性議論についてイギリスと日本を比較することにより，そこにおいて何が問題とされているのか，金融政策の手法や国債管理政策とのかかわり等について検討することとしたい。

Ⅱ．イギリス（イングランド銀行）

　第二次世界大戦後のイングランド銀行（BOE）は，1946年イングランド銀行法に基づき国有化されたこともあり，その独立性は弱いものであった。この時点においては中央銀行に対する民主的統制の強化という観念が優勢であった。民主主義的な選考過程を経ているとはいえない中央銀行トップに金融政策の運営を委ねてよいのかという論点である。それはともかくとして金融政策の法的な責任は中央銀行たるBOEにはなく，議会に対して責任を持つ財務大臣等財務関係閣僚にあるとされていた。例えば政策金利の変更発表にしてもそれはBOE総裁ではなく，財務大臣により行われていた。一方でシティの慣行には

政府もなかなか手出しはできず，その中心に位置する BOE が無力であったというわけでは必ずしもなかった。ただし慣習法による運営がなされてきたシティにもグローバル化の進展，ヨーロッパ共同体加盟，1970年代前半のセカンダリー・バンキング・クライシス等の影響により1979年には初めて銀行法が制定された。ここで初めて銀行等に対する監督権限に法令による裏付けが与えられたのである。その後不祥事の続発もあり1986年には金融サービス法が制定された。そこにおいては規制監督の実際は自主規制機関（SRO）により行われるという極めてイギリス的な方式がとられたものの，一応業法が制定されたという面では大きな変化であった。

また1970年代には労働党左派の勢力伸長があり，銀行の国有化が大きな論点となったが，それを検討したウィルソン委員会（1980年に最終報告書：Committee to Review the Functioning of Financial Institutions［1980］提出）においてはイギリス金融全般について広範な調査・検討が行われ，その報告書の中の一項目に「中央銀行の独立性」があった。

同委員会報告は BOE の独立性が他の諸国，特に連邦制を採っている諸国（アメリカ，西ドイツ，スイス：中央政府の力が相対的に弱い）に比べて弱いことは認めつつも，それにより強い独立性を認めることについては否定的であった。むしろ「選挙により選出された政府の手から金融政策を取り上げることを正当化するほどに金融政策と他のマクロ経済政策とが異なっているとは考えない」（para.1278）と明確に独立性を否定しているのである。

この状態はウィルソン委員会報告公表後も変更はなかった。1979年以降の新自由主義を標榜するサッチャー保守党政権下においてもそれを引き継いだメージャー政権下においても変化はなかったのである。

状況が変化したのは1997年のことであった。同年5月に政権の座に就いたブレア労働党政権はその直後に BOE に金融政策に関する最終的な責任を負わせ，それに独立性を与えるという政策変更を行った。

これは労働党が下院選挙におけるマニフェストにおいて明らかにしていたもので，金融政策の決定について有効，透明，説明責任を有しかつ短期的な政治

的思惑から自由であるべきとの基本的姿勢によるものであった。1997年5月6日付のBOE総裁宛の手紙において当時のブラウン財務大臣は，政府はインフレーション・ターゲティングの設定は行うものの，金融政策の遂行，より具体的には政策金利の決定権限についてBOEにこれを与え，政策決定・遂行についての独立性を付与することを明らかとした。

政策金利は従来の短期手形オペ（アウトライト）レートからギルト債等のレポレート（2週間）とされ，その最終的な決定権限は新設の金融政策委員会（MPC）に委ねられた。MPCはBOE総裁，副総裁（2名）および6名の委員により構成され，議決は多数決によりなされることとなった。MPCは通常月上旬の（正確には第1月曜日の後の）水・木曜日に開催され，木曜日の正午に政策金利が発表される（その議事録については6週間以内に公表されることとなっていたが，その後1998年10月以降は13日後には公表されるようになった）。新体制における第1回会合は5月5・6日に開催され，政策金利を6.25％とすると発表された。

なお，この変更はイギリスの金融規制体系の変更をも意識して行われたものであった。5月20日の時点で早くもその構想は明らかにされたが，1986年金融サービス法における規制・監督体制を見直すというものであった。後の2000年金融サービス・市場法体制下の金融サービス機構（FSA）の下に金融機関の監督・規制権限を一元的に与えるという構想であるが，それはその後実現されることとなる。また，外国為替政策については政府の権限の下に行われるが，BOEが独自に外貨準備を保有することは可能とされた。

なおこの体制変更はイギリスではよくあることであるがイングランド銀行法の改正以前に行われた。独立性を明示した法律（1998年イングランド銀行法）が成立したのは翌年のことである。

独立性強化後のBOEの金融政策においてインフレーション・ターゲティングの枠組みは非常に重要である。このインフレーション・ターゲティングは1992年に導入されたものであるが，それは1970年代後半（1976年7月）以降のマネーサプライ・ターゲティング（M3）および1980年代中頃（1984年）以降

のM0を加えたターゲティング（1987年にはM3のターゲット設定を中止）の限界が明らかになったからであった。その理由は何といってもマネーサプライと物価との間に安定的な関係が観察できなくなったからであり，M0すなわちベースマネーをコントロールすることによりマネーサプライがコントロールされるわけではないことが明らかとなったからであった。当然のことではあるが信用（貨幣）乗数はマネーサプライをベースマネーで除して算出される事後的な係数である。それをアプリオリに一定ないしは安定的とする仮説に基づきベースマネー・コントロール的手法をとり，そこからインフレ抑制を行おうとすることが無理だったのである。

またより直接的には1990年10月に参加した欧州通貨制度（EMS）を1992年9月に離脱せざるをえなくなり，為替管理が金融政策の目的から外れたことから，何かしらの金融政策の運営原理を示さざるをえなくなったことがある。マネーと物価との安定的な関係が失われたことから，物価上昇率そのものをターゲットとするレジームが採用されたのである。またインフレーション・ターゲティングは1990年にニュージーランドが採用して以来，翌1991年にカナダおよびイスラエルが採用していたことも影響したと思われる。

ここで確認しておくべきはあくまでイギリスにおけるインフレーション・ターゲティングの導入はインフレ抑制が目的であったし，導入後もその基本は変わってはいないということである。一時の日本おける議論のようにデフレからの脱却を目指して，その実現の方法も金融政策のみでは無理であるにもかかわらず，物価上昇を目標とするようなものとは異なるということである。政府が決めたインフレ目標（これについてBOEがその水準の妥当性について疑問を呈したことはない）順守のために，政策金利をどのように決定しようとも，それは政治からの干渉を基本的には受けることはないということである。

このインフレーション・ターゲティングがイギリスにおいて導入された1992年10月においては政策金利の決定権限はBOEにはなかった。しかしこのレジームの下では中央銀行の権限と責任が明確で，そして判断の根拠に透明性が存在することが望ましい。その意味ではインフレーション・ターゲティングと中

央銀行の独立性の強化には親和性があるといってよい。しかしながら中央銀行制度そのものはやはり政府からの独立性というものを勘案して成立してきたものであるし，特に管理通貨制体制下においてはそれはインフレーション抑制のために必要とされるのである。したがって中央銀行の独立性論議はインフレーション・ターゲティング採用国が増加したことにより急に出てきたかのような議論には問題があるといえるであろう。

それはともかくとしてまずはイギリスにおけるインフレーション・ターゲティングの実施状況についてみることとしたい。イギリスにおいて目標とされるインフレ率は政府が決定する。採用当初においてはモーゲージ金利を除いたベースの小売物価指数（RPIX）を 1－4％の範囲に収めることとされていたが，1995年6月には同指数を2.5%以下とすることとされた。さらに2004年1月には基準となる物価指数をRPIXから消費者物価指数（CPI）に改め，この際にターゲットを2.0%（上下1％）とした。

前述のとおり1997年にBOEは独立性を獲得し，政策金利の決定権限が財務省から同行の金融政策委員会（MPC）に移されたが，物価がターゲットレンジから外れた場合には，それにより同行総裁が罷免されうるという（ニュージーランド中央銀行のような）規定はないものの，財務大臣への公開書簡を出さなければならないこととなっている（実際に消費者物価指数の前年比増加率がターゲットレンジを外れた2007年4月にBOE総裁から財務大臣への公開書簡が初めて発出され，その後も後述の2008年6月16日付を含めて数度発出されている）。そして当該公開書簡においては物価がターゲットレンジを外れた理由および2年以内に物価をターゲットレンジ内とするためにどのような方策をとるかを明らかにすることとされている。

なおインフレーション・ターゲティングの導入に伴いBOEは1993年2月以降 *Inflation Report*（以下，レポート）の刊行・公表（四半期毎）を開始した。これは金融政策の透明性を高め，政策のアカウンタビリティを増進させる観点からのものである。より具体的にはMPCによる政策決定がフォワード・ルッキングなものであることを理解してもらうこと，および政策決定の背後にある

ものをより明確に説明することを意図したものである。

　レポートの構成は，①金融市場の状況（マネーストックの状況を含む）および資産価格，②需要動向，③生産等の供給動向，④諸コストおよび物価動向，⑤インフレーションの見通しとなっており，最後に直近のMPCの政策金利の決定とその理由について簡潔に説明されている。

　レポートにおいては公表開始以来，2年先までのインフレ率の予想チャートが掲載されている。当初は予想の中央値と過去の予測誤差を参考としたその範囲が示されていたが（図表6-1），1996年2月以降においてはファンチャートと呼ばれる確率分布関数（図）の形態で公表されている（図表6-2）。この確率分布関数においては，最頻値，標準偏差，歪度がパラメーターとされている。このファンチャートの作成にあたってはBOEのスタッフの協力のもとにMPCのメンバーがパラメーター等について合意したものが用いられる。ファンチャートの上下限は90％の確率予想であるが，2008年などはこのファンチャートの範囲（2007年時点における）を超えて物価は上昇した。なお，予想に際しての金利は現在のイールド・カーブに基づき将来の短期金利が推計されてい

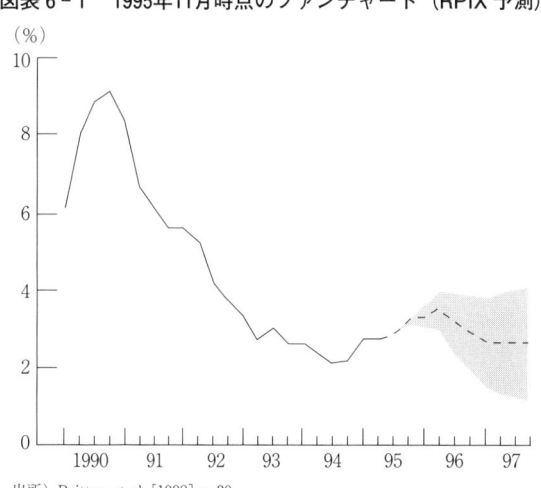

図表6-1　1995年11月時点のファンチャート（RPIX予測）

出所）Britton et al. [1998] p. 30.

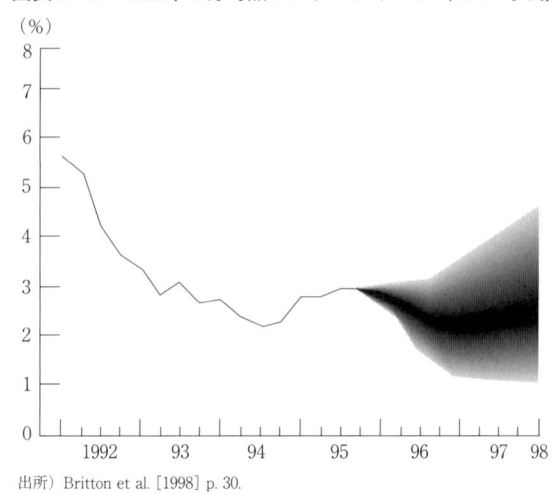

図表 6-2　1996年2月時点のファンチャート（RPIX 予測）

出所）Britton et al. [1998] p. 30.

る[1]。

　このように予測誤差はあるもののイギリスのインフレーション・ターゲティングはレポートの公表，特にファンチャートの作成プロセスの公表等により透明性は高いものとなっている。しかしながらこのようなシステムが市場参加者はともかく一般国民の期待（インフレ期待等）に働きかける効果があるかといえば，それには否定的にならざるをえない。日本における「量的緩和」政策についても国民の期待に働きかける効果が云々されたことはあったが，そもそもその認知度は非常に低いものであった。イギリスにおいても2004年12月にBOEが調査（inflation attitude survey）を行っているが，アンケートに回答した4000人のうちインフレ目標値を答えることができたのは23％にすぎなかった。また，「今年のインフレ目標値は去年より高い，低い，同じのどれか」という問いについても正解はわずか12％であった[2]。これほどまでに実際の金融政策の認知度は低いのであるから，国民の期待に働きかけるという類の言説はあまり信用しない方がよいのかもしれない。

　たしかにインフレーション・ターゲティング導入後にイギリスのインフレ率

はそれ以前より低下したが，その枠組みが国民に浸透し信頼されるようになったからではなく，グローバリゼーションの影響等によるコスト低下の影響が大きいのではないかと思われるのである。

　さらに実際の運営においてもインフレーション・ターゲティングは問題を抱えている。原因はともかくとして一般物価が安定し低金利が継続するならば資産価格が上昇しやすくなる。実際イギリスにおいても2007年夏までは住宅価格の高い上昇率が続いていた。金融政策が資産価格にどうかかわるかについては明確なコンセンサスがえられてはいない状況ではあるが，BOEの実際の運営をみるならば（一般）物価がターゲットレンジ内にあり将来予測においても安定していながらも資産価格の状況ゆえに政策金利の引上げに踏み切ったとしか思われないケースがあった。

　また2008年5月には原油価格や穀物価格等の高騰を主たる原因としてCPIの前年比上昇率が3.3%とターゲットレンジを外れることとなった。このためキングBOE総裁はダーリング財務大臣に公開書簡を送った（6月16日付）。そこにおいてキング総裁はここしばらくインフレ率はターゲットレンジを上回るであろうと予測し，それが外的ショックによるものである場合，無理にこれをターゲットレンジ内に押し戻すような政策は国内生産，雇用等に悪影響をもたらすとしている。2007年12月以来BOEは3度の政策金利の引下げを行ってきていた。これは国内経済の動向や2007年9月にノーザンロックを救済せざるをえなくなったこと，その後の住宅価格の状況等を勘案すれば理解できなくはない。しかしながら世界金融危機と呼ばれる金融混乱の時期にインフレーション・ターゲティングゆえに，またそれがコア物価指数でなしに消費者物価指数（CPI）をターゲットとしたという技術的側面からも，緩和への転換が遅れたのではないかとの非難がある。一方で，裁量的政策をとらざるをえないがためにインフレーション・ターゲット政策の持つある種のわかりやすさは失われたといってよいように思われる。そのことはその枠組みはそれほど賞賛されるものなのかとの疑問も生じてくることにつながってくるのである。

　ここで問題としたいのはそのことよりもインフレーション・ターゲティング

と中央銀行の独立性強化とはそれほど強い結びつきをもつものなのかということである。イギリスのインフレーション・ターゲティングの枠組みにおいて，政策目標（物価上昇率）決定についてBOEは決定権を有してはいない[3]。もちろん金融政策運営（手段）については独立性を有しているわけであるが，これまでにみたとおりそれとインフレーション・ターゲティングとの関連を強く結びつけることには無理がある。実際，インフレーション・ターゲティングが導入された時期はBOEの独立性強化（1997年5月の労働党政権成立後）以前の1992年10月である。

　それではイギリスにおいて中央銀行（BOE）の独立性が強化されたのはどのように考えたらよいのであろうか。インフレーション抑制のためにそれが必要とのこともあろうが，ユーロ加盟を視野に入れ，欧州中央銀行（ECB）の各国政府からの独立性について考慮した側面も大きいように思われる。1998年6月に設立されたECBは各国政府からの政治的介入を受けずに独立性を有する中央銀行と規定されている。ユーロ加盟を選択肢として考えていた労働党政権としては，政権奪取直後に中央銀行制度を含めた金融機関の規制・監督制度の抜本的な改革を行うことが必要と考え，それを実施したものと考えるのが妥当ではないであろうか。

　金融機関の規制・監督の改革として最も大きなものは2000年金融サービス・市場法の制定と統一的な金融サービス業の規制・監督機関としての金融サービス機構（FSA）の設立である。このFSAはそれ以前にあった業態毎の規制・監督当局および自主規制機関を統合したものであり，BOEからも銀行の規制・監督を担当していた職員が移籍した。そして2000年金融サービス・市場法の成立以前の1997年10月の段階で，FSA等は新体制下での「財務省，BOE，FSAの関係についての覚書」を発表し，各機関の責任分担を明確化していた。この覚書においてBOEは銀行等の規制・監督にはかかわらないものの「金融システムの不安定化を生じさせる緊急事態が発生した場合の公的な金融支援」については担当の責務とされていた。

　また1997年5月のBOEの独立性強化が実施された時期に国債管理および政

府資金管理の責任をBOEから財務省に移管し，金融政策と国債管理政策の分離が行われた。その翌年の1998年4月には債務管理庁（DMO）が設立され，国債管理および政府資金管理の責任を財務省から移管した。その後DMOは2000年4月に政府資金管理のためのオペレーションを開始した[4]。

これにともないBOEのバランスシートにも変化があった。それ以前は発行部（これ以外に銀行部がある）の資産項目において対政府貸付（Ways and Means：正確には国家貸付基金への貸付＝政府への当座貸越ファシリティ供与）項目が変化していたが，DMO設立後しばらくしてからは133.7億ポンドに固定されるようになった。もっとも多くの国において中央銀行が政府に資金供与を行うことが禁止されていることを考えると異例のことであった。しかしながら一方でBOEは長期国債（ギルト債）のアウトライトオペを行わないということもその特徴であった。

BOEは2006年5月に完全後積み方式の準備預金制度の新規導入および公開市場操作の方式変更を柱とする金融調節方式の変更を行った[5]。なおイギリスの準備預金制度は準備額を金融機関の側が決定できる（この準備預金には政策金利より付利される）という点でユニークなものであり，そのターゲットの上下1％を外れた場合にはペナルティが課されるというものであった。なお，その時の発表においてはギルト債（コンベンショナル）等のアウトライトオペを行う予定であると発表した。その後周知のとおり2007年9月にはノーザンロックが流動性危機に陥り，BOEは同行に流動性の供給を行った。このノーザンロックへの資金供給は結局のところ市場全体への資金供給となってしまう。しかし超過準備を1％以上保有する金融機関はペナルティを課されることから，超過準備を保有させるために2007年9月にターゲットレンジ（付利される幅）をそれまでの上下1％からまず同37.5％に，そしてすぐに同60％にまで拡大した。実際に9-10月の積み期間（07.9.6-10.3）においてはターゲット対比で31.5％多めの資金供給が行われた。10月の積み期間以降においてはターゲットレンジは上下30％とされたが，実際の資金供給（準備預金平残）は2008年8-9月の積み期間までは上下1％の通常時の枠内に収まっている（図表6-3）[6]。

図表 6-3　BOE に

積み期間		BOE 資産				
		短期レポ	FTレポ	長期レポ	英国国債	貸出F
2006	5.18-6.7	36,890	—	15,000	—	—
	6.8-7.5	33,310	—	15,214	—	—
	7.6-8.2	32,447	26	15,212	—	1
	8.3-9.6	32,802	3	14,830	—	—
	9.7-10.4	31,090	166	14,968	—	10
	10.5-11.8	30,498	68	15,137	—	147
	11.9-12.6	31,292	53	15,021	—	2
2006/07	12.7-07.1.10	35,534	40	14,937	—	20
2007	1.11-2.7	30,703	30	14,979	—	—
	2.8-3.7	30,335	68	14,963	—	45
	3.8-4.4	31,430	28	14,950	—	—
	4.3-5.9	31,888	—	15,000	—	21
	5.10-6.6	31,588	—	15,000	—	47
	6.7-7.4	30,665	870	15,000	—	496
	7.5-8.1	32,141	25	15,000	—	4
	8.2-9.5	33,108	65	15,000	—	53
	9.6-10.3	36,867	315	15,000	—	—
	10.4-11.7	24,364	—	14,937	—	—
	11.8-12.5	19,512	—	14,904	—	—
2007/08	12.6-08.1.9	15,502	—	19,941	—	—
2008	1.10-2.6	4,167	71	29,636	128	—
	2.7-3.5	5,691	346	31,999	528	—
	3.6-4.9	10,383	429	31,999	865	—
	4.10-5.7	11,824	254	35,928	1,202	—
	5.8-6.4	14,302	271	36,948	1,491	—
	6.5-7.9	18,885	23	33,855	1,998	—
	7.10-8.6	29,651	426	24,179	2,342	—
	8.7-9.3	34,779	158	21,996	2,661	—
	9.4-10.8	42,382	1,571	33,208	3,320	—
	10.9-11.5	—	714	108,468	3,663	—

注）FTレポ，貸出F，預金F，短期OMO はそれぞれファインチューニングレポ，貸出ファシリティ，預金
出所）Bank of England.

　ノーザンロックへの資金供給は2007年10月以降も継続していることから，通常時で考える超過準備供給（ターゲット対比1％以上）を行っていないということは，他の資金供給手段を削減するということを意味する。実際 BOE は2007年9月以降，それまでの主要な資金供給手段であった短期レポオペ（期間

よる金融調節の実際

(単位:100万ポンド,平残ベース)

BOE 負債				準備預金ターゲット		
預金F	新預金F	短期OMO	準備預金	ターゲット	上 限	下 限
—	—	—	23,002	22,970	23,200	22,740
4	—	—	19,564	19,570	19,766	19,374
—	—	—	18,397	18,400	18,584	18,216
—	—	—	17,823	17,780	17,958	17,602
92	—	—	16,740	16,640	16,806	16,474
—	—	—	16,300	16,290	16,453	16,127
—	—	—	17,121	17,120	17,291	16,949
—	—	—	18,606	18,600	18,786	18,414
—	—	—	16,669	16,660	16,827	16,493
—	—	—	16,466	16,460	16,625	16,295
—	—	—	16,723	16,750	16,918	16,583
29	—	—	16,334	16,330	16,493	16,167
—	—	—	16,071	16,130	16,291	15,969
13	—	—	16,421	16,430	16,594	16,266
—	—	—	16,134	16,130	16,291	15,969
43	—	—	16,565	16,560	16,726	16,394
—	—	—	23,183	17,630	28,208	7,052
—	—	—	20,051	19,970	25,961	13,979
—	—	—	21,209	21,200	27,560	14,840
—	—	37	22,733	22,690	29,497	15,883
—	—	—	20,631	20,840	27,092	14,588
—	—	—	21,071	21,080	27,404	14,756
—	—	—	23,324	19,970	25,961	13,979
—	—	—	23,536	23,540	30,602	16,478
—	—	—	24,628	24,660	32,058	17,262
—	—	—	26,079	26,080	33,904	18,256
—	—	—	26,644	26,660	31,992	21,328
—	—	—	26,800	26,800	32,160	21,440
1,368	—	1,856	35,621	27,050	43,280	10,820
414	1,341	30,505	45,579	37,350	52,290	22,410

ファシリティ,短期公開市場操作。

1週間)を削減した。ただ一方で前述のギルト債のアウトライトオペについてはその導入に極めて慎重ではあったが,2008年1月以降これを開始した。当然のことながらこれは市場への資金供給となる。

一方,BOEは2008年1月以降に対政府貸付の削減を行った。これは前述の

とおり BOE が政府へ供与してきた当座貸越ファシリティであるが，DMO の設立後は一定水準で凍結されていた。これをまず 1 月24日に40億ポンド，1 月31日には20億ポンドの削減を行い，この時点で対政府貸付残高は約74億ポンドとなった。さらに 4 月22日には70億ポンド削減され，その残高はネグリジブルといってよい状態となった（図表 6 - 4）。こうして BOE のバランスシートは金融危機という特殊状況下ではあるものの対政府貸付がほとんどなく，一方で国債（ギルト債）のアウトライトオペによる保有があるという状況になってきている。これは国債累積に対応したものとは必ずしもいえないが政府と中央銀行との関係という意味ではノーマルなものとなってきたといえそうである。

なお，中央銀行と政府の関係という点では，中央銀行は「政府の銀行」であると一般的にはいわれることが多い。しかしながら日本銀行金融研究所[2004]では「中央銀行が行う国（政府）との取引やそれに伴う業務は，金融機関が個人や企業と行う取引や業務と異なっており（中略），日本銀行の政府に対する信用の供与（貸出や国債の引受）はきわめて限定された例外を除いて法律上禁止されている。また，国庫金に関する業務を中央銀行が行うかどうか

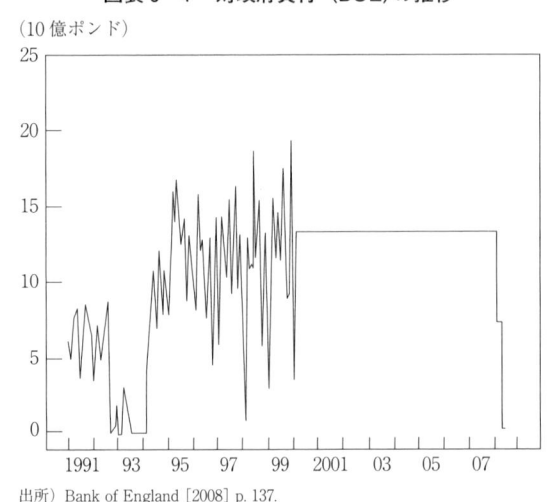

図表 6 - 4　対政府貸付（BOE）の推移

出所）Bank of England [2008] p. 137.

も，国によって異なる。このため，中央銀行の機能として，「政府の銀行」という整理は，必ずしも一般的ではない」(22頁)としている。さらにいえばイギリスのスコットランドや北アイルランドでは民間銀行が発券を行っており「発券銀行」=「中央銀行」ではない。中央銀行は何よりも「銀行の銀行」としてとらえられるべきであろうし，この点からその政府からの独立性について論じられなければならないであろう。

Ⅲ．日本（日本銀行）

　日本銀行が設立されたのは1882年のことであるが，それには西南戦争のための政府紙幣の増発等によるインフレーションの経験が反映していた。その意味で日本においてもインフレーション抑制のために中央銀行制度は構想されたといってよい側面を持つ。1882年に公布された日本銀行条例はその営業年限を30年としており，1912年にその営業年限は30年間延長された。その期間満了後に日本銀行法が制定された。

　1997年に改正される以前の日本銀行法は第二次世界大戦中の立法（1942年）であり，その第一条で目的として「国家経済ノ総力ノ適切ナル発揮ヲ図ル為国家ノ政策ニ即シ通貨ノ調節，金融ノ調整及信用制度ノ保持育成ニ任ズルヲ以テ目的トス」とあり，第二条における使命においても「専ラ国家目的ノ達成ヲ使命トシテ運営セラルベシ」とあるなど，その条文からは中央銀行の独立性についての配慮などは伺われないものである。ただし戦後の金融政策運営において日本銀行が完全に政府に従属的であったといえるかについてはその判断は難しい。例えば戦後の法改正により一応の最高意思決定機関として「政策委員会」制度が導入されたが，実際の政策運営については「政策委員会」は完全に無視されてきた。これは独立性云々というよりは法律の条文に縛られる運営がなされていなかったという例ではあるが，金融政策運営や日本銀行のあり方等をめぐっても政府と日本銀行との間に対立関係がなかったとはいえない。

　この対立が明らかとなったのが戦後における日本銀行法の改正論議であっ

た[7]。1955年1月に当時の一万田大蔵大臣は財政演説において日本銀行法の改正について言及した。そして1957年8月から金融制度調査会は日本銀行制度の全面的検討を開始した。同調査会はまず大蔵省・日本銀行・市中銀行からなる専門委員会を設け、同委員会の審議を経て、①中央銀行制度の問題点、②金融政策について、③中央銀行について、の3資料を金融制度調査会に提出した。これらの資料のうち①中央銀行制度の問題点においては種々の問題点が提起されているが、そこにおいて「中央銀行の中立性について」、「政府と中央銀行の関係について」が挙げられているのが注目される。この日本銀行法に関する審議の開始当初から日本銀行と大蔵省の間には大きな対立点があった。それは結局のところ日本銀行（中央銀行）の独立性の問題であった。

　日本銀行は当然のことながら中央銀行の独立性は必要との見解であり、過去において政府はしばしば通貨価値の安定を犠牲にする政策をとる場合があり、そのチェックのためにも中央銀行の独立性は必要である。また、金融政策手段の運用は高度に技術的であることからもそれは必要とされるとのものであった。これに対して大蔵省側の見解は、中央銀行の行動は、政府の経済政策に即応したものである必要があり、経済政策の統一性保持のためには、中央銀行を政府の最終的統制下におくべきであるとのものであった。

　金融制度調査会における審議の過程では日本銀行に政府からの一定の独立性を認める見解が優勢であったようではあるが、それに対する有力な反対意見としては日本銀行の活動が行政の範囲内のものであれば、内閣がその仕事を担当し、その責任を負うというのが憲法の建前であるというものであった。したがってこの見解によるならば日本銀行の独立性の強化は憲法違反の惧れがあるということになる。しかしながらそれ以前に審議された準備預金制度に関する検討においては私法人としての日本銀行に行政的な強制力を有する準備率の決定がなしうるかが問題とされていた。中央銀行の性格についての論議はこのように混乱していたが、やはりそれはその「あいまいな存在」がゆえということになるのかもしれない。

　結局、金融制度調査会における議論は日本銀行の独立性に関して、より具体

的には金融政策運営に関して日本銀行と政府の間に意見の食い違いが発生した際に，政府に命令権を認めるか（ないしは政府に議決延期請求権を認めるか）について意見が激しく対立し，この問題についてのとりまとめが不可能となった。1960年9月の「日本銀行制度に関する答申」においては，日本銀行の政府との関係について「A案」として「主務大臣は，日本銀行の政策が政府の政策の遂行に支障をきたすおそれありと認め，その調整に関し日本銀行総裁と話し合うも協議の整わない場合は，日本銀行に対し，日本銀行の政策に関し，必要な指示をすることができるものとする。ただし，日本銀行の運営の理念に反するものであってはならない。前項の事実があった場合は，日本銀行は国会に対する報告書中に，その経緯を記載しなければならないものとする」および「B案」として「主務大臣は，日本銀行の政策が政府の政策の遂行に支障をきたすおそれありと認め，その調整に関し日本銀行総裁と話し合うも協議の整わない場合は，日本銀行に対し，日本銀行の政策に関し，一定期間，その議決の延期を請求することができるものとする」という両論が併記されるという政府審議会の答申としては極めて異例なものとなった。そしてこの後しばらくは日本銀行法の改正論議は政府審議会の場においてはなされなくなった[8]。そして国際的には日本銀行の独立性は例えば西ドイツ連銀などと比べて非常に低いとの評価が一般的であった。

　金融自由化が1980年代以降進展する過程で銀行法等の金融諸法が改正されたのに対して，日本銀行法は改正されないままとなっていた。バブル経済の崩壊による景気低迷や金融機関の不良債権増といった状況下で政府与党の大蔵省改革プロジェクトチームは，1996年6月の報告書「新しい金融行政・金融政策の構築に向けて」において「過剰流動性やバブルにおけるマクロ経済政策の誤りを繰り返さないためにも，中央銀行としての独立性と政策決定責任をより鮮明にする方向で，日銀法を改正する必要がある」とした。

　この報告書を受けて1997年7月に中央銀行研究会（鳥居泰彦座長）が発足し，同研究会は同年11月に報告書「中央銀行制度の改革」を提出した。この中央銀行研究会においても「日本銀行の独立性」をめぐって意見が対立した。日本銀

行の独立性を認めないとする議論はここにおいても憲法解釈を持ち出した。日本国憲法の六五条には「行政権は内閣に属する」とあり，三権分立を構成する他の立法権（国会）は四一条で，司法権（裁判所）は七六条で定められている。日本銀行は国会に属しているわけではなく，裁判所でもない。したがって行政に属するわけであり，そうであるならば内閣がコントロールしなければ憲法違反となるというものであった[9]。このような意見にはそもそも「日本銀行は行政そのものか？」という反対意見も出されたが，報告書では日本銀行の独立性について「人事権等を通じた政府のコントロールが留保されていれば，日本銀行に内閣から独立した行政的色彩を有する機能を付与したとしても，憲法六五条との関係では，違憲とはいえない」との曖昧な表現が用いられることとなった。

しかしながらここで論議されるべきことは中央銀行のあり方であるべきで，中央銀行が行っていることは銀行業務であることの確認であるべきであった。「立法でも司法でもないものは行政だ」というのはそもそも中央銀行の性格，行動についての無理解からくるものでしかない。この種の議論においては，前述の吉田のような，中央銀行は政府に近いか市場（民間）に近いかといえば圧倒的に市場（民間）に近い存在であり，そうであれば政府から独立しているのはあたりまえというような議論は一顧だにされないこととなる。このような展開で中央銀行法の改正論議がリードされたのは残念であったが，結局，論議の場は金融制度調査会に移され，そこでは独立性についての本格的な論議がなされないままに1997年2月に「日本銀行法の改正に関する答申」が提出され，日本銀行法案は1997年6月に成立し，翌1998年4月に施行された。

改正日銀法においてはその独立性について第三条第一項において「日本銀行の通貨及び金融の調節における自主性は，尊重されなければならない」とされ，第五条第二項において「日本銀行の業務運営における自主性は，十分配慮されなければならない」とされている。法文においては「自主性」という言葉が使われているが，日本銀行の独立性を担保する仕組みとしては，日本銀行の最高意思決定機関である政策委員会のメンバーは，政府と意見を異にすることによ

り解任されることはなく，政府は日本銀行に対して業務命令を行うことはできないこととなっている。ただし予算の認可権については財務大臣にあるとされ，この点での独立性は獲得できなかった。

しかしながら従来比較においては日本銀行の独立性は強化されたといってよい。政策決定においては政策委員会が文字通り最高意思決定機関となった。その一方，政策や業務運営の透明性については従来以上に求められることとなった。具体的には金融政策決定会合の決定内容のほか，その議事要旨（おおよそ1カ月後），議事録（10年後）の公表の他，種々の報告書（「通貨及び金融の調節に関する報告書」等）が公表されてきている。

ただし政治家においては中央銀行の独立性に無理解である場合もあり，2001年夏には一部の自民党議員が日銀法改正の研究会を立ち上げ，その中には日銀総裁の解任権を付与するという考えもあったと報道されている。そもそもゼロ金利政策，「量的緩和」政策は外部の圧力に抗しきれずに嫌々ながら採用せざるをえなかった政策のように思われる。その意味で日本銀行が2008年10月31日に決定し，11月16日からの積み期間から導入された補完当座預金制度は超過準備に付利することにより短期金利の下限を画する預金ファシリティとしての意味を持つものであるが，同時にゼロ金利としなくても市場混乱時に超過準備の供給が可能な制度としたとみなすことができる。これは異例の措置であるゼロ金利政策（「量的緩和」政策も金利面から見ればゼロ金利政策であった）が短期金融市場の機能不全等をもたらしたことへの反省からのものであるとも解釈できる。

この他政府との関係という面では，新規発行国債の直接引受は行っていないものの長期国債の買切りオペについては2001年8月以降段階的に増額され，2002年10月以降は月額1.2兆円の買入れがなされてきている。この買入れについては「量的緩和」政策の解除後においても継続しており，なぜ定額買入れが必要かとの説明が十分になされていないのはアカウンタビリティの面から問題があるといえる。ここでは長期国債の買切りオペ自体を問題視しているわけではない。本来的には資金需給の状況いかんでよりフレキシブルに行う体制を構

築すべきであり，それは中央銀行の独立性を維持する上でも重要であると考えられるからである。なお，長期国債の買切りオペの増額に関しては，その保有額を銀行券発行残高を上限とするという「日銀券ルール」の厳守を日本銀行は強調せざるをえなかったが，このような「最後の砦」的なルールを自ら制定しなければならないのは，そこに政策運営に対する無用な圧力が存在することの証拠となっていると思われるのである。

なお日本銀行法第十九条第二項に規定されている政府による議決延期請求権はこれまでのところ一度発動されている。それは2000年8月のゼロ金利政策解除を決定した金融政策決定会合においてであった。議長案としてゼロ金利政策の解除（無担保コールレート（オーバーナイト物）を，平均的にみて0.25％前後で推移するよう促す）が提案されたのに対して大蔵省および経済企画庁からの金融政策決定会合出席者（議決権はない）から議長提出の議案の議決を次回会合まで延期するとの議案が提出された。この第十九条第二項の規定について法文にその提出要件が記されているわけではない。しかしながら日本銀行法改正時の国会審議においては，この条項は予期しない議案であるとか，高度に専門的な議案が出された場合に，政府が一旦持ち帰り，政府の見解を十分に説明する時間的余裕を与えるというケースが例示されており，当日の会合においてはある委員からその旨の発言があった[10]。しかしながら当日の議決延期請求は日本銀行と政府の景況判断の相違に基づくものであった。同会合においては日本銀行法第十九条第三項の規定により，政府による議決延期の求めについて否決した。その後に議長案は賛成多数で可決された。

その後の展開は周知のとおりITバブルの崩壊等もあり翌年2月には日本銀行は「量的緩和」政策（採用当初は実質的にはゼロ金利政策への復帰）へと追い込まれ，ゼロ金利政策解除への疑問が呈されることとなったが，「量的緩和」政策はその後の展開が示すとおりさしたる効果を発揮することなく，経済の自律回復とともに消費者物価指数の前年同月比がプラスとなったことにより解除された。当然のことながら中央銀行の政策決定および将来予測がいつでも正しいとは限らない。しかしながら政府に従属しているよりはそれに独立性を与え

た方が多くの場合よい結果をもたらすというのが独立性の根拠であろう。

　2008年には日本銀行の総裁・副総裁・審議委員人事の国会承認において民主党等の野党が参議院で多数を占めていることから，不同意が相次ぎ，人事が混乱することとなった。一般的にいって中央銀行のトップ人事については政治の妙な影響を受けない方がよいが，それは望ましい人物像につての論議を封印すべきものではないのは当然である。個人的にはインフレーションに不寛容で若い頃からセントラルバンカーとしての修練を積んできた人物がより中央銀行のトップにふさわしいとは考えているが，その他の経験を排除するものではない。ただし最低限中央銀行は銀行であり，それが行っていることは銀行業務であることを認識し，銀行業務についての一定レベル以上の知識が必要であろうとは考える。

　最後に中央銀行の独立性論議との関連で日本におけるインフレーション・ターゲティングの導入論議について触れておきたい。日本においてインフレーション・ターゲティングを導入すべきという論議が盛んになされたのは，1990年代後半から2000年代初めにかけての時期であった。インフレーション・ターゲティングを導入したほとんどの国においてその導入目的がインフレーションの抑制であったことを考えると日本におけるそれは異質のものであり，調整インフレ政策をとれという主張であるといってよいものであった。この議論はアメリカの著名な経済学者が先導し，日本の経済学者がそれに追随した側面が強かった。たとえばクルーグマンは，日本銀行に無責任になるべきであるとしベースマネーの大幅増を提言したし，バーナンキは過去の一定時点を基準にそこからプラスの物価上昇率を仮定し，その水準までの物価上昇を目的とする物価水準ターゲティングを提言していた[11]。

　しかしながら中央銀行に対する国民の信頼が失われることのコストは非常に大きなものであろうし，物価水準ターゲティングはその具体的方策がよくわからない。仮にうまくいったとしたならば短期的な物価上昇率はインフレーション・ターゲティングを行うよりもさらに高いものとなってしまい，それによる弊害が大きくなるものと予想される。バーナンキはFRB議長に就任して以来

インフレーション・ターゲティングを採用するための行動をとってはいない。これにはアメリカのサブプライムローン問題を発端とする世界金融危機の深化の過程でインフレーション・ターゲティングの枠組みのある種のわかりやすさが後退するばかりでなく，その枠組みそのものへの信頼感が失われたことが大きい。今後の世界経済の動向がどうなるかは不透明ではあるが，少なくともデフレ状態から物価上昇率をプラスにするためのツールとしてインフレーション・ターゲティングが推奨されることはないであろうし，それと中央銀行の独立性とがセットで議論されることもなくなっていくであろう。

IV. おわりに

以上，中央銀行の独立性の強化という近年の世界的な傾向をどう捉えるかという観点からイギリスおよび日本の中央銀行の金融調節方式の変更や制度変更について考察してきた。中央銀行制度そのもの，そしてそれを政府とは別組織とするということはインフレーションの弊害を認識した資本主義の叡智といってよい側面を持つものであった。1960年代および1970年代は社会主義体制への対抗という面もありある程度のインフレーションを許容しつつ成長を追求した結果であるとみなせないこともない。しかしながらインフレーションの弊害がより強く意識されるようになったことから中央銀行の独立性に関する論議が多くなされるようになり，結果として各国において金融自由化が進展するという状況下において中央銀行の独立性を強化する方向での制度改正がなされてきた。この過程は各国中央銀行によるインフレーション・ターゲティングの採用の過程と一部重なる部分もあるが，両者は関連づけて考えられるべきではない。1990年代以降物価とマネーとの関係が希薄化するという事態が観察されるようになり，それ以前に隆盛を見せていたマネタリズムへの懐疑，マネーサプライ・ターゲティングへの懐疑が広範に意識されるようになったことこそが，その採用の大きな理由であった。そしてその枠組みはアメリカのサブプライムローン問題に端を発する世界金融危機の過程で限界が明らかとなったのであった。

結局，中央銀行は一般物価を中心に各種経済指標を参考にしつつ短期の市場金利を誘導するという存在であり，その行動を市中銀行との取引を通じて行っていく。その行動には政府からの圧力がない方が，すなわち独立性の強い方がインフレーションに陥る確率は少なく，経済のパフォーマンスがよい場合が多いからである。

　他方，中央銀行の政府からの独立性が重要であるといっても，その行動が唯我独尊であってよいというわけではないのは当然のことである。その行動には説明責任（アカウンタビリティ）が要求されるし，行動そのものの透明性もまた重要なものとなる。それはその行っていることが銀行業務であるという観点からも要請されることである。中央銀行は政府に近いか市場に近いかといえばそれは後者に近く，それは市場の側に立つべき存在であるからこそ独立性が必要とされるということを最後に強調しておくこととしたい。

注
1) ファンチャートについて詳しくは Britton, Fisher and Whitley [1998] を参照されたい。
2) 加藤 [2004] 135頁。なお同調査は毎年行われている。
3) インフレーション・ターゲティングを導入した諸国においても目標設定主体は中央銀行であったり政府であったり，両者の合意によったりと様々であるが，例えばスウェーデンなどは中央銀行が目標を設定している（日本銀行企画局 [2002]）。
4) 債務管理庁（DMO）の設立経緯等について詳しくは須藤 [2003] を参照されたい。
5) 変更前には対象債務のごく一部を BOE の凍結勘定に預け入れることを義務づける制度（CRD：BOE の運営費を捻出するためのもの）があった。2006年の BOE の金融調節方式の変更について詳しくは斉藤 [2007] を参照されたい。
6) 正確には2008年7-8月の積み期間以降はターゲットレンジは弾力的に変更されている。また2008年9-10月の積み期間以降は金融危機への対応策としてターゲット対比で多めの資金供給がなされているが，その詳しい分析は別稿において行うこととしたい。
7) この時期の日本銀行法の改正論議については日本銀行百年史編纂委員会 [1985] を参考とした。

8) その後,1965年頃に大蔵省と日本銀行幹部との間で日本銀行法の改正試案が検討されたが,国会に提出されることはなかった(山脇 [1998] 84頁)。
9) 中央銀行研究会における論議,法改正の経緯等について詳しくは山脇 [1998] 第3章を参照されたい。
10) 公表されている「金融政策決定会合議事要旨」による。
11) クルーグマンの議論についてはKrugman [1998] を,バーナンキの物価水準ターゲティング論については日本金融学会の60周年大会記念講演(2003.5.11:於如水会館,Bernanke [2003])を参照されたい。

第7章　物価連動国債の機能と金融政策

I. はじめに

　アメリカのサブプライムローン問題に端を発した2008年からの世界的な金融危機の中で，中央銀行・金融政策の重要な機能・目的としてプルーデンス政策が挙げられているが，1990年代から今般の金融危機以前までは，物価安定の機能・目的ばかりが重要視されてきた。この物価安定目的を明確に打ち出し，かつ中央銀行の政府からの独立性を確保する有効なフレームワークとしてインフレーション・ターゲティングが挙げられる。このフレームワークがその目的に対して実際にどの程度有効に機能したのかについては次章で詳論するが，ここで注目すべきは，目標とするインフレ率は何かということである。現在足元のインフレ率なのか，それともインフレ期待なのか。これについては，後者を目標とすべき，つまり中央銀行は市場のインフレ期待をコントロールすべきということが通説となっている。では，インフレ期待はどのように計測するのだろうか。このインフレ期待を具現化したもの，つまり期待インフレ率を推測するための主要な手段として，物価連動国債の発行により得られる実質金利を利用する方法がある。

　本章の目的は，金融政策にとって重要と考えられる物価連動国債について概説するとともに，金融政策との関連を日本を対象に考察することである。次節以下の構成は次のとおりである。第II節では物価連動国債の特徴を説明するとともに，その発行市場と保有構造について国際比較する。第III節では，物価連動国債と名目固定利付国債の利回りから得られる，期待インフレ率の指標とし

てのブレーク・イーブン・インフレ率の特徴を概説し，さらにこの指標が金融政策の指標となりうるか否かについて日本を対象に検証する。

ここで，本論に入る前に，日本の国債管理政策（国債発行）における物価連動国債の位置づけについて簡単に見ておこう。

日本では2004年3月に物価連動国債が導入された。2003年度の発行額は1000億円（カレンダーベースの市中発行額に占める割合は0.1%）だったが，その後毎年発行額は増加し，2007年度には3兆円（同2.7%）に達した。2008年度は世界的な金融危機に伴う物価連動国債に対する需要減少に見舞われ，発行額を当初予定の3兆円（同2.9%）から1.5兆円（同1.4%）に引き下げられ，さらに2009年度も3000億円（同0.3%）に止まる予定である。後述するように，日本の物価連動国債の主たる需要者は海外投資家と推測され，これが2008年秋以降の世界的な金融危機の中で同国債の需要が急減した理由と考えられる。しかし，日本の国債管理政策において物価連動国債の重要性が低下したわけではない。実際，財務省が発表した『平成21年度国債管理政策の概要』にも「10年物価連動債について，国内投資家の投資促進のあり方を検討。その際，既発債の取扱いにも留意しつつ，償還時の元本保証等を含めた商品性の見直しを検討」する旨が記されている[1]。

II．物価連動国債の特徴と日米英の市場比較

1．物価連動国債とは

物価連動国債とは，利付国債だが，その利子および元本が物価指数（多くの国では消費者物価指数）に連動する国債をいう。具体的には，物価連動国債の発行後に物価が変動した場合，元本の額面額に物価変動率を乗じて「想定元金」を計算し，その想定元金に表面利率を乗じることにより利払い額が決定される[2]。また，償還額は償還時点の想定元金額となる（図表7-1）。なお，仮に償還時点での物価水準が発行時点のそれよりも下落していた場合に償還額と

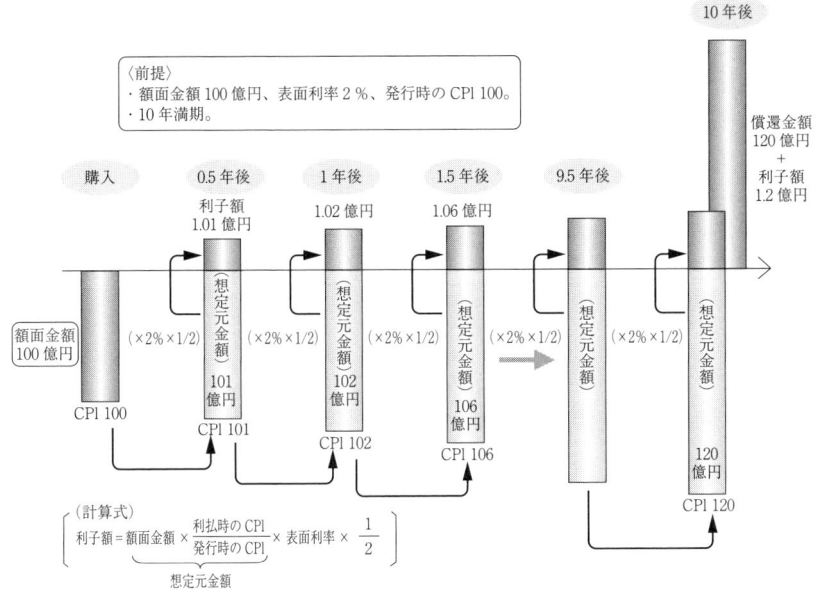

図表 7-1 物価連動国債の仕組み

〈前提〉
・額面金額 100 億円、表面利率 2％、発行時の CPI 100。
・10 年満期。

（計算式）
$$利子額 = 額面金額 \times \frac{利払時のCPI}{発行時のCPI} \times 表面利率 \times \frac{1}{2}$$
　　　　　　　　　想定元金額

注）CPI（消費者物価指数）の上昇率について一定の仮定（半年毎に0.5％上昇）を置いたイメージ。
出所）財務省『日本国債ガイドブック2006』13頁。

して額面額が保証されているか否かは各国の制度により異なる。アメリカ・フランス・ドイツをはじめとする多くの国では額面額が保証されているが，イギリス・カナダ・日本ではその保証がない[3]。

　ここで，物価連動国債のメリットを発行体である政府，投資家，中央銀行に分けて整理しておこう。まず政府にとってのメリットは3つ挙げられる。第1に，国債の商品性を広げることによって投資家の多様なニーズに応えることができることである。特に，市中消化という点から，インフレ・リスクをヘッジしている分だけ満期の長い国債が発行しやすくなるといったメリットがある[4]。第2に，後述するように物価連動国債の利回りにはインフレ・リスク・プレミアムが反映されないため，固定利付国債より発行コストが割安となる。ただし，後述するように物価連動国債は固定利付国債より流動性の点で劣ることから，その利回りに流動性プレミアムがつく可能性が高い。したがって，両プレミア

ムを考慮すると物価連動国債のほうが発行コストが低いとは必ずしもいえないであろう。第3の，おそらく最も大きなメリットは，物価連動国債の発行が政府に対してインフレ抑制のインセンティブとして働き，財政規律に対する市場の信頼を高めることができる点であろう[5]。というのも，通常の固定利付国債の場合，政府が支払う元利金額は固定されているため，インフレーションは政府にとって債務の実質的な減少を意味する。したがって，政府としてはインフレーションを許容するバイアスが働く。しかし，物価連動国債の場合，インフレーションは逆に支払利子と元本の増加に結びつくからである。

次に投資家にとってのメリットはいうまでもなく将来の物価上昇に伴う債権価値の下落を回避することができることである。ここで，債権価値の下落とは，①金利上昇に伴う債券価格の下落と②貨幣価値の低下に伴う利子・元本の実質価値の低下を意味している。従来，インフレ・リスクをヘッジする資産としては株式や土地が挙げられてきたが，実証分析によればそれらの収益率は必ずしもインフレ率と高い相関関係にはないことが示されている（西岡・馬場［2004］，安達・永田［2007］）。

中央銀行にとってのメリットは次の2つが考えられる。第1に，残存期間が類似した固定利付国債と物価連動国債の利回りの差が市場の期待インフレ率の方向性を与えるため，金融政策に有用な指標が得られるという点が挙げられる。この点は冒頭にも記したように本章の主たる論点でもあるので，後に詳述する。なお，必ずしも因果関係が明らかなわけではないが，図表7-2にあるようにインフレーション・ターゲティングを採用している国では物価連動債が発行されている場合が多い。第2のメリットとしては，上述したように物価連動国債を発行することによって政府のインフレ・バイアスが抑制されることである。

以上，物価連動国債発行のメリットを説明してきたが，最後にそのデメリットにも言及しておこう。物価連動国債発行のデメリットとしては，第1に，長期投資に向いている商品性から，保険会社や年金基金等の機関投資家によって長期保有された場合に市場流動性が低くなり，その分だけ利回りが上昇する可能性がある。第2に，消費税など間接税引き上げによって税収増加を図った場

図表7-2 物価連動債の発行国とインフレーション・ターゲティング採用国

	物価連動債発行	インフレーション・ターゲティング採用
Australia		○
Austria	○	
Bolivia	○	
Brazil	○	○
Canada	○	○
Chile	○	○
Colombia	○	○
Czech Rep		○
Denmark	○	
France	○	
Germany	○	
Greece	○	
Guatemala		○
Iceland	○	○
Israel	○	○
Italy	○	
Kazakhstan	○	
Korea		○
Mexico	○	○
New Zealand		○
Norway		○
Peru	○	○
Philippines		○
Poland	○	○
Romania		○
Serbia		○
South Africa	○	○
Sweden	○	○
Rep. of Thailand		○
Trukey	○	○
UK	○	○
USA	○	

注）物価連動債には国債以外に公的機関が発行している場合，政府保証が付いている場合等を含む。
出所）International Monetary Fund [2006], *De Facto Classification of Exchange Rate Regimes and Monetary Policy Framework*, Deacon, M., A. Derry and D. Mirfenderski [2004] *Inflation-indexed Securities* (2nd ed), NJ: John Wiley & Sons, p. 5 から作成。

図表7-3 主要5カ国の物価連動国債制度と市場の比較

	イギリス	アメリカ	フランス
導入時期：発行年限	1981年：15年債, 25年債 1982年：30年債, 19年債 1983年以降：38年債（1986年）〜6年債（1992年）の多様な年限を発行 2005年：50年債 2007年：40年債	1997年：5・10年債 1998年：30年債 2004年：20年債	1998年：10年債 2000年：30年債 2004年：15年債 2006年：4年債
発行残高	1,570億ポンド（2008年9月末）	5,354億ドル（2008年11月末）	1,517億ユーロ（2008年10月末）
国債発行残高に占める割合	27.8%（2008年9月末）	9.2%（2008年11月末）	15.2%（2008年10月末）
物価指数の種類	小売物価指数	消費者物価指数	消費者物価指数（除タバコ） ユーロ圏消費者物価指数（除タバコ）
発行形式	ダッチ	ダッチ	コンベンショナル
デフレ時の額面保証（償還時）	なし	あり	あり

注）1．数値等は市場性国債ベース。
 2．ドイツの発行残高は物価変動の影響を除いているが，他の国の残高はその影響を含んでいる。
 3．日本で物価連動国債をリオープンによって発行する場合はコンベンショナル方式による。
 4．ドイツにおいて，2006年発行の10年債は初回発行時と第1回リオープン時はシ団方式で発行。
 5．アメリカにおいて30年債の発行は2001年10月を最後に停止されている。
出所）財務省『参考資料：平成21年度国債管理政策の概要』をもとに作成。

合，それが物価上昇に跳ね返れば，その分だけ物価連動国債の利子および元本の支払額も増加し，税収増の効果が減殺される。

2．国際比較

物価連動債は世界30カ国以上で発行されている。G7諸国の中では，1981年3月にイギリスがいち早く物価連動国債を導入して成功したのに続き，1991年12月にはカナダ，1997年1月にはアメリカ，そして1998年9月からはフランスでその市場が創設された。さらに2000年代に入ってからはイタリア，日本，ドイツが各々2003年9月，2004年3月，2006年3月に物価連動国債を発行している。発行開始の年がまちまちであるが，イギリスの債務管理庁（DMO）の発

表によれば、これら7カ国の物価連動国債残高合計は2004年末6410億ドル（39銘柄）、2005年末7820億ドル（49銘柄）、2006年末9760億ドル（60銘柄）、2007年9月末1兆1300億ドル（71銘柄）と、急速に拡大している。

物価連動国債の発行制度をイギリス、アメリカ、フランス、ドイツ、日本の5カ国で比較すると図表7-3のようになる[6]。前述したデフレ時の額面保証の有無についてアメリカ・フランス・ドイツと日本・イギリスとで分かれるが、他の点では概ね共通しているといえよう。つまり、基準とする物価指数はイギリスが小売物価指数であるものの、他の国はいずれも消費者物価指数である。ただし、フランスとドイツはユーロ圏の消費者物価指数をリファレンスとした物価連動国債を発行している。また、発行形式も、ダッチ方式かコンベンショナル方式かの相違はあるものの、いずれも入札方式を用いている[7]。

ここで、発行年限を比較すると各国でバラツキがある。イギリスは発行の歴史が長いこと、発行年限の区別が比較的緩いことなどから多様な年限の物価連動国債を発行している。次いで、アメリカとフランスも主要な年限（キーマチュリティ）は発行している（ただし、アメリカでは2001年10月を最後に30年債の発行が停止されたままである）。ドイツはその発行の歴史が最も短いものの、すでに10年債と5年債という主要な年限を整備してきている。最後に日本だが、未だに10年債しか発行していない。物価連動国債は長期性の商品であるため短

日本	ドイツ
2004年：10年債	2006年：10年債 2007年：5年債
98,314億円 （2008年9月末）	220億ユーロ （2008年12月末）
1.5% （2008年9月末）	2.4% （2008年12月末）
消費者物価指数 （除生鮮食品）	ユーロ圏消費者物価指数 （除タバコ）
ダッチ	コンベンショナル
なし	あり

期の年限を増やす必要はないが、他の主要国と同様に5・20・30年物などの発行年限を整備していくべきではないだろうか[8]。

ここでマーケットを比較してみよう。まず、発行残高で比較するとアメリカの規模が他の4カ国を圧倒している。これは（市場性）国債市場の規模が、日本より小さいものの、他国より大きいことも影響していよう。しかし、国債発行残高に占める割合で比較すると、やはりイギリスは発行の歴史が長いだけにその割合が他国より高く25％以上を占める。また、アメリカとフランスは発行開始年も近くさらに全体に占める割合もフランスがやや高いものの10％前後ある。一方日本とドイツはこの比率が2％前後と極めて低い。ただし、ドイツは物価連動国債発行の歴史がまだ浅いことを考慮すると、アメリカやフランスで発行され始めた当時と比べて特別その比率が低いわけではなく、今後高まっていこう。それに比べて、日本は発行されてからすでに4年以上が経過しているにもかかわらず1％超というのは、消極的に過ぎよう。

3．保有構造

ここで物価連動国債の保有構造を考察してみよう。物価連動国債の保有構造を表した公式統計はほとんどないが、安達・永田［2007］はイギリス・アメリカ・日本について保有構造を考察している。以下ではその結果を紹介する。

イギリスでは年金基金と保険会社の両者だけで物価連動国債発行残高の約8割を保有している（図表7-4）。イギリスの年金制度は職域年金が手厚いことが特徴であり、その影響からか、インフレ・ヘッジを強く意識した運用がみられる。実際、職域年金が保有する国債の約5割が物価連動国債で運用されており、極めて強い選好が見られる。またイギリスでは、家計の金融資産において保険・年金準備金の比重が50％超と高い。その理由として、イギリスでは保険が運用資産としてとらえられており、保障性商品が中心であるわが国とは異なり、貯蓄性のものが人気な点が挙げられよう。そのため、保険会社においても物価連動国債の保有には意欲的であり、年金基金と並んで主要な需要主体となっている[9]。

図表7-4　イギリスにおける年金基金と保険会社による物価連動国債保有

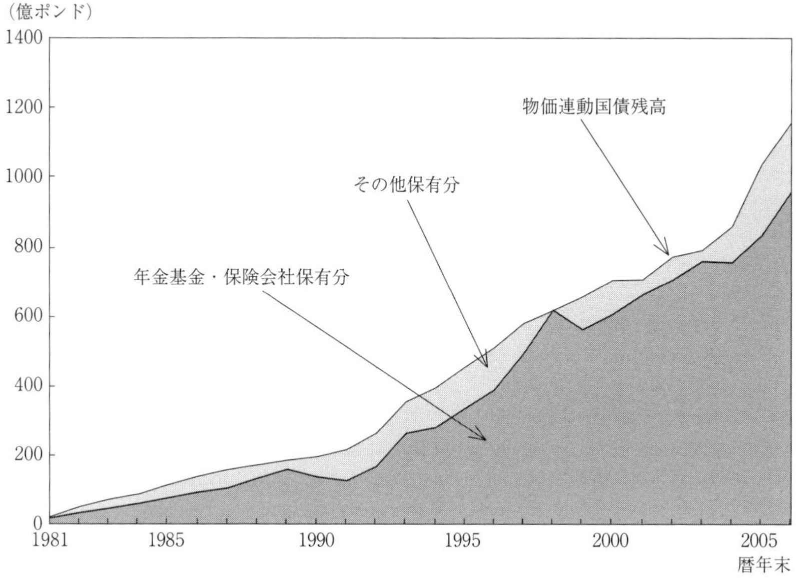

(億ポンド)

物価連動国債残高

その他保有分

年金基金・保険会社保有分

暦年末

出所）Office for National Statistics, *Financial Statistics* から作成。

　アメリカでは投資信託が物価連動国債に対する需要を徐々に伸ばしている。図表7-5で10年物の物価連動国債と固定利付国債の落札シェアを比較すると，後者の場合に比べて前者では投資ファンドのシェアがかなり高い。これは，確定拠出型年金が中心であるアメリカでは，インフレ・ヘッジを意識した運用を行っている投資信託が保険会社や年金基金より多いためであろう。安達・永田［2007］は，物価連動国債市場での投資信託の保有シェアは10％超に及ぶと推定している。

　最後に，日本の物価連動国債市場は先進国の中では後発であり，先行してノウハウを蓄積していた海外機関投資家が市場取引の主役となっているようである。アメリカと同様，図表7-5で10年物の物価連動国債と固定利付国債の落札シェアを比較すると，物価連動国債の場合には外国証券会社の落札シェアが圧倒的に高いことが見て取れる。海外機関投資家の保有規模は不明であるが，

図表7-5　10年物の物価連動国債と名目固定利付国債の落札シェア

アメリカ（2001年1月～2005年5月までの平均）　　　　　　　　　　　（単位：％）

	プライマリー・ディーラー	年金基金・保険会社	投資ファンド	海外	その他
物価連動国債	57	1	28	7	7
名目固定利付国債	66	0	11	13	11

日本

	証券会社		銀行		保険会社	その他
	国内	外国	国内	外国		
【2004～06年度平均】						
物価連動国債	99.0　35.4	63.7	0.9	0.9	0.0	0.0
名目固定利付国債	89.2　63.1	26.1	9.2	9.1	0.3	1.3
【2007暦年】						
物価連動国債	98.9　44.6	54.3	1.1	1.1	0.0	0.0
名目固定利付国債	93.5　49.9	43.6	6.3	6.3	0.0	0.2

出所）アメリカは米財務省ホームページ，日本は財務省『債務管理リポート』の2005・06・07・08年版から得たデータに基づき作成。

　北村［2006］によると，「少なくとも7-8割は外国機関投資家からの需要と供給で動いていると言われている」（2頁）ほどである。逆にいえば，国内の代表的な機関投資家である保険会社・年金基金や主要な国債保有者である預金取扱金融機関は未だ積極的な姿勢を見せていないということにもなる[10]。確かに，物価連動国債の導入当初は会計上の問題やシステム対応の問題から国内機関投資家がその購入を忌避した可能性はあった。しかし，財務省の様々な市場改革や施策にもかかわらず未だに国内機関投資家の消極姿勢が解消されない理由としては，そもそも日本のデフレ経済環境下においてインフレ期待が高まらず，インフレ・ヘッジの必要性が小さいという要因も大きいのではないだろうか。

　以上，英米日における物価連動国債の保有構造を見てきたが，物価連動国債の購入に積極的であったのは，イギリスでは年金基金・保険会社であり，アメリカでは証券会社ならびに投資信託であることが確認された。英米両国に共通していえることは，それぞれ確定給付と確定拠出と形式が異なるため需要主体は異なるものの，高齢化に伴う年金資金の準備が物価連動国債の需要増加につ

ながっているということである。その意味で，日本の機関投資家による物価連動国債への潜在的なニーズ（需要）は大きいと推測される。さらに，中長期的に日本経済がデフレ経済から脱却すれば，その潜在需要が顕在化してこよう。

III. 物価連動国債と金融政策

先行研究の多くは，物価連動国債と固定利付国債の利回りから得られる指標（ブレーク・イーブン・インフレ率：BEI）が期待インフレ率としてどれだけ有用かという点を論じている。しかし，BEIが金融政策，より具体的には操作目標としての短期金利の誘導をどの程度説明しているか（逆にいえば中央銀行は短期金利を誘導する場合にBEIをどの程度活用しているか）について研究したものは少ない。そこで，本節ではまずBEIについて説明したあとに，BEIと金融政策との関係を日本のデータを用いて検証する。

1．ブレーク・イーブン・インフレ率とは

BEIとは満期までの残存期間が近い固定利付国債と物価連動国債の利回りの差をいう。前者の利回りは名目最終利回り（名目金利），後者の利回りは実質最終利回り（実質金利）を表すことから，両者の差には2つの意味がある。第1に，それは両国債を満期まで保有した場合にそれらの収益率が近似的に等しくなるためのインフレ率を表す。第2に，両国債にかかるリスクがないとすれば，フィッシャー方程式から，BEIは両国債の残存期間における市場の平均期待インフレ率（近似値）を表すことになる。基本的にこれら2つの解釈は同じことをいっているわけであるが，金融政策にとっては2番目の解釈のほうが重要である。そこで以下では第2の解釈に基づいて議論を進めていく。

2．BEIの特性

満期までの残存期間が近い固定利付国債と物価連動国債の利回りを対比しても，各国債の取引にかかる固有のリスクがそれらの利回りに含まれているため，

BEIは必ずしも期待インフレ率のみを表すわけではない。ここで考慮すべき重要なリスクはインフレ・リスクと流動性リスクである。

市場参加者がリスク回避的な場合には名目金利に将来のインフレ変動リスクに対するプレミアム（インフレ・リスク・プレミアム）が含まれるが，実質金利にはそれは含まれない。一方，流動性の点では，総じて物価連動国債のほうが固定利付国債より発行残高が少なく，かつ物価連動国債の保有者は買持ち型の投資家が主であることから，物価連動国債の利回りには固定利付国債の利回りより大きな流動性（リスク）プレミアムが含まれていると推測される。

こうしたリスク・プレミアムを考慮すると，BEIは次のように表現できよう。

　BEI＝名目金利－実質金利
　　　＝期待インフレ率＋インフレ・リスク・プレミアム
　　　－流動性（リスク）プレミアム

したがって，BEIから期待インフレ率を考えるときはこのようなリスク・プレミアムの存在を考慮しなければならない。

では，期待インフレ率の指標としてBEIはどの程度有用なのであろうか。アメリカやイギリスでは中央銀行関係者による実証研究が豊富に蓄積されている。それらによると概ねBEIは期待インフレ率の指標として有用な情報を包含しているといった結論が導かれている[11]。

一方，日本に関する同様の先行研究は必ずしも多くなく，筆者の知る限り北村［2006］が最も包括的に分析している。それによれば，2004年から2005年初頭にかけて発行された4回の物価連動国債は，デフレ環境にあったということもあり，発行市場・流通市場ともに適切な価格づけがなされなかった可能性が高く，それらに基づいて計算したBEIは期待インフレ率について有用な情報をほとんど含んでいなかった[12]。しかし2005年6月以降に発行された物価連動国債のデータに関しては，デフレからの脱却が顕在化してきたなどの環境変化もあり，計算されたBEIは期待インフレ率の指標として有用な情報を含んでいることが示されている。

3. BEIは金融政策の指標となりえるか

　日本に限らず，主要先進国・地域において物価安定が金融政策の主目的の一つとなっている。その意味で，期待インフレ率の指標としてのBEIが有する情報コンテンツが重要となる。一方，金融政策の操作目標として，多くの中央銀行は名目短期金利を採用している（以下では特に混乱のない限り「名目」という文言は略す）。具体的には，日本ではオーバーナイト物の無担保コールレート，アメリカではフェデラル・ファンド・レート（FFレート）である。

　では，具体的に中央銀行はどのようなルールで操作目標である短期金利を誘導しているのであろうか。この問いに関して確定的な答えはない。現実にはさまざまな要因を考慮して中央銀行は短期金利を誘導し，金融政策を実施しているのであろう。しかし，一つの考え方として，テイラー・ルールというものがある。この内容については第8章で詳述するが，簡単にいえば，短期金利を現在のGDPギャップ（実際のGDPと潜在GDPとのかい離）とインフレ目標値からのかい離に応じて決めるというルールである。このルールの背景には，金融政策の最終目標は長期的な視点での物価の安定であり，この長期的な物価のトレンドは潜在的な需給ギャップと適切なインフレ率からのかい離に依存して決まるという考え方がある。

　ここではこのテイラー・ルールが日本に適合するか否かを検証するわけではない。本章の問題意識はBEIと金融政策との関係である。つまり，BEIが期待インフレ率について重要な情報を包含していると中央銀行が考え，それを金融政策の決定に活かしているのであれば，短期金利とBEIとは有意な関係があるはずである。このような問題意識を持った先行研究は少なく，筆者の知る限りSack [2003] だけである。Sack はアメリカのデータに基づいて，FFレートの前月差とBEIとの間の関係を検証（1999年4月-2002年9月）した結果，BEIはFFレートの動きをかなりよく説明することを見出した。

　これと同じ問題意識の下で，日本の無担保コールレート（オーバーナイト物），名目長期金利（10年物），両金利のイールド・スプレッドとBEIとの関

係を見たものが図表7-6, 7-7である。ここで, 長期金利とBEIとの関係も示したのは, 実質長期金利の変動は小さいため名目長期金利とBEIとは強い正の相関関係があるという指摘を検証するためである (北村 [2006])。図表7-6を見ると長期金利とBEIとの連動は弱く, その相関係数は0.052 (2004年3月10日-2007年10月31日, 以下同じ) しかない。むしろ, 長期金利と短期金利との差をとったイールド・スプレッドとBEIとは0.570と高い相関を示している。

一方, 本節の主論である短期金利とBEIとの関係を図表7-7で見ると, 両者は傾向としてほとんど連動していないように見える。これは, 図表7-7で示された期間のうち2006年7月14日までは量的緩和期を含めていわゆるゼロ金利政策が採られており, 短期金利は非負制約の状態にあったことも影響してい

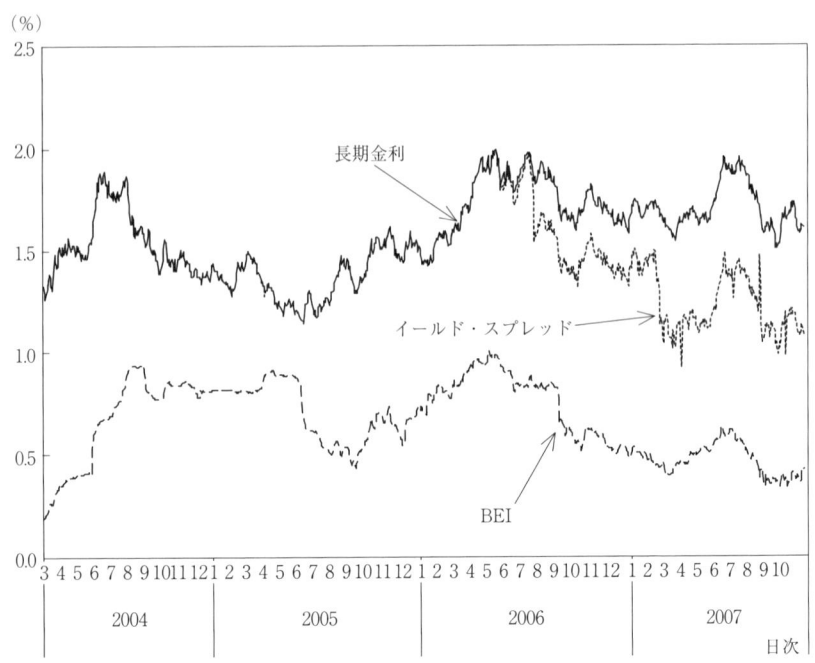

図表7-6 BEIと長期金利指標

注) 2006年7月5日以前は短期金利がほぼゼロパーセントのため, 長期金利とイールド・スプレッドはほとんど一致する。
出所) 日本相互証券からのデータおよび日本銀行ホームページ掲載のデータから作成。

図表7-7　BEIと短期金利

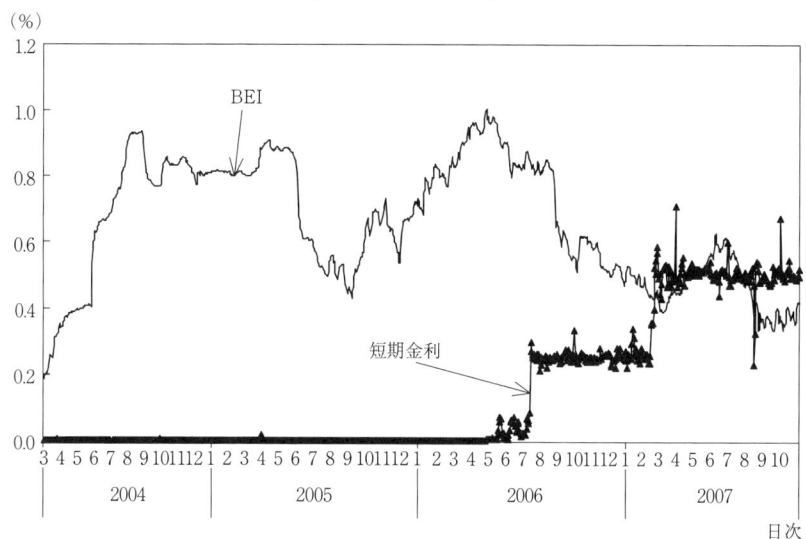

出所）図表7-6に同じ。

る。そこで，この制約を考慮したうえで短期金利差とBEIとの相関を計算するとマイナス（▲）0.947となった[13]。この数値は，BEI（期待インフレ率）が上昇すると日本銀行（日銀）は短期金利を引き下げることを示しており，BEIは金融政策の指標として有用であるとは必ずしもいえない。また，この分析結果から日銀のインフレ目標がゼロ金利時（2006年7月14日以前）0.4％，ゼロ金利政策解除後1.2％であることが示される。しかし，実際には推定期間である2007年10月末に至るまで政府または日銀からデフレ完全脱却宣言が出されていない以上，日銀のインフレ目標は一貫してゼロパーセントと考えてよいであろう。この制約を付して相関係数を再計算するとプラス（△）0.888と良好な結果を示した[14]。

　BEIが金融政策の指標としてどの程度有用かは，今後のデータの蓄積を待ってさらに検証する必要があろう。しかし，短期金利の非負制約，日銀のインフレ目標ゼロパーセントという先見的な情報を考慮してこれまでのBEIと短期金利との関係を検証する限り，BEIは金融政策の指標としてある程度の（無視

できない）有用性を有しているといえる。

IV. おわりに

　本章では国債管理政策にとってのみならず金融政策にとっても重要な金融商品である物価連動国債について様々な観点から論じてきた。アメリカやイギリスの需要構造から推測すると，物価連動国債は高齢化社会に適した金融商品であり，今後日本でも年金基金・保険会社による需要の顕在化が期待できよう。さらに，物価連動国債の需要が拡大し流動性が高まることによって，名目金利と実質金利との差から計算されるBEIは金融政策の指標としてもその有用性が高まると考えられる。

　特に第2の論点は重要である。本章では，日本を対象にBEIと金融政策との関係を検証し，前者は後者の指標として無視できない有用性があることが示された。しかし，日本では物価連動国債発行の歴史が浅いこと，分析期間中に短期金利の非負制約が働いていたことから，BEIと金融政策との関係について十分な分析ができたとはいいがたい。そこで，次章で，これらの問題がない英米を対象に，BEIと金融政策について，中央銀行の独立性の論点も十分に考慮して精密に分析する。

注
1) 物価連動国債の発行年限は10年のみだが，財務省は20年物の発行も検討しているようである（2007年11月7日付日本経済新聞）。
2) この方式は「カナダ方式」と呼ばれ，主要国で採用されているものである。この方式ではインフレに連動した部分は元本に累積していくことから，物価連動国債の保有者へキャッシュフローとして流出しない。したがって，インフレ連動部分の再投資リスクを負わなくてもよいという特徴がある。安達・永田［2007］は，この方式が一般に採用されている理由として，物価連動国債の保有者として長期的なインフレ・ヘッジを目的とした買持ち型の投資家を想定していることを挙げている。このことは，後述するように，物価連動国債のデメリットとして低流動性が挙げられる要因ともなっていると考えられる。

3) ただし，日本では前述したように2009年度の国債管理政策の概要で元本保証が検討事項に掲げられている。
4) 日本では譲渡制限があり，個人は物価連動国債を保有することはできない。アメリカやイギリスではそのような譲渡制限はないようだが，流動性等の点を配慮してか，両国とも非市場性の個人向け貯蓄国債の一種として物価連動型商品を発行している（須藤［2007］第7章）。日本でもその種の国債を導入することを検討する余地があるのではないか。
5) 1990年代の日本の例もあるように，国債の大量発行が必ずしも高インフレを誘発するとは限らない。また，藤木［2000］は，フロート制の下では，政府からの高い独立性を保持する中央銀行制度と厳しい予算（歳出抑制）制度が規律となって，財政赤字に伴うインフレーション防止に重要な役割を果たしていると主張している。
6) 各国の詳しい発行制度は財政当局または金融当局が発行している説明文書または論文を参照されたい。イギリス・アメリカ・日本の制度を詳説している邦語文献として北村［1995，2004，2006］がある。
7) イギリスで物価連動国債が入札方式により発行されるようになったのは1998年11月からである。それ以前はタップ方式により発行されていた。また，ドイツでも2006年3月の10年債初回発行と同年9月の1回目リオープンではシンジケート団引受方式が用いられた。
8) 前述したように財務省は20年物の発行を検討しているようである。
9) 河村［1999］も，イギリスでの成功は「年金基金や生命保険会社が，インフレ連動債に対する強い選好を示しており，そうした点が市場の順調な拡大につながっているものとみられる」（23頁）と述べている。
10) こうした実情を踏まえ，財務省も物価連動国債の国内取引を活発化させるために次のような様々な施策をとっている。まず，物価連動債の会計処理に償却原価法を適用可能にした（2006年4月以降）。また，同国債の流動性向上策として，買入消却の対象化（2006年12月以降），原則リオープン方式の導入（2007年2月以降），レポ取引市場の整備を進めている。さらに，主たる購入者として期待できる公的年金・企業年金に対して投資家説明会（IR）を実施している。
11) 邦語文献としては西岡・馬場［2004］，竹田・小巻・矢嶋［2005］第7章を参照されたい。
12) Sack and Elsasser［2004］等によれば，アメリカでも発行初期の物価連動国債の金利に基づいた情報は期待インフレ率の指標として有用性が低かった。
13) 実際には，2004年3月10日-2006年7月14日の期間は1，2006年7月15日以降はゼロを取るダミー変数を使って非負制約の影響を除去した。
14) 目標インフレ率ゼロパーセントの制約は定数項にゼロ制約を付した。

第8章　期待インフレ率指標と金融政策
　　　　――英米比較――

Ⅰ．はじめに

　本章では前二章の議論を踏まえて，期待インフレ率と金融政策との関係について，中央銀行の政府からの独立性を十分考慮した上で精緻な分析を行う。第7章でも言及したように，2008年の世界的な金融危機が生じる以前は，特に主要先進国では「中長期的な物価安定を主目的（の一つ）に名目（短期）金利を操作変数とする」ことが概ね共通した金融政策のフレームワークになっていた[1]。その中でも，イギリスのように特定の物価指数に基づくインフレ率の目標範囲（目標値）を設定・公表し，中長期的にその範囲（値）に納まるように短期金利を操作して金融政策を実施するフレームワークはインフレーション・ターゲティングと呼ばれる。こうした金融政策のフレームワークは特定の目標を明示することによって政策の透明性を高めるとともに，中央銀行の政府からの独立を確立することにも役立つといわれている。

　こうした金融政策の理論的根拠は Svensson [1997] による "Inflation Forecast Targeting" という厳密な理論モデルに基づいた政策フレームワークであり，最適金融政策の理論と呼ばれている。その詳細は Svensson [1997], Clarida et al. [1999], Woodford [2003a], 加藤 [2007], Gali [2008] 等に譲るとして，その骨子を一言で述べれば，ある種の目的関数（社会的厚生関数）を持つ中央銀行が動学的最適化行動をとった場合の最適化条件は，政策金利（短期金利）をインフレ率と産出量ギャップの正の線形関数で表すテイラー型 (Taylor [1993]) の金利ルール（政策反応関数）で表されるということであ

る。

　このフレームワークによって実際の金融政策（中央銀行による短期金利〈政策金利〉の決定）が説明できるか否かについての多くの実証研究が Clarida et al. [1998, 2000] を嚆矢として主要先進国（特にアメリカ）を対象に積み上げられ，概ね肯定的な結論が導かれている。しかし，これまでの実証研究には以下のような改善の余地がある。

　第1に，フォワード・ルッキング型のテイラー型金利ルール（政策反応関数）の検証では，当期のインフレ率ではなく将来の期待インフレ率を説明変数とするが，Clarida et al. [1998, 2000] をはじめとするほとんどの先行研究では，期待インフレ率の代理変数として例えば1年先の実際のインフレ率を用いている。第7章で議論したようにイギリス，アメリカをはじめとする主要先進国では物価連動国債を発行しており，その市場金利（実質金利）と名目固定利付国債の市場金利（名目金利）とから期待インフレ率を推定することができる[2]。このようにして推定された期待インフレ率を用いてアメリカの政策反応関数を検証した先行研究に Sack [2003] がある。そこでは，期待インフレ率は政策金利であるフェデラル・ファンド・レート（FFレート）の動きを説明するに有用であるという結論が導かれているが，その政策反応関数には産出量ギャップが考慮されておらず，厳密な意味での政策反応関数の実証にはなっていない。

　第2の改善点は，前述したように最適金融政策に基づいて導出された政策反応関数は中央銀行の独立性とも関連した概念であるが，先行研究ではこの関係が検証されていない。例外は，Mihailov [2005, 2006] によるイギリスの実証研究であり，そこでは，1997年の法律改正によるイングランド銀行（BOE）の独立性強化は，金融政策においてインフレ率安定の重視に必ずしも結びついていないと結論されている。

　以上の問題点を踏まえ，本章では，新しいケインズ経済学を基礎としたハイブリッド型のIS曲線とフィリップス曲線で表される経済を前提に導出された政策反応関数に基づいて次の2つの論点を検証する。第1に，期待インフレ率

を表したインフレ指標（名目固定利付国債利回りと物価連動国債利回りから推定された期待インフレ率）は金融政策の参照値として実際のインフレ率より有用か否かである。第2の論点は，中央銀行の政府からの独立性を確保するための制度的措置は，金融政策を表す政策反応関数に反映されているか否かである。対象は，第7章の最後に述べた理由に加えてデータの利用可能性も考慮して，1993-2006年のイギリスと1998-2006年のアメリカである。イギリスの始期を1993年としたのは，イギリスでは1992年10月から公式にインフレーション・ターゲティングを金融政策の枠組みとして採用されたためである[3]。一方，アメリカの始期を1998年としたのは，アメリカでは1997年1月から物価連動国債が導入され，期待インフレ率のデータは1997年1月から利用可能であるが，物価連動国債の流動性を考慮して，実質金利のデータに信頼がおける時期は1998年以降と判断したためである。また，両国とも分析期間を2006年までとしたのは，サブプライムローン問題が表面化する以前の，いわゆる通常の金融政策が行われている時期を考察対象とするためである。さらに，BOEは2006年5月より金融調節方式を変更しており，その影響を軽減することも2006年までとした理由の一つである。

　本章の構成は以下のとおりである。まず，第Ⅱ節では，基本モデルとなる政策反応関数を導出し，その特性を理論的に探求する。第Ⅲ節では，推定に用いるデータを説明した後，それらデータ系列の単位根検定を行う。第Ⅳ節ではモデルを推定し，その推定結果から上記2つの論点を検証する。第Ⅴ節では分析結果を整理するとともに，それが日本の政策に示唆するインプリケーションについて述べる。

Ⅱ．モデル

1．基本モデル

ここでは，新しいケインズ経済学をベースとした最適金融政策を中央銀行が

採ると仮定して金利ルールのモデル，つまり政策反応関数を導出する。具体的には，まず，経済は以下に示すハイブリッド型の期待所得に基づいた IS 曲線（以下，単に IS 曲線と略す）(8.1) 式とニューケインジアン・フィリップス曲線（NKPC）(8.2) 式によって表されると仮定する[4]。

$$x_t = \theta x_{t-1} + (1-\theta) E_t[x_{t+1}] - \frac{1}{\sigma}\{i_t - E_t[\pi_{t+1}] - \rho\} \tag{8.1}$$

$$\pi_t = \phi \pi_{t-1} + (1-\phi)\beta E_t[\pi_{t+1}] + \lambda x_t \tag{8.2}$$

ここで各変数とパラメータは次のように定義される。

x_t：t 期における産出量ギャップ（実際の産出量と自然産出量とのギャップ）

π_t：t 期におけるインフレ率

i_t：t 期における名目金利

θ：IS 曲線における前期の産出量ギャップにかかるウエイト（$0 \leq \theta \leq 1$）

ϕ：NKPC における前期のインフレ率にかかるウエイト（$0 \leq \phi \leq 1$）

σ^{-1}：異時点間の代替の弾力性（$\sigma > 0$）

ρ：均衡実質金利

β：主観的割引率（$0 < \beta < 1$）

λ：NKPC の傾き（$\lambda > 0$）

$E_t[\cdot]$：t 期において利用可能な情報集合に基づく期待値演算子

中央銀行は (8.1)，(8.2) 式で表される経済を前提に，以下に示す社会的経済厚生の損失の割引現在価値を将来にわたり合計したもの（以下，厚生損失）L をインフレ率と産出量ギャップについて最小化するよう名目金利を操作する[5]。

$$L = \frac{1}{2} E_t \left[\sum_{k=0}^{\infty} \beta^k \{\alpha x_{t+k}^2 + (\pi_{t+k} - \pi^T)^2\} \right] \tag{8.3}$$

上式で変数 π^T は中央銀行が目標とするインフレ率である。また，パラメータ α は産出量ギャップの変動とインフレ率（の目標値からの乖離）の変動のどちらを中央銀行は重視するかを示すものであり，$\alpha \geq 0$ でなければならない。α が大きいほど産出量ギャップが重視されること表しているため，以下では α を「産出量ギャップ安定指向度」と称す。

なお，中央銀行は，(8.3) 式を最小化する際に，民間のインフレ期待は所与のものとみなす最適裁量政策（以下，裁量政策）を採ると仮定する。金融政策に対する信認を高めるために，中央銀行は政策決定過程の透明性を向上させる努力をしているが，現実の政策は将来の金利パスまで完全に公約できるわけではない。したがって，最適コミットメント政策（以下，コミットメント政策）ではなく，裁量政策の方が現実的と判断した[6]。

ここまでの設定に加え，実証的に支持され，かつハイブリッド型の NKPC を採用する根拠にもなっているインフレ率の粘着性を次の式で表す。

$$\pi_t = a_\pi \pi_{t-1} + a_u u_t \tag{8.4}$$

ここで，$0 \leq a_\pi < 1$，かつ $u_t \sim \text{IID}(0, \sigma_u^2)$（$\sigma_u^2$ は一定）である。

以上の条件の下で，中央銀行の裁量政策を政策反応関数で表すと次のようになる。

$$i_t^* = \rho + \pi^T + \varphi_\pi (E_t[\pi_{t+1}] - \pi^T) + \varphi_x x_{t-1} \tag{8.5}$$

$$\varphi_\pi \equiv 1 + \frac{\sigma \lambda \{1 - (1-\theta) a_\pi\}}{\alpha a_\pi (1 - \beta \phi a_\pi)} \tag{8.6}$$

$$\varphi_x \equiv \sigma \theta \tag{8.7}$$

ここで i_t^* は裁量政策によって中央銀行が誘導する名目金利を表す。(8.5) 式は，中央銀行が1期先のインフレ率ギャップ予想（インフレ率の期待値と目標インフレ率とのギャップ）と1期前の産出量ギャップに基づいて名目金利を誘導することが最適であることを示している[7]。

(8.5) 式で注目すべきは，中央銀行が参照する産出量ギャップの時期が当期または1期先ではなく，1期前だということである。これは，技術的にはハイブリッド型の経済モデル（特に IS 曲線）を仮定したためだが，その前提に立てば金利設定のスムージングを内包していると解釈できよう[8]。現実の金融調節において，中央銀行は実際の名目金利をかなり正確な範囲でその目標水準に誘導することができる。したがって，実際の名目金利 i_t は次のように表すことができる。

$$i_t = i_t^* + \xi_t \\
= \rho + \pi^T + \varphi_\pi(E_t[\pi_{t+1}] - \pi^T) + \varphi_x x_{t-1} + \xi_t \qquad (8.8)$$

ここで，$\xi_t \sim \text{IID}(0, \sigma_\xi^2)$（$\sigma_\xi^2$ は一定）である[9]。

ここで，裁量政策を表す (8.5) 式に立ち返って，このモデルをもう少し深く考察してみよう。まず，$E_t[\pi_{t+1}] = \pi^T$ かつ $x_{t-1} = 0$ のとき $i_t = \rho + \pi^T$ となり，名目金利がインフレ目標値を所与とした均衡名目金利に等しくなることが確認できる。またインフレ率ギャップと産出量ギャップにかかる係数は，パラメータ σ, θ, ϕ, β, λ, α, a_π の符号条件を前提とすると，(8.6), (8.7) 式より

$$\varphi_\pi > 1, \quad \varphi_x > 0 \qquad (8.9)$$

となる。これは，中央銀行がインフレ率と産出量のギャップに対して正常に反応することを表すとともに，いわゆるテイラー原則も満たされている。テイラー原則は，実際のインフレ率が目標インフレ率から乖離した場合でも，時間とともにインフレ率の経路を目標インフレ率に収束させるための条件となる。その意味で，テイラー原則が満たされるということは，金融政策のレジームにかかわらず「インフレーション・ターゲティング」が「明示的にせよ暗示的にせよ」採用されていることとなる[10]。

さらに，注目すべきは，(8.7) 式より，産出量ギャップにかかる係数 φ_x が α（産出量ギャップ安定指向度）に依存していないことである。つまり，仮に

中央銀行が政策において産出量ギャップをまったく考慮しない純粋な「インフレーション・ターゲティング」を採用したとしても，操作目標としての名目金利を誘導する場合には産出量ギャップも考慮するということになる。

一方で，φ_xがαに依存しないということは，φ_xとφ_πの相対的な大きさφ_π/φ_xのαに対する感応度は，インフレ率ギャップにかかる係数φ_πのαに対する感応度のみで決まることを意味する。さらに，$\partial\varphi_\pi/\partial\alpha<0$が示されるから（本論末の補論参照），$\partial(\varphi_\pi/\varphi_x)/\partial\alpha<0$となる。このことは，中央銀行の独立性の観点から重要なことを示唆している。周知のように，政府にインフレーション・バイアスがあるのなら，政府は産出量ギャップが上方に拡大乖離することに寛容であろう。したがって，中央銀行の政府からの独立性が弱い場合にはαを大きくせざるをえないと推測され，それはφ_π（またはφ_π/φ_x）が小さいことに現れるのである[11]。

以上，分析の枠組みを規定する基本モデルについて詳説してきた。しかし，実際にデータを用いて実証分析を行うときには，インフレ率の期待値$E_t[\pi_{t+1}]$をどのように扱うか考えなければならない。そこで，次に推定モデルを説明しよう。

2．推定モデル

第Ⅰ節で述べたように，本章の主たる論点の一つは，物価連動国債と名目固定利付国債の利回りから推定される期待インフレ率といった，変数自体にインフレ率の期待値が具現化されている指標の金融政策実施に対する有用性を考察することである。したがって，モデルの推定には実際のインフレ率または期待インフレ率を表す指標を用いるが，用いる指標に応じて$E_t[\pi_{t+1}]$の定式化が変わってくる。その点を踏まえて，以下に推定モデルを示すことにする。

まず，実際のインフレ率を用いる場合には，Clarida et al. [1998, 2000] をはじめとした多くの先行研究に倣ってインフレ率の期待値の部分を以下のように処理する。

$$E_t[\pi_{t+1}] - \pi^T = (\pi_{t+1} - \pi^T) - (\pi_{t+1} - E_t[\pi_{t+1}]) \tag{8.10}$$

これを (8.8) 式に代入して整理すると, 実際のインフレ率を用いた場合の推定モデルは以下のように表せる.

$$i_t = \{\rho - (\varphi_{1,\pi} - 1)\pi^T\} + \varphi_{1,\pi}\pi_{t+1} + \varphi_{1,x}x_{t-1} + \varepsilon_{1,t} \tag{8.11}$$

ここで

$$\varepsilon_{1,t} = \xi_t - \varphi_{1,\pi}(\pi_{t+1} - E_t[\pi_{t+1}]) \tag{8.12}$$

である. (8.12) 式で表される誤差項の形から, (8.11) 式の推定には π_{t+1} に対する適切な操作変数を選んだ上で, Hansen [1982] の提唱した一般化モーメント法 (GMM) を適用する.

期待インフレ率を表す指標を用いる場合には

$$E_t[\pi_{t+1}] = \pi_t^{e(1)} \tag{8.13}$$

と仮定する. ここで $\pi_t^{e(1)}$ は t 期における 1 期先の期待インフレ率を表す指標である. (8.13) 式を (8.8) 式に代入して整理すると, 期待インフレ率の指標を用いた場合の推定モデルは以下のようになる.

$$i_t = \{\rho - (\varphi_{2,\pi} - 1)\pi^T\} + \varphi_{2,\pi}\pi_t^{e(1)} + \varphi_{2,x}x_{t-1} + \varepsilon_{2,t} \tag{8.14}$$

ここで $\varepsilon_{2,t} = \xi_t$ である. したがって, (8.14) 式の推定には, 説明変数 $\pi_t^{e(1)}$ が i_t の影響を受けることおよび $\pi_t^{e(1)}$ に推計誤差が含まれている可能性を考慮して, 操作変数 (IV) 法を用いる.

III. データの検証

1. データ

　本章では,得られるデータの制約とモデルの推定に小標本バイアスが生じないサンプル数を考慮して,月次ベース(1期=1カ月)のデータを用いる。前節で説明したモデルから,推定に必要なデータは中央銀行が操作目標とする名目金利,インフレ指標,産出量ギャップであり,以下にこれらについて説明する。なお,第Ⅰ節でも述べたように,データの期間は,アメリカが1998-2006年,イギリスが1993-2006年である。

(1) 名目金利

　ここでいう名目金利とは,中央銀行が金融政策の操作目標としている金利であり,アメリカの場合はFFレートである。その月中平均のデータを連邦準備制度理事会(FRB)のホームページから得た。

　一方,イギリスの場合には,少なくともここでの分析期間においては操作目標として定まった金利はなく,先行研究でも3カ月物短期国債(TB)レートや銀行間貸出レートなどが用いられている。アメリカの金利変数との整合性を考慮して,本研究では銀行間レートの1カ月物(LIMEAN)とオーバーナイト物を用いる。さらに,BOEが推定しているイールド・カーブの短期ゾーンの指標としている商業銀行負債レート(1カ月物)も用いる[12]。なお,銀行間レートは月中平均,商業銀行負債レートは月末ベースのデータをとった[13]。銀行間レートのデータはOffice for National Statistics (ONS) (2008年4月からUK Statistics Authorityの下部機構となった)のホームページから,商業銀行負債レートのデータはBOEのホームページから得た。なお,データは英米とも%表示である。

(2) インフレ指標

インフレ指標としては，モデルの項で説明したように，実際のインフレ率と期待インフレ率を表す指標の2つを用いる。

まず，実際のインフレ率としては中央銀行が注視している物価指数の前年同月比を用いた。アメリカの場合には食料品・エネルギーを除いたコア個人消費支出価格指数（コア PCE，2000年=100）の前年同月比（％表示），イギリスの場合には消費者物価指数（CPI〈総合〉，2005年=100）の前年同月比（％表示）である。

期待インフレ率を表す指標としては，名目固定利付国債と物価連動国債の金利をベースに推定した期待インフレ率を用いる。アメリカの場合には McCulloch がイールド・カーブ・データの一環としてフォワード・インフレ率のデータを1997年1月から推計しており，本研究では後述するように金融政策の先見性を考慮して1年後の（インプライド・）フォワード・インフレ率（月末値，％表示）を用いた。なお，前述したように，データの信頼性を確保するためにデータは1998年1月以降のものを利用した。出所は McCulloch のホームページである。

イギリスの場合にも，BOE がイールド・カーブ・データの一環として（インプライド・）フォワード・インフレ率およびスポット・インフレ率のデータをホームページで公表している。しかし，BOE のデータの場合には，前述した商業銀行負債レートと同様に，短期の期待インフレ率の推定において欠損値が多く，1993年1月以降で各月のデータが取れる最短期のものは4年のインフレ率であった[14]。このため，アメリカの場合には「1年後」の（インプライド・）フォワード・インフレ率だが，イギリスの場合には「当該月から4年後までの平均」としての（インプライド・）スポット・インフレ率（月末値，％表示）を用いる。

なお，目標インフレ率は，アメリカでは公表されていないが，イギリスでは2％と公表されている。したがって，イギリスのデータでモデルを推定する場

(3) 産出量ギャップ

多くの先行研究では産出量の指標として実質 GDP を用いており，月次ベースで政策反応関数を推定している Clarida et al. [1998, 2000] 等では鉱工業生産指数を用いている。ここでは，月次ベースを対象としていることもあり，鉱工業生産指数を第1の指標とする。これは，英米での推定結果を比較する場合に，（説明）変数のベースを近いものにするという意味でも妥当な指標である。具体的なデータは，アメリカの場合には2002年を100とする季調値を FRB のホームページから取得し，イギリスの場合には2003年を100とする季調値を ONS のホームページから得た。

鉱工業生産指数を用いる場合の欠点は，いうまでもなく非製造業の産出量が欠落することであり，しかも英米両国とも GDP に占めるウエイトとしては非製造業のほうが大きい。この欠点を補うために英米各国ベースで第2の指標を用いる。イギリスの場合には，鉱工業生産指数と同様の基準年で作成されているサービス（産業）指数（季調値，出所は ONS）を用いて2003年の GDP に占めるウエイト（鉱工業：185.5/1000，サービス産業：743.6/1000）で両指数を加重平均した指標（以下，産出量指数と称す）を作成した。ただし，サービス（産業）指数が得られるのは1995年1月からのため，産出量指数も1995年1月以降しか計算できない。一方，アメリカの場合には，サービス産業に関する指標が月次ベースで取得できないため，米商務省が公表している月次ベースの実質可処分所得（季調値年率換算，2000年価格）を第2の指標とする。

次に，産出量ギャップを計算するためには潜在産出量を推定しなければならない。潜在産出量を推定する方法として先行研究が用いてきた手法には，①2次関数のタイムトレンドを潜在産出量とする方法，②Hodric-Prescott (HP) フィルターを用いて潜在産出量を推定する方法，③コブ・ダグラス型などのマクロ生産関数を推定し，その関数に基づいて潜在産出量を推定する方法がある。宮尾 [2006（第8章），2007] と小巻 [2007] は，1990年代以降の日本のよう

な持続的な需要不足を捉えるに適しているなどの理由から3番目の方法を推奨している。

しかし，上記いずれの方法による推定値は事後的なもの（つまり，金融政策を実施した以降のデータも含めて計算した潜在産出量）であり，金融政策の実施時点では利用不可能なデータである。この欠点を修正する方法として，金融政策の実施時点で利用可能なデータのみを用いて潜在産出量を逐次再計算していく方法があるが，これでも根本的な問題が残る。一つは，事後的に見て経済に構造変化があった場合，構造変化が生じた直後（または，それが生じた後しばらくの間）の推定パラメータが不安定となり，潜在産出量の推定誤差が大きくなる可能性である。もう一つは，推定の起点の取りかたによっても潜在産出量の推定値に大きな推定誤差を含む可能性である。しかも，ここで問題となることは，第1の意味での推定誤差にしても，第2の意味での推定誤差にしても，実際の潜在産出量のデータがないため，それらの大きさを推測することができないということである。

上述した問題点に鑑み，ここでは上記①から③のいずれの方法も採用しない。そもそも政策反応関数としての (8.5) 式に産出量ギャップが変数として含まれている実際的な意味は，インフレーション圧力の状況を金融政策の実施に考慮するためである。そこで，産出量ギャップを，「過去1年間における経済状況に対する直近6カ月の状況の変化」と定義する。具体的には，前述した産出量の指標 z_t に対して，産出量ギャップ x_t を以下のように定義する。

$$x_t = \left(\frac{\sum_{k=1}^{6} z_{t-k}}{\sum_{k=1}^{12} z_{t-k}} - 1 \right) \times 100 \tag{8.15}$$

ここで，推定モデルに含まれる産出量ギャップが $t-1$ 期のものであることに注意されたい。つまり，政策反応関数に含まれる説明変数は x_{t-1} であるため，(8.15) 式の定義からこの説明変数に実際に含まれる産出量の指標は $t-2$ 期以前の数値である。これは，現実に t 期に金融政策を実施する場合に参照で

きる最新の産出量指標は2カ月程度前のものであることから，(8.15) 式の定義は実際の政策決定プロセスに整合すると考えられる。

2. 単位根検定

データの定義について説明したところで，次にモデル式 (8.11) と (8.14) の推定に用いるデータ系列の単位根（和分次数）について検証する。前述したように (8.11) 式の推定には GMM を適用するため，変数は定常である必要がある。

単位根検定を行う前に各変数の時系列データをグラフ化したところ，アメリカのコア PCE インフレ率 (2001年9月，2002年9月) とフォワード・インフレ率 (2002年3月-5月) に外れ値のような動きが見られた。特に，後者について，フォワード・インフレ率を計算する元となっているアメリカの1カ月物金利の水準を調べたところ，実質金利が2002年3月-5月にかけて異常な低下 ($-0.680\%\sim-3.624\%$，平均 -2.283%) を示していることが外れ値の原因となっている[16]。また，イギリスのデータについても，翌日物の銀行間レート (1993年9月，1999年12月) と商業銀行負債レート (1999年12月) に外れ値と考えられる動きがあった。

これら外れ値のある系列は，まずダミー変数を用いて外れ値を修正した。その上で，すべての変数について Dickey and Fuller [1979, 1981] による augmented Dickey-Fuller (ADF) テストを行った。ラグ次数は，ベイズの情報量基準 (BIC) を基本とした上で，推定式の誤差項の系列相関が5％の有意水準で棄却されるよう（以下，Q基準）決定した（ただし，ラグを15カ月まで取ってもQ基準が満たされない場合は，BIC のみでラグ次数を決定した）。また，推定式に定数項，トレンド項を含めるか否かについては蓑谷 [2001] の50-51頁に示されているフローチャートにしたがって決定した。

単位根検定の結果は図表8-1のようになった。ここで用いた ADF テストをはじめとした単位根検定には検出力の問題があるため，ここでは1％水準で判断した。その結果，各変数につき以下のように整理することができる。

図表8-1 単位根検定(ADFテスト)の結果

変数名	レベル系列			階差系列		
	検定統計量	ラグ	モデル	検定統計量	ラグ	モデル
【アメリカ】						
FFレート	−0.904	1	モデル3	−3.358***	1	モデル3
PCEインフレ率	−2.273	6	モデル2	−3.326***	5	モデル3
フォワード・インフレ率(1年後)	−0.985	0	モデル3	−7.798***	1	モデル2
産出量ギャップ(鉱工業生産)	−2.155**	7	モデル3	−2.386**	12	モデル3
産出量ギャップ(実質可処分所得)	−4.892***	7	モデル1			
【イギリス】						
銀行間レート(オーバーナイト物)	−3.664***	5	モデル2			
銀行間レート(1カ月物)	−0.676	12	モデル3	−4.223***	12	モデル3
商業銀行負債レート(1カ月物)	−0.843	8	モデル3	−5.038***	8	モデル3
CPIインフレ率	−0.747	9	モデル3	−5.407***	9	モデル3
スポット・インフレ率(4年間)	−1.550	2	モデル3	−7.438***	2	モデル3
産出量ギャップ(鉱工業生産)	−1.840	13	モデル3	−2.894***	13	モデル3
産出量ギャップ(産出量指数)	−0.463	12	モデル3	−3.493***	4	モデル2

注) 1. 方程式の推定期間はアメリカが1998年1月-2006年12月,イギリスが1993年1月-2006年12月の範囲で推定可能な期間を取った。
2. **と***は各々5%水準,1%水準で単位根の帰無仮説が棄却されることを示す。
3. 原系列に外れ値があるデータは本文に示した方法で外れ値を修正した系列に対してテストを行った。
4. テストにおけるモデルの決定は蓑谷[2001]の50-51頁のフローチャートに従った。ここで,モデルの定義は次のとおりである―モデル1:トレンド項・定数項あり,モデル2:定数項のみあり,モデル3:トレンド項・定数項ともなし。
5. 階差系列をテストしている変数のレベル系列の最終モデルは,階差系列をテストする必要ありと判断されたときの最終モデル。

・アメリカの産出量ギャップ(鉱工業生産指数ベース)は,5%有意水準で判断すればI(0)だが,1%水準で判断すると階差系列でも帰無仮説は棄却されず,和分次数は2次以上となる。
・アメリカの産出量ギャップ(実質可処分所得ベース)およびイギリスの銀行間レート(オーバーナイト物)はI(0)と判断される。
・上記3変数以外はすべてI(1)と判断される。

以上の結果に基づき,以下ではすべてのデータ系列をI(1)とみなし,データの階差系列を用いてモデルを推定する。ただし,この単位根検定の結果は頑健性に劣るため,補助的にデータの水準系列を用いた場合のモデルも推定する。

Ⅳ. モデルの実証結果

1. 推定上の問題と対処

前節で説明したデータを用いてモデル (8.11) 式と (8.14) 式を推定する前に, 推定上の問題点とそれに対する対処を説明しておこう。

第1は中央銀行によるインフレ予想の期間, つまり中央銀行が金融政策を実施する場合に想定するインフレ率の見通し期間である。モデル上は $t+1$ 期と, 1カ月先となっているが, 実際には1年程度先 ($t+12$期) であろう。多くの実証研究でも, 金融政策の変更は実体経済に1年から1年半程度先まで相応の影響を及ぼすことが示されている (Gali [2008] Ch.1)[17]。

したがって (8.11) 式において π_{t+1} は π_{t+12} に置き換える。このとき, (8.12) 式より誤差項は $\varepsilon_{1,t} = \Delta \xi_t - \varphi_{1,\pi}(\Delta \pi_{t+12} - E_t[\Delta_{t+12}])$ となるため, 移動平均過程が問題となるが, この問題は Newey-West [1987] の手法 (頑健推定) により処理する。

一方, 期待インフレ率を具現化したデータを用いる場合には, (8.14) 式の $\pi_t^{e(1)}$ をアメリカの場合は $\pi_t^{e(12)}$ に置き換える。また, イギリスの場合は前述したデータ上の制約から $\pi_t^{e(48)}$ を用いる。

第2の問題は操作変数の選択である。前述したように (8.11) 式の推定は GMM, (8.14) 式の推定は IV 法を用いるため, いずれにしても操作変数を選択する必要がある。

操作変数の選択基準として確立されたものはないが, まず基本的な選択基準として, ①推定すべきパラメータ数に対する識別可能性, ②操作変数のラグ次数と推定量バイアスの可能性を考慮し, 定数項, 説明変数と被説明変数の1・2期ラグを操作変数の範囲とした[18]。この操作変数の範囲の中から, Andrews [1999], Andrews and Lu [2001] が提唱する J 統計量に基づいた操作変数の選択プロセスにより, 適切とみなされる操作変数を選んだ。ただし,

上述したように階差モデルを基本としているため，階差モデルに基づいて操作変数を選択し，その操作変数をレベルに戻した変数を水準モデルの操作変数とする。

2．仮説の検証結果

第Ⅰ節の「はじめに」で説明したように，本章の論点は次の2つである。第1に，期待インフレ率を表したインフレ指標（名目固定利付国債利回りと物価連動国債利回りから推定された期待インフレ率）は金融政策の参照値として実際のインフレ率より有用か否かである。第2に，中央銀行の政府からの独立性を確保するための制度的措置は，金融政策を表す政策反応関数に反映されているか否かである。モデルの推定結果に基づいて最初の論点から検証していこう。

(1) 期待インフレ率の有用性

ここでは，「期待インフレ率を表したインフレ指標は金融政策の参照値として実際のインフレ率より有用である」という仮説（仮説1）を検証する。前項で説明した中央銀行によるインフレ予想の期間を踏まえた上で推定モデルを再掲すると以下のようになる。

モデル（8.11）式：英米両国とも

$$\Delta i_t^j = b_0^j + b_1^j \Delta \pi_{t+12}^j + b_2^j \Delta x_{t-1}^j + \varepsilon_{1,t}^j \quad (j=\text{uk, us}) \tag{8.11'}$$

モデル（8.14）式
①アメリカ

$$\Delta i_t^{us} = c_0^{us} + c_1^{us} \Delta \pi_t^{us,e(12)} + c_2^{us} \Delta x_{t-1}^{us} + \varepsilon_{2,t}^{us} \tag{8.14'}$$

②イギリス

$$\Delta i_t^{uk} = c_0^{uk} + c_1^{uk} \Delta \pi_t^{uk,e(48)} + c_2^{uk} \Delta x_{t-1}^{uk} + \varepsilon_{2,t}^{uk} \tag{8.14''}$$

ここで，ある変数 y_t に対して $\Delta y_t \equiv y_t - y_{t-1}$ である。

　上記の式で留意すべき点として，まず第1に上式は階差モデルの式であり，水準モデルを推定する場合には上式においてすべての変数 Δy_t は y_t に置き換える。第2に，前述したようにイギリスの目標インフレ率 $\pi^T = 2\%$ と判明しているため，イギリスの水準モデルを推定する場合には，(8.11′)，(8.14″) 式で，i_t^{uk}，π_{t+12}^{uk}，$\pi_t^{uk,e(48)}$ の系列の代わりに，それらの変数から各々2を差し引いた系列を用いる。

　(8.11′) 式は GMM，(8.14′) 式と (8.14″) 式は IV 法で推定した上で，まず検証すべきは，政策反応関数が (8.6)，(8.7) 式による理論的な係数の条件を満たすか否かである。つまり，

$$H_0: b_1^j > 1, \ b_2^j > 0 \quad (j=\text{uk, us}) \tag{8.16}$$

または

$$H_0: c_1^j > 1, \ c_2^j > 0 \tag{8.16′}$$

である。さらに，主論点である，政策反応関数の変数として π_{t+12} と π_t^e のいずれが適切かは (8.11′) 式と (8.14′) または (8.14″) 式の推定結果に基づいて，Davidson and MacKinnon [1981] のジョイント・テスト（J テスト）によって判断した。

　モデル式の推定結果は本章末の付図表8-1，8-2のようになった。アメリカの結果から説明していこう。なお，テストの有意水準は5％を基準としている。

(i) アメリカ

　階差モデルでは，インフレ率および産出量にいずれの指標（変数）を用いようと，すべての係数は正で推定された。しかも，いずれのモデルも J 統計量は有意である。また，$b_1^{us} > 1$ の仮説は強く支持される。しかし，$c_1^{us} > 1$ については5％水準で支持されるものの標準偏差が大きいため信頼性に欠け，$c_1^{us} = 0$

も棄却されなかった。

　Jテストにより，説明変数において$\Delta\pi_{t+12}$の方が$\Delta\pi_t^{e(12)}$より適切という帰無仮説は強く支持されたが，$\Delta\pi_t^{e(12)}$の方が適切という帰無仮説は5％水準で支持されなかった。以上の結果より，階差モデルで判断すると仮説1は棄却される。

　水準モデルでは，π_{t+12}を用いたときにインフレ率にかかる係数は負と推定されるが，$\pi_t^{e(12)}$を用いたときは正と推定された。産出量ギャップにかかる係数はいずれの指標（変数）を用いたときも正と推定された。また，J統計量は，インフレ指標に$\pi_t^{e(12)}$，産出量指標に個人所得を用いたときのみ5％水準で有意である。

　J統計量が有意となったケースの推計結果を見ると，インフレ率，産出量ギャップにかかる係数はともに正で有意である。さらに，$c_1^{us}>1$の帰無仮説も支持される。なお，b_1^{us}の係数が負のため，両式の比較，つまりJテストの結果は意味がない。以上の結果を総合的に判断すると，水準モデルでは仮説1は支持されるといえよう。

　以上，階差モデルと水準モデルの推計結果から，仮説1に対する明確な結果を得ることはできなかった。しかし，階差モデルでもインフレ率に係る係数は正で計測され，しかもJ統計量も有意であることを考慮すると，期待インフレ率を表したインフレ指標は金融政策にとって有用な情報を有していると判断できよう。

(ii) **イギリス**

　階差モデルにおいてインフレ率，産出量ギャップにかかる係数がともに正で推定された組み合わせは以下のとおりである。

　$(\Delta bkon_t, \Delta\pi_t^{e(48)}, \Delta IIP_{t-1})$, $(\Delta bkon_t, \Delta\pi_{t+12}, \Delta PRO_{t-1})$,

　$(\Delta bkm_t, \Delta\pi_{t+12}, \Delta PRO_{t-1})$, $(\Delta bkl_t, \Delta\pi_{t+12}, \Delta PRO_{t-1})$

　ここで，$bkon$は銀行間レート（オーバーナイト物），bkmは銀行間レート（1カ月物），bklは商業銀行負債レート（1カ月物），IIPは鉱工業生産指数を

用いた産出量ギャップ，PRO は産出量指数を用いた産出量ギャップである。これらの組み合わせの特徴を整理すると以下のようになる。まず，J統計量はいずれも5％水準で有意である。しかし，いずれの係数の標準偏差も大きく，5％水準で有意にゼロと異ならない。$b_1^{uk}>1$ または $c_1^{uk}>1$ の仮説も5％水準で棄却されないが，標準偏差が大きいためテストの信頼性は低い。

同じ金利と産出量ギャップを被説明変数，説明変数とする［$\Delta\pi_{t+12}$, $\Delta\pi_t^{e(48)}$］のペアで係数が正しく推定された組み合わせがないためJテストは意味がないが，いずれのペアのテストも帰無仮説は5％水準で支持された。以上の推定結果から，階差モデルで判断すると仮説1が支持されるか否かは明確ではない。

水準モデルの推定では，インフレ率ギャップ，産出量ギャップにかかる係数がともに正で推定された組み合わせは，（bkm_t, π_{t+12}, IIP_{t-1}）の他に以下のような π_{t+12} と $\pi_t^{e(48)}$ のペアがあった。

A：（$bkon_t$, π_{t+12}, PRO_{t-1}）—（$bkon_t$, $\pi_t^{e(48)}$, PRO_{t-1}）
B：（bkm_t, π_{t+12}, PRO_{t-1}）—（bkm_t, $\pi_t^{e(48)}$, PRO_{t-1}）
C：（bkl_t, π_{t+12}, PRO_{t-1}）—（bkl_t, $\pi_t^{e(48)}$, PRO_{t-1}）

これらの組み合わせの特徴を整理すると以下のようになる。第1に，インフレ率に π_{t+12} を用いた推定はすべてJ統計量が5％水準で有意ではない。$\pi_t^{e(48)}$ を用いた推定は5％水準で棄却されるが，1％水準では有意である。したがって，推定式としては $\pi_t^{e(48)}$ を用いるべきであろう。第2に，産出量ギャップのベースとして産出量指数（PRO）を用いた場合，いずれの金利ベース（上記，A，B，Cのペア）でも係数の標準偏差は極めて小さく，いずれの係数も5％水準で有意にゼロと異なる。また，$b_1^{uk}>1$ または $c_1^{uk}>1$ の仮説も支持される。第3に，係数の推定値が有意であるA，B，Cのペアについて J テストの結果を見ると，いずれのペアでも「説明変数として π_{t+12} が $\pi_t^{e(48)}$ より適切」という帰無仮説は強く棄却され，「説明変数として $\pi_t^{e(48)}$ が π_{t+12} より適切」という帰無仮説は強く支持される。これは，J統計量による検定結果と整合的である。

以上の結果，水準モデルで判断すると仮説1は支持される。上述したように，

階差モデルでは仮説1の真偽は判断できなかったことから、イギリスの場合には、水準モデルで判断して、期待インフレ率を表したインフレ指標の方が有効と推測される。

(2) 中央銀行の独立性

中央銀行の政府からの独立性を確保するための制度的措置が金融政策を表す政策反応関数に反映されているか否かという論点は、2つの側面から考察する。第1はイギリスの制度変更であり、第2はインフレーション・ターゲティングの枠組みを表明しているイギリス（BOE）とそれを表明していないアメリカ（FRB）の比較である。前者から検証していこう。

(i) BOEの独立性強化と政策反応関数の変化

イギリスでは1992年10月から公式にインフレーション・ターゲティングを金融政策の枠組みとして採用しているが、さらに1997年5月にBOEは金融政策の決定・実施に対する英財務省からの独立性が法的に強化された。この法的措置は金融政策を表す政策反応関数に有意な影響を与えたのだろうか。本項では、この法的措置が有意な影響を与えたという仮説（仮説2）を検証する。

仮にこうした法的措置がBOEの独立性を強化して、物価安定への更なる重視（インフレーション・ターゲティングの枠組みの強化）につながったのであれば、第2節（および補論）で示したように、政策反応関数のインフレ率ギャップにかかる係数の推定値が1997年6月以降有意に上昇するであろう。この点を検証するために、1997年5月以前は0、同年6月以降は1を取るダミー変数を D_t として、モデル（8.14″）式に $D_t \times (\Delta) \pi_t^{uk,e(48)}$ 項（以下、インフレ率ダミー項）と $D_t \times (\Delta) x_{t-1}^{uk}$ 項（以下、産出量ダミー項）を説明変数として追加したモデルを推定したが、推定係数に多重共線性の影響が強く現れた。そこで、まず（8.14″）式を推定して得た残差 $\hat{e}_{2,t}^{uk}$ に対して、次の式を推定した。

$$\hat{e}_{2,t}^{uk} = c_{01}^{uk} + c_{11}^{uk}(D_t \times (\Delta)\pi_t^{uk,e(48)}) + c_{21}^{uk}(D_t \times (\Delta)x_{t-1}^{uk}) + \eta_t \tag{8.17}$$

ここで，$\eta_t \sim \text{IID}(0, \sigma_\eta^2)$（$\sigma_\eta^2$ は一定）である。この推計に基づいて

$$H_0 : c_{11}^{uk} > 0$$

を検証した。

ここで，モデル（8.14″）式に限定したのは，前項(ii)での分析結果より，イギリスの場合にはBOEが参照するインフレ指標として π_{t+12} より $\pi_t^{e(48)}$ が適切と判断したためである。また，他の変数である金利，産出量もモデル（8.14″）式の推定結果に基づいて係数が正で推定され，意味のあるものを選んだ。

（8.17）式の推定結果は図表8-2のようになった。階差モデルでの結果から説明していこう。階差モデルでの組み合わせは（$\Delta bkon_t$, $\Delta \pi_t^{e(48)}$, ΔIIP_{t-1}）である。図表8-2に示されているように，インフレ率ダミー項にかかる係数は有意に負と推定された。したがって，独立性が強化されたとされる1997年6月以降，本章で定義した意味において独立性は弱まった（インフレ率に対する金融政策〈金利変更〉の感応度は弱まった）と推測される。一方，産出量ダミー項にかかる係数は正で推定されたが，有意にゼロと異ならなかった。

水準モデルでの組み合わせは（$bkon_t$, $\pi_t^{e(48)}$, PRO_{t-1}），（bkm_t, $\pi_t^{e(48)}$, PRO_{t-1}），（bkl_t, $\pi_t^{e(48)}$, PRO_{t-1}）である。（8.17）式を推定した結果，すべての場合で，インフレ率ダミー項にかかる係数は有意に負，産出量ダミー項にかかる係数は有意に正となった。これは，産出量ダミー項の係数が有意という点を除いて，階差モデルの結果と同一である。したがって，1997年6月以降，独立性はむしろ弱まったことを示している。

伊藤・林［2006］（124-126頁）は1997年の独立性強化以降にインフレーション・ターゲティングの枠組みも強化されたと述べているが，本項の分析ではその点は確認できなかった。むしろ，本章で定義した意味において1997年6月以降BOEの独立性は弱まっており，この結果は，本研究と同様の問題意識の下で期間を1997年第2四半期以前と，同年第4四半期以降とに分割してテイラー型の政策反応関数を推定したMihailov［2005, 2006］の結果と同じである。このことは，逆言すれば，1993年にインフレーション・ターゲティングのレジ

図表 8-2　1997年 6 月以降のイングランド銀行の独立性強化に関する検証

1．階差モデル
期間：1993年 5 月-2006年12月
金利：銀行間レート（オーバーナイト物）

	インフレ率	産出量 gap
係数	−1.559	0.084
(標準偏差)	(0.283)	(0.393)
[p 値]	[0.000]	[0.832]

注) インフレ率：スポット・インフレ率（4 年間），産出量：鉱工業生産指数。

2．水準モデル
期間：1996年 4 月-2006年12月

(1) 金利A：銀行間レート（オーバーナイト物）

	インフレ率 gap	産出量 gap
係数	−0.301	1.288
(標準偏差)	(0.137)	(0.427)
[p 値]	[0.030]	[0.003]

(2) 金利B：銀行間レート（1 カ月物）

	インフレ率 gap	産出量 gap
係数	−0.316	1.349
(標準偏差)	(0.129)	(0.403)
[p 値]	[0.016]	[0.001]

(3) 金利C：商業銀行負債レート（1 カ月物）

	インフレ率 gap	産出量 gap
係数	−0.303	1.284
(標準偏差)	(0.126)	(0.394)
[p 値]	[0.018]	[0.001]

注) インフレ率：スポット・インフレ率（4 年間），産出量：産出量指数。

ームに移行して以来，BOE の政府からの独立性は1997年の法的措置と少なくとも同程度には確保されていたといえよう。では，インフレーション・ターゲティング・レジームを明示的に採用することが独立性を確保するのだろうか。そこで，インフレーション・ターゲティング・レジームの採用と独立性との関係を次に調べてみよう。

(ii) BOEとFRBの独立性の比較

　最近では聞かれなくなったが，日本では日本銀行の独立性を強化するためにインフレーション・ターゲティングの枠組みを採用すべきといった意見が一部の経済学者から主張されていた。では，インフレーション・ターゲティングを表明しているイギリス（BOE）とそれを表明していないアメリカ（FRB）とで独立性に有意な差があるのだろうか。つまり，インフレーション・ターゲティングを表明しているイギリス（BOE）は，それを表明していないアメリカ（FRB）より独立性が高いという仮説（仮説3）である。

　この仮説3を検証するために，アメリカとイギリスの政策反応関数を同時推定して，「インフレ率ギャップにかかる係数が英米両国で等しい」という帰無仮説をテストした。なお，同時推定する際に係数比較することを考慮して両国の産出量指標は同一種類のものを用い，さらに前項でのモデルの推定結果を考慮して，階差モデルと水準モデルとで各々以下のような変数の組み合わせを選択した。なお，以下で記号 ff はアメリカのFFレート，PI はアメリカの個人所得を意味する。

　①階差モデル

　　アメリカ：Δff_t, $\Delta \pi_{t+12}$, ΔIIP_{t-1}

　　イギリス：$\Delta bkon_t$, $\Delta \pi_t^{e(48)}$, ΔIIP_{t-1}

　②水準モデル

　　アメリカ：ff_t, $\pi_t^{e(12)}$, PI_{t-1}

　　イギリス：A $(bkon_t, \pi_t^{e(48)}, PRO_{t-1})$, B $(bkm_t, \pi_t^{e(48)}, PRO_{t-1})$, 　　　　　　　C $(bkl_t, \pi_t^{e(48)}, PRO_{t-1})$

また，同時方程式の推定方法は，階差モデルではGMM，水準モデルでは3段階最小二乗法（3SLS）を用いた。

　インフレ率（ギャップ）および産出量ギャップにかかる係数の推定結果と，係数の一致に関する検定（ワルド検定）の結果は図表8-3のとおりである。主論題であるインフレ率（ギャップ）にかかる係数について，これまでと同様

に階差モデルの結果から説明していこう。

階差モデルでは，インフレ率にかかる係数は両国とも正で推定され，その水準はアメリカの方が大きい。さらに，アメリカの係数は5％水準で有意にゼロと異ならないが，イギリスのそれは有意ではない。

インフレ率にかかる係数が両国で等しいという帰無仮説は5％水準で棄却された。したがって，階差モデルで考える限り，アメリカの係数がイギリスの係数より大きいと推測される。これは，アメリカ（FRB）の方がインフレーション・ターゲティングを表明しているイギリス（BOE）よりも金融政策においてインフレ率を重視していることを示している。

水準モデルでは，イギリスの金利においていずれのペアを対象とした場合でもインフレ率（ギャップ）にかかる係数は両国とも正で推定され，その水準はアメリカの方が大きい。さらに，アメリカの係数はすべて5％水準で有意にゼロと異ならないが，イギリス場合にはCのケースを除いて係数は有意ではない。しかしながら，インフレ率にかかる係数が両国で等しいという帰無仮説は5％水準で棄却されない。したがって，水準モデルで判断すると，（アメリカの係数）≧（イギリスの係数）と推測される。

以上の結果から，金融政策のレジームとしてインフレーション・ターゲティングを明示的に採用しているか否かと中央銀行の独立性の強さとは関係がないといえよう。

なお，産出量ギャップにかかる係数について簡単に整理しておこう。まず，係数はすべて正で計測され，すべての場合でイギリスの係数がアメリカのそれを上回っている。係数の有意性は，階差モデルにおけるアメリカの係数を除き，5％水準ですべて有意である。また，係数が両国で等しいという帰無仮説は，階差モデルの場合と，水準モデルでイギリスのAのケースを対象とした場合を除き5％水準で棄却された。したがって，産出量ギャップにかかる係数に関しては，インフレ率にかかる係数の場合と逆に，（イギリスの係数）≧（アメリカの係数）であると推測される。

以上，中央銀行の独立性に関する分析から導かれる結果を整理すると以下の

図表 8-3　英米における中央銀行の独立性に関する検証

1．階差モデル
期間：1998年 5 月-2006年12月

	インフレ率	産出量 gap	ワルド検定統計量：$\chi^2(1)$	
			インフレ率	産出量 gap
アメリカ 係数 (標準偏差) [p 値]	3.501 (1.100) [0.001]	0.277 (0.271) [0.307]	4.159 [0.041]	3.579 [0.059]
イギリス 係数 (標準偏差) [p 値]	0.733 (0.750) [0.329]	1.862 (0.733) [0.011]		

階差モデルの推定に用いた変数

	アメリカ	イギリス
金利	FF レート	銀行間レート（翌日物）
インフレ率	PCE インフレ率（1 年先）	スポット・インフレ率（4 年間）
産出量	鉱工業生産指数	鉱工業生産指数

2．水準モデル
期間：1998年 4 月-2006年12月

(1) イギリスの金利A：銀行間レート（オーバーナイト物）

	インフレ率 gap	産出量 gap	ワルド検定統計量：$\chi^2(1)$	
			インフレ率 gap	産出量 gap
アメリカ 係数 (標準偏差) [p 値]	0.905 (0.269) [0.001]	1.100 (0.350) [0.002]	0.201 [0.654]	2.378 [0.123]
イギリス 係数 (標準偏差) [p 値]	0.725 (0.428) [0.091]	1.781 (0.406) [0.000]		

(2) イギリスの金利B：銀行間レート（1 カ月物）

	インフレ率 gap	産出量 gap	ワルド検定統計量：$\chi^2(1)$	
			インフレ率 gap	産出量 gap
アメリカ 係数 (標準偏差) [p 値]	0.902 (0.271) [0.001]	0.947 (0.353) [0.007]	0.106 [0.745]	5.995 [0.014]
イギリス 係数 (標準偏差) [p 値]	0.776 (0.401) [0.053]	1.998 (0.381) [0.000]		

水準モデルの推定に用いた変数

	アメリカ	イギリス
金利	FF レート	—
インフレ率	フォワード・インフレ率（1 年先）	スポット・インフレ率（4 年間）
産出量	個人所得	産出量指数

(3) イギリスの金利C：商業銀行負債レート（1 カ月物）

	インフレ率 gap	産出量 gap	ワルド検定統計量：$\chi^2(1)$	
			インフレ率 gap	産出量 gap
アメリカ 係数 (標準偏差) [p 値]	0.898 (0.271) [0.001]	0.971 (0.353) [0.006]	0.055 [0.814]	5.248 [0.022]
イギリス 係数 (標準偏差) [p 値]	0.807 (0.400) [0.044]	1.955 (0.380) [0.000]		

ようになる。まず,中央銀行による金融政策の目的を法律に明記するなど,政策の透明性を高めることは重要だが,このことが実際に中央銀行の独立性をどの程度強化・確保するかということとは別問題である。法律に明記されたからといって,常に独立性が顕著に高まるわけではない。ましてや,インフレーション・ターゲティングを金融政策のレジームとして明示的に採用しているか否かと独立性の強弱とは関係がない。

V. おわりに

本章では前二章の議論をさらに精緻に考察した。具体的には,ハイブリッド型の期待所得に基づくIS曲線とNKPCで表される経済(新しいケインズ経済学モデル)を前提に,中央銀行が最適裁量政策を実施すると仮定してテイラー型の金利ルール(政策反応関数)を導出し,そのモデルに基づいて期待インフレ率と金融政策との関係,さらに中央銀行の独立性について分析した。対象はイギリスとアメリカであり,分析期間をインフレーション・ターゲティング・レジームまたは物価連動国債の導入を考慮して,前者が1993-2006年,後者が1998-2006年とした。

まず,モデルに基づいて,期待インフレ率を表したインフレ指標(名目固定利付国債利回りと物価連動国債利回りから推定された期待インフレ率)は金融政策の参照値として実際のインフレ率より有用か否かという論点を検証した。その結果,英米両国とも,期待インフレ率を表したインフレ指標は金融政策の参照値として有用であることが示された。ただし,実際のインフレ率指標より明白な優位性があるとはいえない。

次いで,モデルを用いて,中央銀行の政府からの独立性を確保するための制度的措置は,金融政策を表す政策反応関数に反映されているか否かという論点を考察した。この論点は2つの側面から考察し,第1はイギリスの制度変更であり,第2はインフレーション・ターゲティングの枠組みを表明しているイギリス(BOE)とそれを表明していないアメリカ(FRB)の比較である。分析

の結果，次のような結論が得られた。中央銀行による金融政策の目的を法律に明記するなど，政策の透明性を高めることは重要だが，このことが実際に中央銀行の独立性をどの程度強化・確保するかということとは別問題である。法律に明記されたからといって，常に独立性が顕著に高まるわけではない。ましてや，インフレーション・ターゲティングを金融政策のレジームとして明示的に採用しているか否かと独立性の強弱とは関係がない。

　以上，英米を対象とした分析結果が日本の政策に示唆する点は2つある。第1は，期待インフレ率の指標を積極的に金融政策の参照値，情報変数として活用すべきである。その前提として当該指標の精度を向上させる必要があるが，そのためには物価連動国債の市場を整備し，流動性を高めなければならない。流動性が低いと物価連動国債の金利に流動性プレミアムが付き，そこから計算される期待インフレ率にもノイズが含まれてしまう。日本の場合，物価連動国債の導入が2004年3月からと英米に比べて遅いこともあり，国債発行残高に占める割合も2008年9月末で1.5％しかない[19]。物価連動国債にかかる政策は日本銀行ではなく財務省の管轄事項であるが，金融政策の判断を向上させるためにも物価連動国債の取引を促す政策を施した上で十分な流動性を確保することが望まれる[20]。

　第2点目は，日本銀行は敢えてインフレーション・ターゲティングを採用する必要はないということである。重要なことは，金融政策上の重要な目標を明確に定め，その政策運営の透明性を高める努力を続けることである[21]。インフレーション・ターゲティングを採用すると，2008年に入ってからのBOEのように，ターゲット・レンジからCPIインフレ率が逸脱しているにもかかわらず金融システムの安定さらには経済の下支えのために政策金利を引き下げなければならないような状態に陥っては，かえって政策目標と運営の透明性が損なわれることになろう。この点でさらに付言すれば，昨今のサブプライムローン問題に端を発した金融システム不安に象徴されるように，金融政策の目標として，従来からの物価安定に加えて，今後は金融システムの安定を意識した政策が重要となってこよう。その場合，物価安定を達成するための金融政策と金融

システムの安定化を維持する（つまり不安定化を引き起こさない）ための金融政策との整合性をどのように採るかということとは，実務的にも学術的にも非常に重要な問題である。

補論：インフレ率ギャップにかかる係数と中央銀行の独立性との関係

本論で仮定したインフレ率の粘着性を表した（8.4）式

$$\pi_t = a_\pi \pi_{t-1} + a_u u_t \tag{A8.1}$$

$(0 \leq a_\pi < 1,\ かつ\ u_t \sim \text{IID}\ (0, \sigma_u^2)\ (\sigma_u^2 は一定))$

を用いると，中央銀行による厚生損失最小化行動の1階の条件から次の関係が導かれる。

$$x_t = -\frac{\lambda}{\alpha(1 - \beta\phi a_\pi)} \pi_t \tag{A8.2}$$

（A8.1），（A8.2）式をハイブリッド型のNKPCに代入して整理すると，a_πは次の式を満たさなければならない。

$$f(a_\pi) = \phi(1-\phi)\alpha^2\beta^2 a_\pi^3 - \alpha\beta\{\phi + \alpha(1-\phi)\} a_\pi^2 + (\lambda^2 + \alpha + \alpha\beta\phi^2) a_\pi - \alpha\phi$$
$$= 0 \tag{A8.3}$$

この式よりa_πは$\alpha,\ \beta,\ \phi,\ \lambda$の関数となる。ここで，（A8.3）式の両辺を$\alpha$で偏微分して$\partial a_\pi/\partial \alpha$について解いても，その符号は不明である。しかし，Clarida et al. [1999]（p. 1693, Figure 2）はa_πとαとの関係が以下のようになることを数値解析によって示している。

$$\frac{\partial a_\pi}{\partial \alpha} > 0 \tag{A8.4}$$

一方，本論の（8.6）式に示したように

$$\varphi_\pi \equiv 1 + \frac{\sigma\lambda\{1 - (1-\theta)a_\pi\}}{\alpha a_\pi(1 - \beta\phi a_\pi)}$$

だから，両辺を α で偏微分すると

$$\frac{\partial \varphi_\pi}{\partial \alpha} = -\sigma\lambda \left[\frac{1-\theta}{\alpha a_\pi (1-\beta\phi a_\pi)} \frac{\partial a_\pi}{\partial \alpha} + \frac{1-(1-\theta)a_\pi}{\alpha^2 a_\pi^2 (1-\beta\phi a_\pi)^2} \right.$$

$$\left. \times \left\{ \alpha(1-2\beta\phi a_\pi) \frac{\partial a_\pi}{\partial \alpha} + a_\pi(1-\beta\phi a_\pi) \right\} \right]$$

ここで，$1-2\beta\phi\alpha_\pi>0$ が成立するほど $\beta\phi\alpha_\pi$ が小さければ，(A8.4) 式より

$$\frac{\partial \varphi_\pi}{\partial \alpha} < 0 \tag{A8.5}$$

が示される。したがって，本論で述べたように，中央銀行の政府からの独立性が弱いほど産出量ギャップ安定指向度 α が大きいとすれば，(A8.5) 式の関係より，φ_π が小さいほど中央銀行の独立性が弱いと推測される。

注

1) 以下では，特に断らない限り，「金利」は短期金利を表す。
2) 第7章で説明したように，この期待インフレ率はブレーク・イーブン・インフレ率（BEI）と呼ばれるが，以下では単に「期待インフレ率」と記す。また，物価連動国債の発行量が少ない場合には流動性プレミアムなどによりその市場金利が攪乱されるため，正確な期待インフレ率が推定できないという問題がある。こうした期待インフレ率の推定にかかる問題については Sack [2000], Shen and Corning [2001], Scholtes [2002], 西岡・馬場 [2004], Sack and Elsasser [2004], 北村 [1995, 2004, 2006] 等を参照されたい。
3) さらに，前述したように1997年5月にイングランド銀行は金融政策の決定・実施に対する英財務省からの独立性が法的に強化された。
4) 本章ではハイブリッド型の IS 曲線と NKPC によって表される経済を前提としたが，これらのミクロ的基礎付けは必ずしも確立されていない。むしろ，その正当性は実証面，特にインフレ率の粘着性から支持されている。詳細は加藤 [2007] 第2章第5節を参照されたい。
5) 新しいケインズ経済学の考え方では，ミクロ的基礎付けのあるモデルを用いて，家計の効用に基づいた厚生損失が本論の (8.3) 式の形で近似できることが示される（Woodford [2003a] Ch.6, Gali [2008] Ch.4）。社会の経済厚生と金融政策の目的については木村他 [2005] が平易に解説している。

6) さらに，理論的な問題として，裁量政策はインフレーション・ターゲティングの金利ルールの枠組みと整合するが，コミットメント政策は物価水準ターゲティングの金利ルールとなってしまい，この点からも裁量政策の方が現実的と判断した。
7) 一般に，教科書等では金利ルールに含まれるインフレ率ギャップと産出量ギャップは，フォワード・ルッキングであろうとバックワード・ルッキングであろうと，同じ期の変数である。しかし，Levin et al. [2003] は，アメリカのデータに基づいて，4四半期後の平均インフレ予想（期待）と当期の産出量ギャップにより規定される政策反応関数（金利設定のスムージングを含む）がモデルの不確実性の下でも頑健であることを示している。
8) 金利設定のスムージングに関する議論は Clarida et al. [1999] に詳しい。また，中央銀行がスムージングを行う理論的根拠として，Giannoni and Woodford [2002] と Woodford [2003b] は，インフレ率ギャップ，産出量ギャップのほかに金利の目標値からの変動も厚生損失の原因となることを示した。しかし，ここではハイブリッド型の経済モデルから導かれた (8.5) 式に金利設定のスムージングのメカニズムが内包されていると解釈する。
9) Clarida et al. [1998, 2000] 等の多くの先行研究では，金利設定のスムージングを表すために，政策反応関数で表される誘導金利 i_t^* に対して $i_t = \eta i_{t-1} + (1-\eta) i_t^*$ のようにモデルを定式化しているが，注8に示した解釈からここでは (8.8) 式を基本モデルとする。
10) (8.5) 式は最適裁量政策の枠組みに基づいて導出された政策反応関数，つまり金利ルールであるという意味で，ターゲティング・ルールを満たすインストゥルメント・ルールといえる。ターゲティング・ルールとインストゥルメント・ルールの概念等については鈴木 [2006]，加藤 [2007]（165-166頁），Gali [2008]（p.98）を参照されたい。また，Eggertsson and Woodford [2003] 等による分析によれば，ゼロ制約のような流動性のわなの下でも，厚生損失を最小化する金融政策ルールは広い意味でのインフレ（予想）ターゲティングとして表現できることが示される。この議論についてのサーベイは高村・渡辺 [2006] を参照されたい。
11) (8.6)，(8.7) 式および補論から分かるように，φ_π を構成するパラメータのうち偏微分係数がマイナスとなるのは α だけである。一方，φ_π/φ_x の場合は α 以外にも σ と θ にかかる偏微分係数も負となる可能性がある。したがって，中央銀行の独立性を表す α と一対一で対応しているという意味において，φ_π の大きさで判断するほうがよいであろう。
12) 商業銀行負債レートについては第5章の注8を参照されたい。
13) 商業銀行負債レートのデータは日次ベースで推定されているが，原データに欠損値が多い。したがって，日次データに基づいて月中平均を計算すると，原データ

の多い月とそれが非常に少ない月が生じてしまうため,このデータは月末ベースとした。さらに,月末データで欠損値がある月はその前後の月のデータに基づき推定した。
14) 厳密には当該データも1996年12月のデータが欠損しているが,前後のデータに基づいて3.8055%と推定した。
15) イギリスでは,2004年以降,BOEが注視するインフレ指標をモーゲージ金利を除いた小売物価指数(RPIX)からCPIに変更した。それに伴い目標インフレ率を2.5%から2%へ変更したが,これは両物価指数の特性の差異に基づくものであり,絶対的な目標水準を引き下げたわけではない。本研究では,2003年以前もCPIをインフレ指標に用いているため,一貫して目標インフレ率を2%とした。
16) 2002年3月-5月における物価連動国債の市場金利を調べたところ,いずれもその前後の時期に比べて異常な動きを示していないことから,McCullochによる実質金利,およびそれに基づくフォワード・インフレ率の推計誤差と考えられる。
17) このため,期待インフレ率を表したデータとして,イギリスのついてはデータ上の制約があり4年先までの平均とせざるをえなかったものの,アメリカについては1年後のフォワード・インフレ率を用いた。
18) インフレ率については,実際のインフレ率または期待インフレ率のいずれを説明変数に用いていようと,両方のインフレ率指標(変数)を操作変数の範囲に含めた。ただし,説明変数に$t+12$期の実際のインフレ率を用いる(8.11)式の場合には,被説明変数からの影響を考慮して操作変数の範囲は$t+11$期,$t+10$期のインフレ率ではなく,$t-1$期,$t-2$期のインフレ率とした。
19) 英米では物価連動国債発行の歴史が比較的長く,国債残高(市場性国債ベース)に占める割合もアメリカで9%超,イギリスで27%超である(第7章図表7-3を参照)。
20) 第7章で説明したように,世界的な金融市場の混乱の影響から2008年度以降物価連動国債の需要が減少している。物価連動国債の取引状況が急速に悪化した要因の一つとして,その主たる投資家が非居住者であることが挙げられる。したがって,物価連動国債の取引を促す政策として国内投資家の需要を喚起するような施策が重要であろう。
21) 日本銀行は2008年7月にも「『金融政策運営の枠組み』のもとでの情報発信の充実について」を発表し,展望レポートの見通し期間延長,政策委員の見通し計数,リスク・バランス・チャートの四半期毎の公表など,透明性向上に努めている。

付図表 8-1 モデルの推定結果（階差モデル）

【アメリカ】
期間：1998年5月-2006年12月
金利：FFレート

	インフレ率		産出量 gap		操作変数	J統計量	Jテスト
	PCEインフレ率（1年後）	フォワード・インフレ率（1年後）	鉱工業生産指数	個人所得			
係数 （標準偏差） [p値(=0)] [p値(=1)]	3.814 (1.381) [0.006] [0.042]		0.196 (0.364) [0.591] —		A	$\chi^2(3)=$ 3.898 [0.273]	$\chi^2(1)=$ 0.010 [0.921]
係数 （標準偏差） [p値(=0)] [p値(=1)]		0.672 (0.626) [0.283] [0.600]	0.376 (0.251) [0.135] —		B	$\chi^2(1)=$ 1.903 [0.168]	$\chi^2(1)=$ 5.101 [0.024]
係数 （標準偏差） [p値(=0)] [p値(=1)]	4.135 (1.339) [0.002] [0.019]			0.199 (0.533) [0.709] —	A	$\chi^2(3)=$ 2.964 [0.397]	$\chi^2(1)=$ 0.047 [0.829]
係数 （標準偏差） [p値(=0)] [p値(=1)]		1.008 (0.770) [0.190] [0.992]		0.398 (0.449) [0.375] —	B	$\chi^2(1)=$ 0.043 [0.836]	$\chi^2(1)=$ 4.395 [0.036]

注) 1. 操作変数の定義は以下のとおりである。
　　A：定数，1・2期前の金利（階差），1期前のPCEインフレ率（階差），2・3期前の産出量gap（階差）
　　B：定数，1期前のフォワード・インフレ率（階差），2・3期前の産出量gap（階差）
　2. Jテストの帰無仮説：当該インフレ率を用いたモデルが正しい。
　3. J統計量およびJテストの[　]内の数値はp値。

【イギリス】
(1) 金利A：銀行間レート（オーバーナイト物）

	インフレ率		産出量 gap		操作変数	J統計量	Jテスト
	CPIインフレ率（1年後）	スポット・インフレ率（4年間）	鉱工業生産指数	産出量指数			
[期間：1993年5月-2006年12月]							
係数 （標準偏差） [p値(=0)] [p値(=1)]	6.313 (4.036) [0.118] [0.188]		−0.155 (1.877) [0.934] —		C	$\chi^2(2)=$ 0.151 [0.927]	$\chi^2(1)=$ 0.918 [0.338]
係数 （標準偏差） [p値(=0)] [p値(=1)]		1.178 (2.684) [0.661] [0.947]	0.338 (0.777) [0.664] —		D	$\chi^2(2)=$ 0.077 [0.962]	$\chi^2(1)=$ 2.756 [0.097]
[期間：1993年5月-2006年12月]							
係数 （標準偏差） [p値(=0)] [p値(=1)]	7.257 (6.807) [0.286] [0.358]			1.109 (6.399) [0.862] —	C	$\chi^2(2)=$ 0.395 [0.821]	$\chi^2(1)=$ 1.882 [0.170]
係数 （標準偏差） [p値(=0)] [p値(=1)]		−1.652 (1.358) [0.224] [0.051]		0.598 (2.167) [0.782] —	D	$\chi^2(2)=$ 0.627 [0.731]	$\chi^2(1)=$ 1.730 [0.188]

(2) 金利B：銀行間レート（1カ月物）

	インフレ率		産出量 gap		操作変数	J 統計量	J テスト
	CPIインフレ率（1年後）	スポット・インフレ率（4年間）	鉱工業生産指数	産出量指数			
[期間：1993年5月-2006年12月]							
係数 (標準偏差) [p値(=0)] [p値(=1)]	7.635 (7.601) [0.315] [0.383]		−0.768 (2.050) [0.708] —		C	$\chi^2(2)=$ 0.111 [0.946]	$\chi^2(1)=$ 0.146 [0.702]
係数 (標準偏差) [p値(=0)] [p値(=1)]		1.283 (1.130) [0.257] [0.803]	−0.188 (0.459) [0.683] —		D	$\chi^2(2)=$ 2.028 [0.363]	$\chi^2(1)=$ 1.588 [0.208]
[期間：1993年5月-2006年12月]							
係数 (標準偏差) [p値(=0)] [p値(=1)]	2.248 (2.653) [0.397] [0.638]			0.187 (2.320) [0.936] —	C	$\chi^2(2)=$ 0.917 [0.632]	$\chi^2(1)=$ 0.204 [0.652]
係数 (標準偏差) [p値(=0)] [p値(=1)]		−0.482 (0.387) [0.213] [0.000]		−0.125 (0.423) [0.768] —	D	$\chi^2(2)=$ 1.279 [0.528]	$\chi^2(1)=$ 0.175 [0.675]

(3) 金利C：商業銀行負債レート（1カ月物）

	インフレ率		産出量 gap		操作変数	J 統計量	J テスト
	CPIインフレ率（1年後）	スポット・インフレ率（4年間）	鉱工業生産指数	産出量指数			
[期間：1993年5月-2006年12月]							
係数 (標準偏差) [p値(=0)] [p値(=1)]	4.655 (8.983) [0.604] [0.684]		−0.577 (1.327) [0.664] —		C	$\chi^2(2)=$ 0.546 [2.097]	$\chi^2(1)=$ 0.684 [0.408]
係数 (標準偏差) [p値(=0)] [p値(=1)]		2.351 (1.717) [0.171] [0.431]	−0.316 (0.662) [0.634] —		D	$\chi^2(2)=$ 0.637 [0.727]	$\chi^2(1)=$ 2.536 [0.111]
[期間：1993年5月-2006年12月]							
係数 (標準偏差) [p値(=0)] [p値(=1)]	0.757 (1.114) [0.497] [0.827]			0.165 (0.548) [0.763] —	C	$\chi^2(2)=$ 3.502 [0.174]	$\chi^2(1)=$ 0.010 [0.921]
係数 (標準偏差) [p値(=0)] [p値(=1)]		−0.480 (0.457) [0.294] [0.001]		−0.391 (0.669) [0.559] —	D	$\chi^2(2)=$ 2.682 [0.262]	$\chi^2(1)=$ 1.835 [0.176]

注）1．操作変数の定義は以下のとおりである。
　　　C：定数，1期前の金利（階差），1期前のCPIインフレ率（階差），2・3期前の産出量gap（階差）
　　　D：定数，1期前のCPIインフレ率（階差），2・3期前の産出量gap（階差）
　　2．Jテストの帰無仮説：当該インフレ率を用いたモデルが正しい。
　　3．J統計量およびJテストの［　］内の数値はp値。

付図表 8-2　モデルの推定結果（水準モデル）

【アメリカ】
期間：1998年4月-2006年12月
金利：FFレート

	インフレ率		産出量 gap		操作変数	J 統計量	J テスト
	PCE インフレ率（1年後）	フォワード・インフレ率（1年後）	鉱工業生産指数	個人所得			
係数 （標準偏差） [p 値(=0)] [p 値(=1)]	−3.930 (0.945) [0.000] [0.000]		1.082 (0.195) [0.000] —		E	$\chi^2(3)=$ 19.629 [0.000]	$\chi^2(1)=$ 1.610 [0.205]
係数 （標準偏差） [p 値(=0)] [p 値(=1)]		0.117 (0.365) [0.749] [0.015]	1.160 (0.204) [0.000] —		F	$\chi^2(1)=$ 9.222 [0.002]	$\chi^2(1)=$ 8.638 [0.003]
係数 （標準偏差） [p 値(=0)] [p 値(=1)]	−5.565 (1.373) [0.000] [0.000]			1.205 (0.718) [0.094] —	E	$\chi^2(3)=$ 18.535 [0.000]	$\chi^2(1)=$ 16.396 [0.000]
係数 （標準偏差） [p 値(=0)] [p 値(=1)]		0.935 (0.314) [0.003] [0.836]		1.751 (0.404) [0.000] —	F	$\chi^2(1)=$ 2.220 [0.136]	$\chi^2(1)=$ 8.576 [0.003]

注）1．操作変数の定義は以下のとおりである。
　　E：定数，1・2期前の金利，1期前の PCE インフレ率，2・3期前の産出量 gap
　　F：定数，1期前のフォワード・インフレ率，2・3期前の産出量 gap
　　2．J テストの帰無仮説：当該インフレ率を用いたモデルが正しい。
　　3．J 統計量および J テストの [ ] 内の数値は p 値。

【イギリス】
(1)　金利A：銀行間レート（オーバーナイト物）

	インフレ率 gap		産出量 gap		操作変数	J 統計量	J テスト
	CPI インフレ率（1年後）	スポット・インフレ率（4年間）	鉱工業生産指数	産出量指数			
[期間：1993年4月-2006年12月]							
係数 （標準偏差） [p 値(=0)] [p 値(=1)]	−0.449 (0.364) [0.217] [0.000]		0.929 (0.271) [0.001] —		G	$\chi^2(2)=$ 24.262 [0.000]	$\chi^2(1)=$ 10.879 [0.001]
係数 （標準偏差） [p 値(=0)] [p 値(=1)]		1.311 (0.258) [0.000] [0.227]	−0.569 (0.380) [0.134] —		H	$\chi^2(2)=$ 3.298 [0.192]	$\chi^2(1)=$ 7.181 [0.007]
[期間：1993年4月-2006年12月]							
係数 （標準偏差） [p 値(=0)] [p 値(=1)]	1.182 (0.476) [0.013] [0.703]			2.677 (0.664) [0.000] —	G	$\chi^2(2)=$ 28.610 [0.000]	$\chi^2(1)=$ 36.529 [0.000]
係数 （標準偏差） [p 値(=0)] [p 値(=1)]		1.648 (0.330) [0.000] [0.049]		1.667 (0.470) [0.000] —	H	$\chi^2(2)=$ 6.093 [0.048]	$\chi^2(1)=$ 0.041 [0.839]

(2) 金利B：銀行間レート（1カ月物）

	インフレ率 gap		産出量 gap		操作変数	J統計量	Jテスト
	CPIインフレ率（1年後）	スポット・インフレ率（4年間）	鉱工業生産指数	産出量指数			
[期間：1993年4月-2006年12月]							
係数	0.073		1.030		G	$\chi^2(2)=$ 27.177	$\chi^2(1)=$ 14.096
(標準偏差)	0.402		(0.297)			[0.000]	[0.000]
[p値(=0)]	[0.856]		[0.001]				
[p値(=1)]	[0.021]		—				
係数		1.423	−0.482		H	$\chi^2(2)=$ 4.783	$\chi^2(1)=$ 5.636
(標準偏差)		(0.253)	(0.369)			[0.092]	[0.018]
[p値(=0)]		[0.000]	[0.191]				
[p値(=1)]		[0.095]	—				
[期間：1993年4月-2006年12月]							
係数	1.865			3.406	G	$\chi^2(2)=$ 28.203	$\chi^2(1)=$ 38.540
(標準偏差)	(0.548)			(0.663)		[0.000]	[0.000]
[p値(=0)]	[0.001]			[0.000]			
[p値(=1)]	[0.115]			—			
係数		1.653		1.767	H	$\chi^2(2)=$ 6.221	$\chi^2(1)=$ 0.004
(標準偏差)		(0.321)		(0.466)		[0.045]	[0.947]
[p値(=0)]		[0.000]		[0.000]			
[p値(=1)]		[0.042]		—			

(3) 金利C：商業銀行負債レート（1カ月物）

	インフレ率 gap		産出量 gap		操作変数	J統計量	Jテスト
	CPIインフレ率（1年後）	スポット・インフレ率（4年間）	鉱工業生産指数	産出量指数			
[期間：1993年4月-2006年12月]							
係数	−0.055		1.114		G	$\chi^2(2)=$ 26.881	$\chi^2(1)=$ 14.320
(標準偏差)	(0.381)		(0.284)			[0.000]	[0.000]
[p値(=0)]	[0.885]		[0.000]				
[p値(=1)]	[0.006]		—				
係数		1.375	−0.412		H	$\chi^2(2)=$ 4.396	$\chi^2(1)=$ 6.825
(標準偏差)		(0.253)	(0.367)			[0.111]	[0.009]
[p値(=0)]		[0.000]	[0.262]				
[p値(=1)]		[0.140]	—				
[期間：1993年4月-2006年12月]							
係数	1.869			3.443	G	$\chi^2(2)=$ 28.519	$\chi^2(1)=$ 43.829
(標準偏差)	(0.543)			(0.657)		[0.000]	[0.000]
[p値(=0)]	[0.001]			[0.000]			
[p値(=1)]	[0.110]			—			
係数		1.639		1.750	H	$\chi^2(2)=$ 6.564	$\chi^2(1)=$ 0.016
(標準偏差)		(0.314)		(0.449)		[0.038]	[0.900]
[p値(=0)]		[0.000]		[0.000]			
[p値(=1)]		[0.042]		—			

注）1．操作変数の定義は以下のとおりである。
　　G：定数，1期前の金利，1期前のCPIインフレ率，2・3期前の産出量 gap
　　H：定数，1期前のCPIインフレ率，2・3期前の産出量 gap
　　2．Jテストの帰無仮説：当該インフレ率を用いたモデルが正しい。
　　3．J統計量およびJテストの［　］内の数値は p 値。

参考文献

安達茂弘・永田久美子［2007］「英米の機関投資家にみる物価連動国債とアセットアロケーション」，*PRI Discussion Paper Series*, No.07A-09。

板倉譲治［1995］『私の金融論』慶應通信。

伊藤隆敏・林　伴子［2006］『インフレ目標と金融政策』東洋経済新報社。

岩田規久男［1993］『金融政策の経済学』日本経済新聞社。

植田和男［2005］『ゼロ金利との闘い』日本経済新聞社。

鵜飼博史［2006］「量的緩和政策の効果：実証研究のサーベイ」，『日本銀行ワーキングペーパーシリーズ』No.06-J-14。

王　紅・長井滋人［2007］「中国における金融市場調節：金融政策か為替政策か」，『日本銀行ワーキングペーパーシリーズ』No.07-J-9。

翁　邦雄［1993］『金融政策』東洋経済新報社。

翁　邦雄［1999］「ゼロ・インフレ下の金融政策について」，『金融研究』1999年8月号。

翁　邦雄・小田信之［2000］「金利非不制約下における追加金融緩和策：日本の経験を踏まえた論点整理」，『金融研究』2000年12月号。

翁　邦雄・白塚重典・藤木　裕［2000］「ゼロ金利下の量的緩和政策」，岩田規久男編『金融政策の論点：検証・ゼロ金利政策』東洋経済新報社，第10章。

加藤　出［2004］『メジャーリーグとだだちゃ豆で読み解く金融市場』ダイヤモンド社。

加藤　出・山広恒夫［2006］『バーナンキのFRB』ダイヤモンド社。

加藤　涼［2007］『現代マクロ経済学講義：動学的一般均衡モデル入門』東洋経済新報社。

金井雄一［2006］「金融政策の歴史的展開と現代の金融政策」，信用理論研究学会編『現代金融と信用理論』大月書店，第5章第4節。

河村小百合［1999］「わが国国債市場の抜本的改革の方向性──望まれる市場の効率性・流動性の向上──」，*Japan Research Review*10月号。

C. P. キンドルバーガー（吉野俊彦・八木甫訳）［2004］『熱狂，恐慌，崩壊──金融恐慌の歴史』日本経済新聞社。

呉　文二［1973］『金融政策』東洋経済新報社。

小宮隆太郎［1988］『現代日本経済』東京大学出版会。

小宮隆太郎［2002］「日銀批判の論点の検討」，小宮隆太郎・日本経済研究センター編『金融政策論議の争点：日銀批判とその反論』日本経済新聞社，第5章。

北村行伸［1995］「物価インデックス債と金融政策──実質金利と期待インフレ率を国債流通市場情報から導く手法とその応用──」，『金融研究』第14巻第3号。

北村行伸［2004］「物価連動債の市場価格より得られる情報：米国財務省物価連動債の評価」，『金融研究』第23巻第1号。

北村行伸［2006］『国債流通市場における情報に基づく物価連動債の評価』日本相互証券。(http://www.bb.jbts.co.jp/data/ronbun_bei.pdf)

木村　武・藤原一平・黒住卓司［2005］「社会の経済厚生と金融政策の目的」，『日銀レビュー』2005-J-9。

小巻泰之［2007］「経済データに関する不確実性の影響――金融政策ルール（テイラー・ルール）の利用――」，『ニッセイ基礎研所報』Vol.45。

斉藤美彦［2006］『金融自由化と金融政策・銀行行動』日本経済評論社。

斉藤美彦［2007］「イングランド銀行の金融調節方式の変更（2006年）について」，『証券経済研究』第58号。

斉藤美彦・簗田　優［2008］「ノーザンロック危機と監督機関の対応」，『証券経済研究』第62号。

財務省［2006］『日本国債ガイドブック2006』。

白塚重典［2006］「金利の期間構造と金融政策」，『日銀レビュー』2006-J-5。

白川方明［2002］「「量的緩和」採用後一年間の経験」，小宮隆太郎・日本経済研究センター編『金融政策論議の争点：日銀批判とその反論』日本経済新聞社，第4章。

白川方明［2008］『現代の金融政策』日本経済新聞社。

鈴木将覚［2006］「中央銀行の透明性を巡る論点整理――日銀のコミュニケーション戦略の評価に向けて――」，『みずほ総研論集』2006年Ⅳ号。(http://www.mizuho-ri.co.jp/research/economics/pdf/argument/mron0611-1.pdf)

須田美矢子［2004］「量的緩和政策について」，『日本銀行調査月報』1月号。

須藤時仁［2003］『イギリス国債市場と国債管理』日本経済評論社。

須藤時仁［2007］『国債管理政策の新展開：日米英の制度比較』日本経済評論社。

宣　暁影［2004］「最近の中国における金融政策――準備預金制度の改革を中心として――」，『同志社政策科学研究』第5巻。

高木　仁［2006］『アメリカの金融制度　改訂版』東洋経済新報社。

高村多聞・渡辺　努［2006］「流動性の罠と最適金融政策：展望」，『経済研究』Vol.57, No.4。

竹田陽介・小巻泰之・矢嶋康次［2005］『期待形成の異質性とマクロ経済政策：経済主体はどこまで合理的か』東洋経済新報社。

外山　茂［1980］『金融問題21の誤解』東洋経済新報社。

中島将隆［1978］『日本の国債管理政策』東洋経済新報社。

中島将隆［2004］「国債の補完供給制度と新現先方式のレポオペ」，『証研レポート』第16巻第25号。

中原伸之［2002］『デフレ下の日本経済と金融政策』東洋経済新報社。
西岡慎一・馬場直彦［2004］「わが国物価連動国債の商品性と役割について――米英における経験を踏まえて――」,『日銀レビュー』2004-J-1。
西川元彦［1984］『中央銀行』東洋経済新報社。
日本銀行企画局［2002］「諸外国におけるインフレ・ターゲティング」
日本銀行企画局［2006］「主要国の中央銀行における金融調節の枠組み」,『日本銀行調査季報』2006年秋。
日本銀行金融研究所［2004］『増補版新しい日本銀行』有斐閣。
日本銀行百年史編纂委員会［1985］『日本銀行百年史　第5巻』日本銀行。
日本銀行百年史編纂委員会［1986a］『日本銀行百年史　第6巻』日本銀行。
日本銀行百年史編纂委員会［1986b］『日本銀行百年史　資料編』日本銀行。
藤木　裕［2000］「財政赤字とインフレーション――歴史的・理論的整理――」,『金融研究』第19巻第2号。
細野　薫・杉原　茂・三平　剛［2001］『金融政策の有効性と限界：90年代日本の実証分析』東洋経済新報社。
松浦一悦［2004］「1990年代後半以降のイングランド銀行の金融調節」,『松山大学論集』第16巻第2号。
真壁昭夫・玉木伸介・平山賢一［2005］『国債と金利をめぐる300年史』東洋経済新報社。
真渕　勝［1994］『大蔵省統制の政治経済学』中央公論社。
真渕　勝［1997］『大蔵省はなぜ追いつめられたのか』中公新書。
蓑谷千凰彦［2001］『金融データの統計分析』東洋経済新報社。
宮尾龍蔵［2006］『マクロ金融政策の時系列分析――政策効果の理論と実証』日本経済新聞社。
宮尾龍蔵［2007］「量的緩和政策と時間軸効果」,『国民経済雑誌』第195巻第2号。
山脇岳志［1998］『日本銀行の真実』ダイヤモンド社。
吉田　暁［2002］『決済システムと銀行・中央銀行』日本経済評論社。

Anderson, N. and J. Sleath [1999] "New Estimates of the UK Real and Nominal Yield Curves," *Bank of England Quarterly Bulletin*, Vol. 39.
Anderson, N. and J. Sleath [2001] "New Estimates of the UK Real and Nominal Yield Curves," *Bank of England Working Paper*, No. 126.
Andrews, D. W. K. [1999] "Consistent Moment Selection Procedures for Generalized Method of Moments Estimation," *Econometrica*, Vol. 67.
Andrews, D. W. K. and B. Lu [2001] "Consistent Model and Moment Selection Procedures for GMM Estimation with Application to Dynamic Panel Data Models,"

Journal of Econometrics, Vol. 101.

Bernanke B. S. [2003] "Some Thoughts on Monetary Policy in Japan," at *The 60th Anniversary Meeting of The Japan Society of Monetary Economics*. (http://c-faculty.chuo-u.ac.jp/~toyohal/JSME/pdf03s/03s100-bernanke.pdf)

Bernanke, B. S., V. R. Reinhart and B. P. Sack [2004] "Monetary Policy Alternatives at the Zero Bound: An Empirical Assessment," *Brookings Papers on Economic Activity*, No. 2.

Breedon, F. J. and J. S. Chadha [1997] "The Information Content of the Inflation Term Structure," *Bank of England Working Paper*, No. 75.

Britton, E., P. Fisher and J. Whitley [1998] "The Inflation Report Projections: Understanding the Fan Chart," *Bank of England Quarterly Bulletin*, Vol. 38.

Brooke, M., N. Cooper and C. Scholtes [2000] "Inferring Market Interest Rate Expectations from Money Market Rates," *Bank of England Quarterly Bulletin*, Vol. 40.

Bank of England (BOE) [2008a] *The Framework for the Bank of England's Operations in the Sterling Money Markets*.

BOE [2008b] *The Development of the Bank of England's Market Operations: A Consultative Paper by the Bank of England*.

Campbell, J. Y. and R. J. Shiller [1991] "Yield Spreads and Interest Rate Movements: A Bird's View," *Review of Economic Studies*, Vol. 58.

Choi, C. Y., L. Hu and M. Ogaki [2005] "Structural Spurious Regressions and a Hausman-type Cointegration Test," Rochester Center for Economic Research, *Working Paper*, No. 517. (http://rcer.econ.rochester.edu/RCERPAPERS/rcer_517.pdf)

Clarida, R., J. Gali, and M. Gertler [1998] "Monetary Policy Rules in Practice: Some International Evidence," *European Economic Review*, Vol. 42.

Clarida, R., J. Gali, and M. Gertler [1999] "The Science of Monetary Policy: A New Keynesian Perspective," *Journal of Economic Literature*, Vol. 37.

Clarida, R., J. Gali, and M. Gertler [2000] "Monetary Policy Rules and Macroeconomic Stability: Evidence and Some Theory," *Quarterly Journal of Economics*, Vol. 115.

Committee to Review the Functioning of Financial Institutions (Chairman: Wilson H.) [1980] *Report and Appendices* (Cmnd. 7983), H. M. S. O. (西村閑也監訳 [1982]『ウィルソン委員会報告』日本証券経済研究所).

Davidson, R. and J. G. MacKinnon [1981] "Several Tests for Model Specification in the Presence of Alternative Hypotheses," *Econometrica*, Vol. 49.

Dickey, D. A. and W. A. Fuller [1979] "Distributions of the Estimators for

Autoregressive Time Series with a Unit Root," *Journal of the American Statistical Association*, Vol. 74.

Dickey, D. A. and W. A. Fuller [1981] "Likelihood Ratio Statistics for Autoregressive Time Series with a Unit Root," *Econometrica*, Vol. 49.

Durlauf, S. N. and P. C. B. Phillips [1988] "Trends versus Random Walks in Time Series Analysis," *Econometrica*, Vol. 56.

Eggertsson, G and M. Woodford [2003] "The Zero Bound on Interest Rates and Optimal Monetary Policy," *Brookings Papers on Economic Activity*, No. 1.

Estrella, A. and F. S. Mishkin [1995] "The Term Structure of Interest Rates and Its Role in Monetary Policy for the European Central Bank," *NBER Working Paper*, No. 5279.

Federal Reserve Bank of New York [2007] *Domestic Open Market Operations during 2006*.

Federal Reserve System Study Group on Alternative Instruments for System Operations [2002] *Alternative Instruments for Open Market and Discount Window Operations*.

Gali, J. [2008] *Monetary Policy, Inflation, and the Business Cycle: An Introduction to the New Keynesian Framework*, New Jersey: Princeton University Press.

Giannoni, M. P. and M. Woodford [2002] "Optimal Interest-Rate Rules: I. General Theory," *NBER working paper*, No. 9419.

Goodfriend, M. [2000] "Overcoming the Zero Bound on Interest Rate Policy," *Journal of Money, Credit, and Banking*, Vol. 32.

Gowland, D. H. [1991] "Debt Management in the United Kingdom and the London Gilt-Edged Market," in D. H. Gowland (eds.), *International Bond Markets*, London: Routledge.

Gray, S. and N. Talbot [2006] "Monetary Operations," *Handbooks in Central Banking*, No. 24.

Hansen, L. P. [1982] "Large Sample Properties of Generalized Method of Moments Estimators," *Econometrica*, Vol. 50.

Hardouvelis, G. A. [1988] "The Predictive Power of the Term Structure during Recent Monetary Regimes," *Journal of Finance*, Vol. 43.

HM Treasury and Bank of England [1995] *Report of the Debt Management Review*.

Kim T. H., S. J. Leybourne and P. Newbold [2000] "Spurious Rejections by Perron Tests in the Presence of a Break," *Oxford Bulletin of Economics and Statistics*, Vol. 62.

King, M. [1999] *Challenges for Monetary Policy: New and Old*. (http://www.kc.frb.org/PUBLICAT/SYMPOS/1999/s99king.pdf)

Krugman, P. [1998] "It's Baaack: Japan's Slump and the Return of the Liquidity Trap," *Brookings Paper on Economic Activity*, No. 2.

Levin, A., V. Wieland and J. C. Williams [2003] "The Performance of Forecast-Based Monetary Policy Rules Under Model Uncertainty," *American Economic Review*, Vol. 93.

Maeda, E., B. Fujiwara, A. Mineshima and K. Taniguchi [2005] "Japan's Open Market Operations under the Quantitative Easing Policy," *Bank of Japan Working Paper Series*, No. 05-E-3.

McCallum, B. T. [1994] "Monetary Policy and the Term Structure of Interest Rates," *NBER Working Paper*, No. 4938.

McCulloch, J. H. and L. A. Kochin [2000] "The Inflation Premium Implicit in the U.S. Real and Nominal Term Structures of Interest Rates," *Ohio State University Working Paper*, No. 98-12 (revised 9/2000). (http://economics.sbs.ohio-state.edu/pdf/mcculloch/qnspline.pdf)

Meltzer, A. H. [1995] "Monetary, Credit and (Other) Transmission Processes: A Monetarist Perspective," *Journal of Economic Perspectives*, Vol. 9.

Mihailov, A. [2005] "Has More Independence Affected Bank of England's Reaction Function under Inflation Targeting? Lessons from Taylor Rule Empirics", *Discussion Paper*, No. 601.

Mihailov, A. [2006] "Operational Independence, Inflation Targeting, and UK Monetary Policy," *Journal of Post Keynesian Economics*, vol. 28.

Mills, T. C. [1991] "The Term Structure of UK Interest Rates: Tests of the Expectations Hypothesis," *Applied Economics*, Vol. 23.

Newey, W. K. and K. D. West [1987] "A Simple, Positive Definite, Heteroscedasticity and Autocorrelation Consistent Covariance Matrix," *Econometrica*, Vol. 55.

Oda, N. and K. Ueda [2005] "The Effects of the Bank of Japan's Zero Interest Rate Commitment and Quantitative Monetary Easing on the Yield Curve: A Macro-Finance Approach," *Bank of Japan Working Paper Series*, No. 05-E-6.

Ogaki, M. and C. Y. Choi [2001] "The Gauss-Markov Theorem and Spurious Regressions," *Department of Economics Working Paper*, #01-13. (http://economics.sbs.ohio-state.edu/pdf/ogaki/01-13.pdf)

Park, J. Y. and P. C. B. Phillips [1988] "Statistical Inference in Regressions with Integrated Processes: Part 1," *Econometric Theory*, Vol. 4.

Park, J. Y. and P. C. B. Phillips [1989] "Statistical Inference in Regressions with Integrated Processes: Part 2," *Econometric Theory*, Vol. 5.

Perron, P. [1989] "The Great Crash, the Oil Price Shock, and the Unit Root Hypothesis," *Econometrica*, Vol. 57.

Phillips, P. C. B. [1995] "Robust Nonstationary Regression," *Econometric Theory*, Vol. 11.

Phillips, P. C. B. [1998] "New Tools for Understanding Spurious Regression," *Econometrica*, Vol. 66.

Phillips, P. C. B. and B. E. Hansen [1990] "Statistical Inference in Instrumental Variables Regression with I(1) Processes," *Review of Economic Studies*, Vol. 57.

Phillips, P. C. B. and J. Y. Park [1988] "Asymptotic Equivalence of Ordinary Least Squares and Generalized Least Squares in Regressions with Integrated Regressors," *Journal of American Statistical Association*, Vol. 83.

Rossi, M. [1996] "The Information Content of the Short End of the Term Structure of Interest Rates," *Bank of England Working Paper*, No. 55.

Sack, B. [2000] "Deriving Inflation Expectations from Nominal and Inflation-Indexed Treasury Yields," *Financial and Economics Discussion Series Working Paper*, No. 2000-33.

Sack, B. [2003] "A Monetary Policy Rule Based on Nominal and Inflation-Indexed Treasury Yields," *Financial and Economics Discussion Series Working Paper*, No. 2003-7.

Sack, B. and R. Elsasser [2004] "Treasury Inflation-Indexed Debt: A Review of the U.S. Experience," *Economic Policy Review*, Vol. 10, No. 1 (May).

Saikkonen, P. [1991] "Asymptotically Efficient Estimation of Cointegration Regressions," *Econometric Theory*, Vol. 7.

Scholtes, C. [2002] "On Market-Based Measures of Inflation Expectations," *Bank of England Quarterly Bulletin*, Vol. 42.

Shen, P. and J. Corning [2001] "Can TIPS Help Identify Long-Term Inflation Expectations?" *Economic Review*, Vol. 86, No. 4.

Svensson, L. E. O. [1997] "Inflation Forecast Targeting: Implementing and Monitoring Inflation Targets," *European Economic Review*, Vol. 41.

Taylor, J. [1993] "Discretion Versus Policy Rules in Practice", *Carnegie-Rochester Conference Series on Public Policy*, Vol. 39.

West, K. D. [1988] "Asymptotic Normality, when Regressors Have a Unit Root," *Econometrica*, Vol. 56.

Woodford, M. [2003a] *Interest Rates and Prices: Foundations of a Theory of Monetary Policy*, Princeton and Oxford: Princeton University Press.

Woodford, M. [2003b] "Optimal Interest Rate Smoothing," *Review of Economic Studies*,

Vol. 70.

Zivot, E. and D. W. K. Andrews [1992] "Further Evidence on the Great Crash, the Oil-Price Shock, and the Unit-Root Hypothesis," *Journal of Business and Economic Statistics*, Vol. 10.

初出一覧

〈第Ⅰ部　金融政策の変貌〉
［第1章］（斉藤執筆）
　"Japan's Monetary Policy in the Era of Financial Liberalization" September, 2007 Paper presented at the Third Annual Conference of the International Forum on the Comparative Political Economy of Globalization（Musashi University）

［第2章］（斉藤執筆）
「日本存款准备金制度的歴史演进」2008年1月『日本学刊』（2008-1）（中国社会科学院日本研究所・中華日本学会）

〈第Ⅱ部　国債と金融政策〉
［第3章］（斉藤執筆）
「国債累積と金融システム」2006年9月『季刊　経済理論』第43巻第3号

［第4章］（須藤執筆）
「金融政策と国債市場――量的緩和期における日本銀行の買入国債の特徴――」2007年12月『証券経済研究』第60号

［第5章］（須藤執筆）
「金融調節オペレーションは金利の期間構造に影響を与えるか――英米比較――」2008年6月『証券経済研究』第62号

〈第Ⅲ部　中央銀行の独立性〉
［第6章］（斉藤執筆）
「中央銀行の独立性強化とアカウンタビリティ」2009年9月『獨協経済』第87号

［第7章］（須藤執筆）
「物価連動国債の機能と金融政策」2008年2月『証券レビュー』第48巻第2号

［第8章］（須藤執筆）
「期待インフレ指標と金融政策」2008年12月『証券経済研究』第64号

索　引

〈欧文等〉

3段階最小二乗法（3SLS）　199
ADFテスト　113,189
E-Gテスト　114
Hテスト　114,126
IS曲線　180,202,205
J統計量　191
Perronテスト　126
Q基準　113,189
System Open Market Account（SOMA）
　　77,81,98
Z-Aテスト　113,126

〈ア行〉

アウトライトオペ　89
赤池の情報量基準（AIC）　126
アコード　43
新しいケインズ経済学　178,179,202,205
アナウンスメント効果　31
イールド・カーブ　22,44
異時点間の代替の弾力性　180
一般化モーメント法（GMM）　184
イングランド銀行法（1998年）　104,138
インストゥルメント・ルール　206
インターバンク市場　5
インプリシットな補助金　72,96
インフレーション・ターゲティング　21,63,
　　64,138,139,140,144,155,156,159,177,
　　182,196,202,206
インフレ期待　119,121,123,159
インフレ・リスク・プレミアム　125,161,170
ウィルソン委員会　137
エージェンシー債　61,78,98
欧州中央銀行（ECB）　144
欧州通貨制度（EMS）　139
オーバーローン　4,6,49,50
外国為替管理法の改正　9
外生的貨幣供給説　4

〈カ行〉

価格競争入札　58
価格較差　98
過剰流動性　151
カナダ方式　174
頑健推定　118,191
完全後積み制度　37,38
議決延期請求権　154
基準割引率および基準貸付利率　20
期待インフレ率　159,169,177,192,202,205
希望利回較差　98
業務分野規制　4
狂乱物価　21
共和分回帰　114,126
共和分検定　114
緊急経済安定化法（2008年）　38
銀行間レート　185
均衡実質金利　180
均衡名目金利　182
銀証分離　9
金融サービス機構（FSA）　138,144
金融サービス・市場法（2000年）　138,144
金融サービス法（1986年）　137
金融再生法　16
金融政策委員会（MPC）　138,140
金融制度調査会　27,150
金利規制　4
金利機能の活用　22
金利の期間構造　104,106,122,124
金利の期待理論　106,109,119,121,122
金利ルール　177,180,202
クリアリング・バランス制度　35
グローバリゼーション　143
決済性預金　5
現先市場　54
公開書簡　143
公定歩合　4,20
国債価格支持政策　21,43,62,71,96,97
国債管理政策　67,97,124,160,174

国債市場特別参加者制度　59
国際収支の天井　4
国債直接引受　48
国債の流通市場　8
国債引受シンジケート団　7,51
国債流通市場の成立　54
個人向け国債　59
個人向け貯蓄国債　175
コミットメント効果　72
コンベンショナル方式　98,165

〈サ行〉

最適金融政策（の理論）　177,179
最適コミットメント政策　181,206
最適裁量政策　181,206
債務管理庁（DMO）　145
サウンド・バンキング　6
サブプライムローン問題　23,97,179,203
産出量ギャップ安定指向度　181,182,205
残存期間指数（TMR）　88,90,96
時間軸効果　44,72
シグナル効果　124
資産買取スキーム　40
市中消化原則　51
シティ　136
シニョレッジ　30
住宅ローン担保証券（MBS）　78-79
需要補完　88,93,95,96
準備預金（制度）　6,17,26,63,121,123,127,145
準備預金制度に関する答申　28
準備預金への付利　38
ジョイント・テスト（Ｊテスト）　193
商業銀行負債レート　110,125,185
証券三原則　55
譲渡性預金　9,54
情報変数　203
所要準備　17
人為的低金利政策　4
新銀行法　55
新金融調節方式　29,50
新現先　48
シンジケート団引受方式　175
新自由主義　65,66
信託分離　9
新日銀法（改正日銀法）　15,20,152
信用（貨幣）乗数　139

信用リスク・プレミアム　102
スタンディング・ファシリティ　20
ストリップス債　59
政策委員会　149
政策反応関数　177,180,196,202
成長通貨供給論　7,51
成長通貨の供給　29
政府短期証券　50
ゼロ金利政策　17,71,76,154,172,173
専門金融機関制度　9
操作変数（IV）法　126,184
想定元金　160

〈タ行〉

ターゲティング・ルール　206
ターム・プレミアム　102,107,109
第一次オイルショック　8,54
第二次オイルショック　10
多重共線性　114,196
ダッチ方式　165
タップ方式　175
短期オペ　75,108
短期金融市場　17
短期レポ　78
短資会社　17
中央銀行研究会　151
中央銀行の（政府からの）独立性　64,135,154,174,177,183,192,196,202,204
中期国債ファンド　54
超過準備（供給）　39,145
超過準備ターゲティング　19
超過累進制　33
長期オペ　75,108
長期国債買切りオペ　17,19,45,153
長期レポ　78
長短分離　9
通貨の番人　135
積みの進捗率　32
ディーリング業務　55
ディスインターメディエーション　9,54
テイラー原則　182
テイラー・ルール　25,171
出口政策　46
デフレーション　22
動学的一般化最小二乗（DGLS）推定　114
動学的実行可能な一般化最小二乗（DFGLS）推定　114

索　引

動学的通常最小二乗（DOLS）推定　114,126
特別（レポ）ファシリティ　105,106

〈ナ行〉

内外分断規制　4
内生的貨幣供給説　5
日銀貸出　50
日銀券ルール　19,46,75,154
日本銀行条例　149
日本銀行政策委員会　27
日本銀行制度に関する答申　151
日本銀行当座預金残高目標　19
日本銀行の独立性　151
日本銀行法　149
日本銀行法の改正に関する答申　152
ニューケインジアン・フィリップス曲線
　　（NKPC）　180,202,205
ノーザンロック　39

〈ハ行〉

ハイパーインフレーション　135
バブル　21,151
非定常変数回帰　114,126
ファンチャート　141
フィッシャー方程式　169
フェデラル・ファンド・レート（FFレート）
　　171
物価水準ターゲティング　155,206
物価連動国債　59,159,160,174,178,202,205
プラザ合意　55
ブラックマンデー　14
プルーデンス政策　124,159
ブレーク・イーブン・インフレ率（BEI）
　　160,169,174,205
ベイズの情報量基準（BIC）　113,189
平成20年度問題　86,99
ベースマネー・コントロール　10,15,62
ポートフォリオ・リバランス効果　19,44,72,
　　102
補完当座預金制度　23,38
補助金　45
ホワイト・ノイズ・オーバーラッピング・エラ
　　ー　108

〈マ行〉

マクロ・ファイナンス・モデル　72,73,103
マッカラムルール　25
窓口指導　8,62
窓口販売　51,55
マネーサプライ・ターゲティング　12
マネタリスト・モデル　102,109,122,124
見せかけの回帰　114
無担保コール（レート）　15,171

〈ヤ・ラ行〉

預金ファシリティ　38
リーマン・ショック　39
リスク・プレミアム　72,102
リバース・レポ　78,79
流動性（リスク）プレミアム　102,161,170,
　　205
量的緩和政策　17,43,71,76,154
レギュラトリィ・タックス　30,34
レポオペ　105
連邦公開市場委員会（FOMC）　77

【著者紹介】

斉藤　美彦（さいとう・よしひこ）
1955年生まれ。東京大学経済学部卒，ロンドン大学（LSE）大学院研究生，武蔵大学博士（経済学）。
現　在　獨協大学経済学部教授
　　　　㈶日本証券経済研究所客員研究員，中央大学経済研究所客員研究員を兼務。
主な業績　『リーテイル・バンキング―イギリスの経験―』時潮社，1994年
　　　　　『イギリスの貯蓄金融機関と機関投資家』日本経済評論社，1999年
　　　　　『金融自由化と金融政策・銀行行動』日本経済評論社，2006年

須藤　時仁（すどう・ときひと）
1962年生まれ。慶應義塾大学経済学部卒，英国ウォーリック大学大学院修了，横浜国立大学博士（学術）。
現　在　㈶日本証券経済研究所主任研究員
　　　　駒澤大学経済学部非常勤講師を兼務。
主な業績　『イギリス国債市場と国債管理』日本経済評論社，2003年
　　　　　『国債管理政策の新展開―日米英の制度比較―』日本経済評論社，2007年

国債累積時代の金融政策

2009年10月1日　第1刷発行　　　　定価（本体3800円＋税）

著　者　　斉　藤　美　彦
　　　　　須　藤　時　仁

発行者　　栗　原　哲　也

発行所　㈱日本経済評論社

〒101-0051　東京都千代田区神田神保町3-2
電話　03-3230-1661　FAX　03-3265-2993
info@nikkeihy.co.jp
URL：http://www.nikkeihyo.co.jp/

装幀＊渡辺美知子　　　　印刷＊藤原印刷・製本＊山本製本所

乱丁落丁本はお取替えいたします。　　　　　　　　Printed in Japan
Ⓒ Saito Yoshihiko & Sudo Tokihito, 2009　　　ISBN978-4-8188-2067-8

・本書の複製権・翻訳権・上映権・譲渡権・公衆送信権（送信可能化権を含む）は，㈱日本経済評論社が保有します。
・JCOPY 〈㈳出版者著作権管理機構　委託出版物〉
本書の無断複写は著作権法上での例外を除き禁じられています。複写される場合は，そのつど事前に，㈳出版者著作権管理機構（電話03-3513-6969，FAX03-3513-6979，e-mail: info@jcopy.or.jp）の許諾を得てください。

斉藤美彦著

金融自由化と金融政策・銀行行動

A5判 三三〇〇円

金融自由化が進展する過程でわが国の金融政策がどのような変遷を辿ったか、その影響を受けて銀行がどのように行動し、金融システムの大変革へと結びついたかを検討する。

斉藤美彦著

イギリスの貯蓄金融機関と機関投資家

オンデマンド版

A5判 三八〇〇円

友愛精神により創設された英国の貯蓄金融機関（住宅金融組合等）は、いま、吸収合併、銀行への転換を迫られている。金融自由化を背景に、機関投資家との関連で分析する。

須藤時仁著

国債管理政策の新展開
――日米英の制度比較――

A5判 五五〇〇円

国債の大量発行、それに伴う残高の急増により、国債管理政策の整備が求められている。本書は英米の制度とその効果を実証的に考察し、わが国における整備の方向性を解明する。

須藤時仁著

イギリス国債市場と国債管理

A5判 五二〇〇円

英国における国債市場の効率性と管理政策を詳細に分析し、国債残高の急増するわが国の国債制度や市場改革のあるべき方向、課題を明らかにする。

服部茂幸著

貨幣と銀行
――貨幣理論の再検討――

A5判 四二〇〇円

二〇〇一年に日銀は量的緩和政策の採用を決定したがマネーサプライの増加には至らず結局解除となった。量的緩和論のどこが誤っていたか。各国の金融政策も踏まえて検討する。

（価格は税抜）　日本経済評論社